AF890183

El perro
del hortelano

1.ª edición: abril 2024
2.ª reimpresión: noviembre 2025

© De la introducción, apéndice y notas: José Antonio Torregrosa Díaz, 2024
© De las ilustraciones: Javier Lacasta Llácer, 2024
© De las fotografías: Archivo Anaya (Cosano, P.; García Pelayo, Á.; Martin, J.)
© De esta edición: Grupo Anaya, S. A., 2024, 2025
Valentín Beato, 21. 28037 Madrid
www.anayainfantilyjuvenil.com

Diseño: Gerardo Domínguez

ISBN: 978-84-143-3704-2
Depósito legal: M-6938-2024

Impreso en España - Printed in Spain

PAPEL DE FIBRA
CERTIFICADA

Reservados todos los derechos. El contenido de esta obra está protegido por la Ley, que establece penas de prisión y/o multas, además de las correspondientes indemnizaciones por daños y perjuicios, para quienes reprodujeren, plagiaren, distribuyeren o comunicaren públicamente, en todo o en parte, una obra literaria, artística o científica, o su transformación, interpretación o ejecución artística fijada en cualquier tipo de soporte o comunicada a través de cualquier medio, sin la preceptiva autorización.

CLÁSICOS HISPÁNICOS

Lope de Vega

El perro del hortelano

Edición de
José Antonio Torregrosa Díaz

Ilustraciones de
Javier Lacasta Llácer

ANAYA

LOPE FELIZ DE VEGA CARPIO
PROTOFRIS CA. DE LA
CAMARA APOSTOLICA

ÍNDICE

INTRODUCCIÓN

LA ESPAÑA QUE VIO LOPE DE VEGA

La vida de Lope de Vega comenzó (1562) durante el reinado de Felipe II, alcanzó la madurez con Felipe III y se apagó (1635) con Felipe IV en el trono: un periodo de casi setenta y tres años que ofrece enormes contrastes en la historia de España. Ascenso y decadencia, vitalismo y desánimo, expansión y regresión, esplendor y miseria son conceptos que se suceden —o incluso conviven— en un tiempo en que las artes y la literatura alcanzan un vigor extraordinario. A partir del reinado de los Reyes Católicos, se fueron forjando unas estructuras políticas y militares que en unos pocos decenios convirtieron a España en el primer poder mundial. Pero los errores políticos de la gestión y administración de ese poder causaron, también en poco tiempo, que la nación fuera perdiendo, en el siglo XVII, su preponderancia en Europa.

Contexto histórico

La España en la que vivió Lope de Vega fue, en buena medida, la consecuencia de un largo proceso anterior en el que intervinieron, entre otros, factores políticos, religiosos, económicos y sociales. Y resulta imposible explicar ese tiempo sin considerar, aunque sea con brevedad, los elementos diversos (pero conectados entre sí) que fueron forjando esa España de los Austrias en tránsito del Renacimiento al Barroco.

Los Reyes Católicos pusieron las bases para la construcción de un estado absoluto. Pero también llevaron a cabo una política de expansión, especialmente con la conquista y colonización de América. Por otra parte, a través de los matrimonios de sus hijos, los reyes promovieron una estrategia de alianzas familiares orientada también hacia el exterior. Una de sus hijas, Juana, se casó con Felipe de Habsburgo (Felipe *el Hermoso*), hijo de Maximiliano I de Habsburgo. De esta unión nació en 1500, en Gante (Flandes), el futuro rey de la Casa de Austria, Carlos I de España, que reinó desde 1516 hasta su abdicación en 1556. Al principio, Carlos fue visto como un rey extranjerizante, más atento a los intereses imperiales de la herencia familiar paterna (los derechos del Sacro Imperio Romano Germánico) que a los de Castilla; y a esto se unió el malestar por la carga de impuestos destinados a pagar sus viajes al extranjero. Todo ello causó levantamientos armados en diferentes ciudades, la llamada Guerra de las Comunidades. Al mismo tiempo, en los reinos de Valencia y Mallorca, estalló una revuelta antiseñorial: la sublevación popular de las germanías (hermandades). Ambas insurrecciones fueron sofocadas por el poder real, que sentó así las bases del gobierno absoluto y autoritario del emperador, quien, a partir de ahí, fue acogiendo la aspiración de una *monarquía universal* con la expansión ultramarina y la hegemonía en Europa. Carlos I intentó también defender la uniformidad religiosa dentro del catolicismo ante el desafío de la reforma luterana, lo que desencadenó diferentes conflictos políticos y bélicos que heredó su sucesor.

Felipe II, hijo de Carlos e Isabel de Portugal, estableció la corte en Madrid (1561), y hubo de enfrentar, en sucesivas guerras cruentas, el problema de los Países Bajos (ansias nacionalistas y deseos de libertad religiosa). El problema turco en el Mediterráneo occidental desencadenó en 1571 la batalla de Lepanto, en el Golfo de Corinto (Grecia), con victoria cristiana. Como represalia por la invasión francesa del reino de Nápoles, las tropas de Felipe II invadieron, desde Flandes, el norte de Francia y obtuvieron la victoria en la ciudad de San Quintín. Por otra parte, la posibilidad de que un rey protestante ocupara el trono en Francia hizo que el monarca español se aliara con los católicos franceses.

La injerencia de Isabel I de Inglaterra en Flandes (ayudando a los rebeldes contra España) y la piratería inglesa contra los barcos mercantes que venían de las Indias, llevaron a Felipe II (que había estado casado con la católica María Tudor) a enviar en 1588 una Gran Armada contra Inglaterra para derrocar a la reina. La empresa fracasó y, para magnificar su victoria, los ingleses ironizaron llamando *Invencible* a la escuadra española.

Lo más destacado, sin duda, de la política interior del llamado rey *Prudente* fue la incorporación de Portugal, en 1580, a la corona (Felipe II hizo valer sus derechos sucesorios como hijo de Isabel de Portugal). Antes, en 1568, se había producido una sangrienta guerra, a raíz de la rebelión de los moriscos de las Alpujarras, en el antiguo reino de Granada. En 1590 tuvo que hacer frente el rey a un conflicto con Aragón por la huida de su secretario Antonio Pérez, quien se refugió allí para esquivar la justicia castellana.

La política de Felipe II estuvo muy marcada por el problema de la unidad religiosa y se desarrolló en medio de los afanes contrarreformistas emanados del concilio ecuménico celebrado en la ciudad italiana de Trento desde 1545. Imposible ya la unidad dentro del catolicismo, la Iglesia de Roma intentó fijar los principios de la nueva ortodoxia católica, afirmando con fuerza ciertos dogmas de fe y promoviendo determinadas actuaciones de regeneración moral del clero. Pero las decisiones de Trento fueron mucho más amplias y afectaron también al modo de vida de toda la sociedad, siempre con la intención de *moralizar* los comportamientos. España se convirtió en salvaguardia del ideario tridentino.

El reinado de Felipe III (1598-1621), hijo de Felipe II y de Ana de Austria, es recordado por la llamada *Pax Hispanica*, con que se alude a los diversos tratados de paz (con Francia, con Inglaterra, con los Países Bajos) que consiguieron que España pudiera ejercer su hegemonía internacional rebajando el nivel de los conflictos bélicos que soportaba. Pero también se recuerda que con Felipe III, hombre de escasa disposición como gobernante, los Austrias inauguran una forma de gobierno que no fue exclusiva de España: el privado o valido, una especie de primer ministro que ejerce funciones de gobierno en nombre del rey, y a quien este nombra temporalmente por motivos de amistad y confianza. Fue valido de Felipe III el duque de Lerma, hombre ambicioso que acumuló poderes y riquezas prevaliéndose de su cargo. A instancias de él, el monarca trasladó la

Felipe II *(Sofonisba Anguissola).*

corte a Valladolid durante unos años (1601-1606). Su hijo, el duque de Uceda, le sucedió como valido, aunque con menor influencia en el gobierno. Un hecho que resultó de enorme importancia en este reinado, por la cantidad de personas afectadas y por su repercusión económica, fue la expulsión de los moriscos a partir de 1609.

Felipe IV, hijo de Felipe III y de Margarita de Austria, reinó entre 1621 y 1665. Fue un hombre atraído por la cultura, mecenas de artistas, amigo de literatos y amante del teatro. Como su padre, cedió el gobierno a los validos. Destacó el conde-duque de Olivares, que inició en el interior una política reformista (acabar con el nepotismo, repartir el peso fiscal y la colaboración militar entre todos los reinos), pero tropezó con el inmovilismo de las estructuras sociales. En 1640 se produjo la sublevación separatista (sofocada) de Cataluña y, el mismo año, la secesión de Portugal (reconocida en el reinado siguiente). Olivares pretendió restaurar y acrecentar la hegemonía política de España en Europa. Hubo nuevos conflictos bélicos con Inglaterra, los Países Bajos y Francia (dolorosa derrota de los tercios en Rocroi). Las llamadas Provincias Unidas (Holanda) alcanzaron su independencia con la Paz de Westfalia (1648), que ponía fin a la Guerra de los Treinta Años entre católicos y protestantes. La Paz de los Pirineos (1659) obligaba a España a ceder diferentes plazas a Francia, que extendía su territorio precisamente hasta los Pirineos. Son fechas que simbolizan el final del poderío político y militar español. Cuando Carlos II sucedió a su padre (1665), el país ya no contaba con medios, ni monetarios ni humanos, para proteger sus territorios, y acogía con alivio los tratados de paz.

La economía

El mantenimiento de la corte y de los ejércitos, con los numerosos frentes políticos y militares abiertos, suponía un quebranto incesante de las finanzas del Estado, varias veces en bancarrota. Y ello se intentaba resolver con gravosos impuestos que, en último extremo, pagaban casi siempre los que carecían de privilegios. España era un país con escaso desarrollo, dependiente, en el comercio, de materias primas como los cereales y la lana, y con poco impulso de las manufacturas, lo que obligaba a la importación de productos. La voracidad recaudatoria causaba un empeoramiento de las condiciones de vida y contribuía a desindustrializar los focos de producción.

La corona era titular de una parte importante de la riqueza en metales preciosos que llegaba a Sevilla procedente de las Indias occidentales, pero tal riqueza se destinaba a pagar los préstamos. Es cierto que hay que situar en el siglo XVII, bien entrado ya, la decadencia del predominio político español. Pero también lo es que desde mucho antes las capas más desfavorecidas de la sociedad española —la mayoría de la población— venían soportando difíciles condiciones de vida, con impuestos onerosos, crisis agrarias repetidas, desabastecimiento, inflación por la depreciación de la moneda fraccionaria de cobre (vellón).

En general, la política universalista de los Austrias tendió, al menos en Europa, a preservar lo dinástico, a defender lo heredado, con frecuencia a base de costosas guerras. Sin embargo, pecó de no tener una mira cercana para plantearse en qué beneficiaban tales campañas a las gentes del territorio español.

La sociedad

Hacia finales del siglo XVI, Castilla contaba con unos seis millones y medio de habitantes, Aragón tenía alrededor de un millón y medio y Navarra unos ciento cincuenta mil. En total, algo más de ocho millones de habitantes (Francia tenía el doble). Cien años después, la población española estaba por debajo de esa cifra. Sevilla, que sobrepasaba muy ampliamente los cien mil habitantes hacia 1590 y era una de las grandes ciudades europeas, redujo casi a la mitad su población tras la peste de 1649. Cuando Madrid recibió la capitalidad, no llegaba a los treinta mil habitantes, y ya en el siglo XVII pasaba muy ampliamente de los cien mil, al igual que Lisboa. En el reino de Aragón, Valencia era la ciudad más poblada en 1600, pero sin llegar a los números de Sevilla o Madrid.

Uno de los problemas que sufrió esta España políticamente poderosa fue la despoblación, sobre todo a partir de finales del siglo XVI. Varias fueron las causas: una desoladora mortalidad infantil, la insalubridad extendida, las epidemias repetidas. Pero hubo más. Las levas retrasaban los matrimonios, las guerras producían muertes de soldados; la emigración a América, si no masiva, también influyó. La natalidad descendió en el siglo XVII y hubo voces que lamentaban, incluso, el exceso de clero. En fin, la expulsión de unos 300 000 moriscos tuvo unas consecuencias catastróficas, sobre todo en el reino de Valencia, por el abandono de campos y huertas.

La España del Antiguo Régimen se asentaba sobre una estructura estamental basada en los privilegios y las desigualdades, no ya de hecho, sino de derecho. La nobleza y el clero disfrutaban de privilegios sociales frente al pueblo llano. La nobleza constituía un reducido estado que se perpetuaba de generación en generación por vínculos de sangre. Entre otras concesiones, estaba exenta de pagar impuestos directos a la corona. Mostraba inclinación al ocio y gran desdén hacia las actividades productivas, identificadas con lo plebeyo.

El clero estaba exento de pagar impuestos y, de hecho, los cobraba a través de diezmos, y también recibía dinero de las rentas de sus tierras. En momentos de crisis económica, recibir las órdenes sagradas aseguraba el futuro, de ahí que el número de clérigos aumentara considerablemente en el siglo XVII. La Iglesia controlaba el clima ideológico de la época y, en buena medida, la enseñanza; además, tenía una autoridad social absoluta. Estado e Iglesia mantuvieron una relación estrechísima en tanto que defendían —apoyados en la celosa Inquisición— la misma ortodoxia religiosa.

El estado llano lo constituían los campesinos en el mundo rural y los comerciantes, tenderos y artesanos de taller en las ciudades. Todos ellos eran *pecheros* o contribuyentes. Entre los campesinos había propietarios, arrendatarios y jornaleros. La mayor parte de la tierra pertenecía a la alta nobleza latifundista y a la Iglesia, a quienes debían tributar los arrendatarios, pero también existía, en menor medida, el labrador hacendado que vivía holgadamente. Las familias campesinas tendían mayoritariamente al autoabastecimiento y por ello manejaban poco dinero, que además debían destinar a los tributos que les gravaban. Huyendo de las diferentes crisis agrarias, durante el siglo XVI muchos campesinos probaron fortuna en las ciudades. Estas experimentaron un notable desarrollo, pero también vieron como iba proliferando por las calles una población pobre y mendiga, sin oficio ni beneficio. En busca de ascenso social, no era raro que algunos burgueses enriquecidos iniciaran procesos legales de compras de hidalguía (con el recelo de los nobles *de cuna*).

Otra cuestión emparentada con la desigualdad y la marginación era el racismo imperante. El tema de la limpieza de sangre se convirtió en una obsesión. Para el desempeño de ciertos cargos y para el ingreso en determinadas instituciones, había que acreditar ser descendiente de cristianos viejos, es decir, no tener ascendencia mora o judía. Las clases inferiores se mostraban orgullosas de su sangre cristiana *limpia* y menospreciaban a los ricos que no podían demostrar esa condición.

La situación de la mujer en el Antiguo Régimen participa también de los mismos principios de desigualdad. Orientada hacia el matrimonio y la vida doméstica, la mujer se supedita al marido, y su honor incluye también el del hombre al que se somete (hermano o padre, cuando es soltera, o esposo).

La enseñanza solo estaba generalizada entre los hijos de las clases pudientes. La alfabetización estaba desigualmente repartida. El clero en su conjunto sabía, obviamente, leer y escribir. Los hombres del estamento nobiliario estaban alfabetizados en su inmensa mayoría, no tanto las mujeres. En las clases plebeyas urbanas el porcentaje de alfabetización podía oscilar entre un veinte y un cuarenta por ciento. En los ámbitos rurales pocas personas sabían leer y escribir. Entre los jornaleros, el analfabetismo estaba casi generalizado.

El honor

El tema del honor y la honra se asocia con frecuencia a la sociedad del siglo XVII por su aparición constante en la literatura, especialmente en el teatro, y llegó a convertirse en una obsesión. Lope escribió: «Los casos de honra son mejores / porque mueven ("conmueven") a toda gente». La honra como valor social es la estima intachable que merece una persona a los demás. Se mantiene con el cumplimiento de los deberes personales (buenos hechos) y, contrariamente, se puede perder por acciones propias o ajenas. Si sucede este último caso, se impone la venganza para su recuperación y para que el individuo pueda reintegrarse a la vida social dentro del grupo que le otorga su reconocimiento. La limpieza de sangre era requisito para mantener honra, de ahí que se le presupusiera honra a los linajes nobles. La burguesía entregada a los negocios y a las finanzas era sospechosa, por la vinculación de los judíos con estas actividades. La honra de los villanos dignos es una novedad importante del teatro áureo y presenta la particularidad de asentarse no en la cuna ilustre sino en la propia virtud de la persona, en las buenas obras.

El Barroco

En los últimos lustros del siglo XVI aparecen los primeros signos de una nueva tendencia ideológica y artística que tendrá desarrollo durante todo el siglo XVII. Será conocida con el nombre de Barroco. Es corriente hablar también de *Manierismo* como una expresión artística que se separa del clasicismo renacentista y prefigura, a partir de la segunda mitad del siglo, bastantes de las características del barroco artístico. En esta síntesis generalizadora, mantendremos la denominación de Barroco para hablar tanto de un arte como de una *mentalidad*.

La cultura barroca es, en el fondo, una evolución del Renacimiento. Durante una parte del siglo XVI, asistimos a una sociedad en expansión, con un crecimiento demográfico y económico evidente; España recibe corrientes ideológicas extranjeras, acoge la armonía del clasicismo, se abre al Nuevo Mundo y ofrece una relativa tolerancia. Con el paso de los años, se impone el clima postridentino, se produce un estancamiento económico, la mortandad catastrófica hace más cotidiana la muerte, las guerras producen un agotamiento desmoralizador, despojadas ya de cualquier idealismo; los cargos se compran y se venden, se extiende la corrupción y el dinero es más poderoso que la ley. Todo ello forjará, poco a poco, una mentalidad pesimista, escéptica y desconfiada. Y, en ocasiones, amargamente burlesca ante una realidad confusa y sombría en la que apenas se mueven con éxito el prudente y el discreto.

El continuo fluir del tiempo certifica la inconsistencia y la vanidad de todo lo vivo y nos recuerda que hemos de morir. La reflexión grave y profunda, a veces angustiada, sobre la fugacidad de lo mundano genera un impulso contradictorio: deseo de lo real, inmediato y concreto, y huida ascética hacia lo espiritual y trascendente.

Por otra parte, elementos idealizados en la tradición renacentista, como la mitología, evolucionan a veces hacia formas *naturalistas* y se presentan con rasgos más humanos y cotidianos. Lo vemos en la pintura de Velázquez o, con tintes burlescos, en la poesía de Quevedo. También la expresión del amor de raíz petrarquista se *desidealiza* en ocasiones para mostrar su lado paródico, aunque pervive el canon renacentista de belleza femenina.

Se trata de una mentalidad hecha de contrastes que, como en la vida, entremezcla lo trágico y lo cómico, lo mismo acoge el pensamiento atormentado que el sereno estoicismo ante

Marte *(Velázquez).*

lo fatal, da cabida al pensamiento racionalista y perpetúa, e intensifica, la superstición y la milagrería; exalta lo natural y cultiva el artificio, irradia luz y maneja con arte la oscuridad, aspira a lo ascético y se recrea en la sensualidad, enaltece la belleza y exhibe lo extravagante, feo y monstruoso; ansía lo sublime y se divierte con lo chocarrero, sueña la idealización y ríe la caricatura. El arte barroco es dinámico y expresivo, aprueba el movimiento, el dramatismo y la pasión, gusta del detalle, del primer plano, del retrato, y frente al orden clasicista, normativo y sereno del Renacimiento, practica una libertad que salta por encima de las reglas, retuerce las formas y las distorsiona. Se trata de un arte suntuoso y a veces exagerado cuyo fin es impresionar, de ahí que una de las cualidades más valoradas en la estética barroca sea el ingenio.

Puede llegar a ser un arte culto en su elaboración complicada (y aun rebuscada) sin perder de vista al pueblo. La imaginería religiosa, el espectáculo teatral en verso de los corrales de comedias, la mostración de seres humildes y de instantes cotidianos, aun con todo su artificio, declaran esta orientación popular.

Vista desde hoy, la mentalidad barroca es, en general, conservadora ante ese malestar social que se vive. Apenas se cuestiona el poder y el orden heredado. Y en tanto que la aristocracia ejerce en ocasiones el mecenazgo de escritores (si es que el propio escritor no pertenece ya a una clase privilegiada), se neutraliza cualquier posibilidad de discrepancia. Todo parece controlado por el poder para el mantenimiento del sistema. Y no olvidemos, además, que tanto Iglesia como Estado poseen mecanismos disuasorios de represión que paralizan cualquier intento público de rebeldía ideológica.

LA LITERATURA DEL BARROCO

La literatura del Barroco maneja todavía temas, géneros y formas del Renacimiento, a veces con adaptaciones profundas, pero también presenta importantes aportaciones, como el desarrollo del teatro comercial. Sigue cultivándose la temática amorosa de estirpe petrarquista y pervive el interés por la mitología, aunque en ambos casos se observa una tendencia a la desidealización. De la misma manera el *locus amenus* renacentista convive ahora con un paisaje más *natural* y a veces desasosegado. La propia mentalidad de la época se inclina hacia temas trascendentes como el paso del tiempo y la muerte inexorable. Las formas métricas italianas de base endecasilábica se han asentado completamente y, entre ellas, el soneto tiene un cultivo extraordinario, convertido en molde noble. Pero también se utilizan otras de tipo popular y de gran tradición en la literatura castellana, con base en el octosílabo. Especialmente destacada es la producción de romances, ahora ya de autores conocidos que lo utilizan con profusión. Surge así el Romancero Nuevo.

Dos estilos se alejan de la claridad y llaneza propias de la expresión clásica y ofrecen un desequilibrio, típicamente barroco, entre forma y contenido: el conceptismo y el culteranismo. Convendría no oponer frontalmente ambas tendencias estilísticas (un Góngora culterano, frente a un Quevedo conceptista, como categorías cerradas), ya que pueden convivir en un mismo escritor. En la base está siempre el concepto, que, como escribía Baltasar Gracián, es un «acto de entendimiento que exprime ("expresa") la correspondencia que se halla ("se descubre") entre dos objetos». Los escritores no ofrecen el objeto en sí mismo, sino a través de sus relaciones —evidentes o sorprendentes— con otros objetos. Cuanto más escondida y sorprendente se nos revele esa relación, tanto más estimado será el concepto. Y el establecimiento de esas correspondencias se consigue mediante la comparación, la metáfora pura, la alegoría, la antítesis, el doble sentido de las palabras, la paronomasia, los neologismos, los latinismos, etc.

La prosa

Reflejo social de una España paradójica fue la novela picaresca que, con el antecedente del *Lazarillo de Tormes*, cobraba impulso nuevo y fijaba las características del género con las dos partes del *Guzmán de Alfarache* (1599, 1604), de Mateo Alemán. *La vida del Buscón* (1626), de Francisco de Quevedo, se convierte en una sucesión de situaciones en las que priman la agudeza verbal conceptista, el chiste y la caricatura despiadada. Más tardía es la anónima *Vida y hechos de Estebanillo González* (1646). Y se discute su pertenencia o no al género de *La pícara Justina* (atribuida a Francisco López de Úbeda) y de la *Vida del escudero Marcos de Obregón*, de Vicente Espinel.

La novela bizantina, novela de aventuras con trama amorosa, ofrece dos ejemplos destacados: *El peregrino en su patria*, de Lope de Vega, y *Los trabajos de Persiles y Sigismunda*, de Cervantes. Dentro del género de la novela histórica morisca, Ginés Pérez de Hita escribió *Las guerras civiles de Granada*.

Parodia de los libros de caballería es la extensa novela cervantina *Don Quijote de la Mancha*, publicada en dos partes (1605, 1615), que en un principio fue leída como una pura ficción dada al entretenimiento y al buen humor, y acabó siendo interpretada como una metáfora del desengaño humano.

Don Quijote acuchilla los títeres del retablo de Maese Pedro (Ilustración del Quijote*).*

Obra de complicada adscripción genérica es *La Dorotea*, de Lope de Vega. En la narración corta, Cervantes es autor de las doce *Novelas ejemplares* (1613). De Lope son también las cuatro *Novelas a Marcia Leonarda*, y de María de Zayas los conjuntos *Novelas amorosas y ejemplares* (1637) y *Desengaños amorosos* (1649), relatos de tipo *cortesano*, en los que se incluyen numerosas alusiones que hoy llamaríamos feministas.

En la prosa satírica, destaca Quevedo con su colección de *Sueños y discursos* (1627), cinco piezas que retratan los vicios de la sociedad urbana de la época. Escribió también *La hora de todos y la Fortuna con seso*, con la misma agudeza crítica y riqueza léxica. Luis Vélez de Guevara es autor de *El diablo cojuelo* (1641), relato satírico y moral.

La prosa didáctica y moralizadora destaca en la obra del jesuita aragonés Baltasar Gracián, autor de *El criticón* (1651), conceptuosa alegoría crítica y pesimista sobre la condición humana. También con intención didáctica escribió el murciano Diego de Saavedra Fajardo su *Idea de un príncipe político cristiano representada en cien empresas* (1640).

La poesía

En el siglo XVII asistimos a un suceso trascendental. Los comienzos de la *profesionalización* del poeta lírico y la publicación *normalizada* de libros de poesía (con la contribución importantísima de Lope de Vega).

La lírica del Barroco, a la que sirve de transición la lírica cultista de Fernando de Herrera (1534-1597), nos ha dejado una abundantísima nómina de autores y de obras notables. Entre esa multitud de nombres, destacan tres poetas: Góngora, Lope y Quevedo.

Luis de Góngora y Argote (1561-1627) mantuvo enemistad literaria con Lope y, especialmente, con Quevedo, en un momento en que la poesía satírica agudizaba el ingenio para lanzar dardos literarios envenenados. Las *Soledades* y la *Fábula de Polifemo y Galatea* son ejemplos de poesía culta (o culterana), que despertaron adhesiones entusiastas en los admiradores de su arte, y agria reprobación en quienes solo veían una aberración de estilo ininteligible. Góngora también compuso sonetos y letrillas y romances de más sencillez. En las obras del Conde de Villamediana, Pedro Soto de Rojas o Gabriel Bocángel, se reconoce el magisterio gongorino.

Francisco de Quevedo y Villegas (1580-1645) es autor de una obra poética amplísima que tanto toca los temas serios y graves (la fugacidad del tiempo, la muerte), como el amor petrarquiano que origina algunos de los más bellos poemas de nuestra literatura. La temática jocosa y burlesca ocupa una parte importante de su producción, con feroces críticas contra mujeres, costumbres, oficios y caricaturas de algunos mitos clásicos.

Otros poetas destacados fueron los hermanos Argensola, Pedro Espinosa, Rodrigo Caro, Juan de Jáuregui, Francisco de Rioja o Andrés Fernández de Andrada, quien ha pasado a la posteridad por su sobria y admirable *Epístola moral a Fabio*.

A pesar del prestigio de que gozaba la poesía épica debido a sus nobles ascendientes antiguos (y también renacentistas), este tipo de poesía narrativa no ofreció muestras perdurables en España. Acaso, la *Jerusalén conquistada,* de Lope de Vega, y el *Bernardo,* de Bernardo de Balbuena.

El teatro

El género literario auténticamente popular en el Siglo de Oro fue el teatro representado en los corrales de comedias. Lope de Vega consiguió dar forma definitiva a un género, la comedia (nombre unitario que abarcaba también lo que hoy llamaríamos *drama),* que conjugaba elementos que se hallaban dispersos en la tradición anterior del teatro cortesano y del teatro popular de influencia italiana. Surgió así un producto de entretenimiento que gustaba al público llano de las ciudades y nunca hirió al poder político vigente.

Ajeno al hecho popular, hubo también un teatro palaciego y cortesano solicitado y gustado por la nobleza, con un gran despliegue escenográfico de máquinas por parte de técnicos venidos de Italia. Por su parte, los autos sacramentales en un acto constituyeron una muestra importante de teatro religioso, alegórico y de adoctrinamiento, vinculado a la festividad del Corpus Christi. Se representaban en las calles (sobre fastuosos carros) y en el templo. De condición más humilde, los breves entremeses (como los ocho publicados por Cervantes, seis en prosa; y los de Luis Quiñones de Benavente, en verso) presentaban situaciones cómicas y costumbristas, con personajes populares muchas veces estereotipados.

Características de la comedia

Se trata de obras en verso (con polimetría y variedad de estrofas), divididas en tres actos, con mezcla de lo serio y lo cómico, con adecuación del lenguaje a la condición social del personaje (decoro), con rechazo consciente de las unidades clásicas (o, mejor, clasicistas) de tiempo y lugar y, a menudo, con inclusión de música, canciones y baile. La unidad de acción se suele preservar, aunque no es insólita una acción secundaria paralela. Las obras tienen el final que agradaba al público: se premia la virtud y se castiga la maldad. La comicidad la suele encarnar la figura del gracioso, con frecuencia un criado, a veces un rústico. Existen ciertos personajes tipo que se repiten convencionalmente: galán, dama, criado, criada, viejo, poderoso, rey, villano labrador. Se suele criticar al corpus dramático aurisecular la falta de profundidad psicológica de los personajes, convertidos en caracteres repetitivos y sin apenas trascendencia universal.

Aunque la temática era muy variada (bíblica, hagiográfica, mitológica, filosófica, histórica, costumbrista, urbana, palatina...), es muy abundante el asunto amoroso (galán-dama), pero también el tema del honor es recurrente. La crítica extranjera ha señalado a veces el carácter excesivamente nacional y particular de la comedia barroca española, en el sentido de estar restringida a las costumbres, mentalidad y cultura de una determinada sociedad.

Texto y representación

Hoy no se concibe el estudio de la comedia barroca como exclusivo texto literario, al margen de su representación y de sus aspectos sociológicos, tan fecundos. La comedia es un espectáculo integral, urbano y mercantil, que impregna todas las capas de la sociedad (ricos y pobres, cultos e iletrados) y atestigua la aparición de nuevas formas de ocio en espacios públicos. Por su misma base popular y comercial, y por contravenir la preceptiva clasicista, se la consideraba, en el juicio de los doctos, literariamente inferior a otros géneros más acreditados y prestigiosos, como la poesía épica, por ejemplo, o la lírica. Por todo ello, fuera de la representación el *texto* teatral no tenía, en principio, gran valor por sí mismo. Lope de Vega escribía su obra con la intención de venderla a una compañía teatral, cuyo director (curiosamente, llamado *autor* en esa época) la compraba porque iba a representarla ante el público, y una vez que era de su propiedad, podía retocar el texto y adaptarlo a sus necesidades. Incluso podía publicarlo más adelante sin contar con el artista que lo creó. Todo ello nos permite imaginar las desviaciones sufridas por el original convertido en impreso. El paso de las obras manuscritas a la imprenta se producía, por lo general, cuando la comedia representada había resultado un éxito, de ahí que se hayan perdido tantas. La producción y consumo de comedias se inserta, pues, dentro de una cultura de masas concebida como una industria a la manera moderna.

El espacio teatral

Las obras se representaban en recintos generalmente cuadrangulares. En principio, eran patios de vecindad, después se construyeron locales ex profeso. El escenario tenía entre seis y ocho metros de ancho, y la escenografía era bastante simple en el teatro popular: no había telón y unas cortinas negras («paños») cerraban el fondo, que tenía en lo alto una galería o balconada. Los decorados, como tales, apenas existían, pero el público interpretaba ciertas claves metonímicas: una simple maceta indicaba que la escena ocurría en un jardín; una vela encendida señalaba una escena nocturna; y un personaje que se movía a tientas era ubicado en medio de la oscuridad por el espectador, a pesar de que la representación se desarrollara a plena luz del día.

La vestimenta y el aspecto del actor también actuaban como signo no verbal. El propio texto declamado incluía siempre pertinentes alusiones sobre la localización y útiles pistas para la representación. Las ciudades más importantes de España contaron con su local para representaciones. En Madrid destacaron el Corral del Príncipe y el Corral de la Cruz.

Actores, público y espectáculo

Junto a la aparición de espacios fijos destinados al hecho teatral, tuvo una importancia significativa en el nacimiento de la comedia la profesionalización de los actores hacia la mitad del siglo XVI. Se les recomendaba que en su trabajo profesional fueran imitadores fieles de la naturaleza, pero el ambiente agitado del corral de comedias los llevaría con frecuencia a la sobreactuación y al histrionismo. Su *modus vivendi* (hombres y mujeres) se situaba, a ojos de la época, en la marginalidad moral y fue blanco constante de la crítica de severos censores.

El público, variopinto y bullicioso, se situaba en diferentes localidades, a ras de suelo y en galerías de plantas superiores. No se mezclaba la masa de hombres (los llamados *mosqueteros*) con la de las mujeres (situadas en la llamada *cazuela*, enfrente del escenario, en posición elevada), y las gentes principales tenían su espacio propio, al igual que los doctos. Las entradas más baratas tenían un precio muy asequible: un humilde jornalero podía ver de pie el espectáculo pagando un tercio de su jornal. Una parte de la recaudación se dedicaba a la beneficencia, pues los corrales estaban explotados por cofradías. Aparte de la obra propiamente dicha, el espectáculo incluía una loa inicial en la que se anunciaba al público lo que iba a ver, y piezas cortas y populares (entremeses, jácaras, bailes) en medio de cada acto y al final, elementos que ayudaban a configurar una fiesta total. La representación, que duraba entre dos y tres horas, se hacía por la tarde, muy temprano para aprovechar la luz natural. Este teatro representado favorecía el encuentro social de los diferentes estratos populares, y distaba de ser, como hoy, reverencialmente recibido. Por el contrario, eran frecuentes los alborotos y las muestras de grosería en una parte de los espectadores.

Dramaturgos

Se calcula en alrededor de diez mil obras la producción de comedias en el Siglo de Oro, de las que nos han llegado unas dos mil. Se entenderá, por ello, lo aventurado de pretender uniformar tamaña cantidad. Por otra parte, todavía permanecen en la oscuridad obras y autores que precisan de una justa valoración y que podrían incorporarse al repertorio canónico del teatro áureo.

Tradicionalmente, se ha establecido un reparto de influencias entre dos dramaturgos *gigantes*, Lope de Vega (1562-1635) y Pedro Calderón de la Barca (1600-1681), a cada uno de los cuales se atribuyen, tópicamente, unos rasgos determinados. Al primero corresponderían la espontaneidad, la falta de rigor técnico y un espíritu más abierto; el segundo mostraría una mayor precisión estructural y una fuerte densidad conceptual y reflexiva, y todo ello dentro de una moral de corte estrecho. Pero quizá sea esta una caracterización de trazo grueso. Es cierto que cada dramaturgo se forma en un momento histórico distinto y que Lope pone en pie el edificio de la comedia, mientras que Calderón llega a él en su esplendor. Pero también lo es que las comedias de Lope experimentan una maduración técnica con los años y que, por supuesto, tales afirmaciones son excesivamente generalizadoras cuando hablamos, en los dos casos, de una obra ingente.

Dejando para más adelante la producción teatral de Lope, señalaremos algunos dramaturgos destacados que adoptaron el modelo que él popularizó: Guillén de Castro

(*Los malcasados de Valencia*, *Las mocedades del Cid*), Antonio Mira de Amescua (*El esclavo del demonio*), Luis Vélez de Guevara (*Reinar después de morir*), Juan Ruiz de Alarcón (*La verdad sospechosa*) y, especialmente, Tirso de Molina, seudónimo del fraile mercedario Gabriel Téllez (1584-1648), autor de títulos como *El vergonzoso en palacio*, *Don Gil de las calzas verdes*, *El condenado por desconfiado* o *El burlador de Sevilla* (con el personaje de don Juan Tenorio).

Tras la muerte de Lope de Vega, Calderón de la Barca se convirtió en el autor más celebrado. Escribió comedias tan recordadas como *La dama duende*, *La vida es sueño*, *El médico de su honra* o *El alcalde de Zalamea*. También fue autor de innumerables autos sacramentales, como *El gran teatro del mundo* y *La cena del rey Baltasar*. Dramaturgos nacidos ya en el siglo XVII fueron Francisco Rojas Zorrilla (*Entre bobos anda el juego*, *Del rey abajo, ninguno*) y Agustín Moreto (*El desdén con el desdén*, *El lindo don Diego*).

LOPE DE VEGA. SU VIDA

El autor de *El perro del hortelano* ha conocido siempre, desde antes de morir y hasta hoy mismo, una fama y una admiración constantes. Su discípulo y amigo Juan Pérez de Montalbán trazó la primera biografía (con excesos laudatorios explicables por la amistad) de quien consideraba que era «portento del orbe, gloria de la nación, lustre de la patria, oráculo de la lengua, centro de la fama». Y además de reconocerle méritos literarios a la altura de Homero, Sófocles, Terencio o Virgilio, le adjudicaba todas las virtudes, materiales y espirituales, que en un mismo hombre es maravilla que se congreguen. Lope de Vega derramó con prodigalidad sus vivencias más personales en su obra literaria. Conocemos, además, una vasta documentación de archivo sobre su vida, enriquecida en el siglo xx con la publicación de las cartas personales enviadas a su protector Luis Fernández de Córdoba y Aragón, VI duque de Sessa. Todo junto nos ayuda a trazar un perfil humano más objetivo del escritor.

Primeros años

Lope de Vega Carpio nació en Madrid en 1562, según el biógrafo Montalbán el 25 de noviembre (pero existe la probabilidad muy fundada de que la fecha real fuera el 3 de diciembre). Sus padres, originarios de La Montaña (la actual Cantabria) fueron Félix de Vega Carpio (fallecido en 1578), de profesión bordador, y Francisca Fernández Flores (fallecida en 1589). Tuvo al menos cuatro hermanos. El matrimonio se trasladó a Madrid en busca de las oportunidades que podía ofrecer la nueva corte de Felipe II. Poco se sabe de la infancia del escritor. Las afirmaciones de Pérez de Montalbán parecen hinchadas: «de cinco años leía en romance y latín»; «mientras no supo escribir, repartía su almuerzo con los otros mayores porque le escribiesen lo que él dictaba». Estudió Gramática y Retórica «y antes de cumplir doce años tenía todas las gracias que permite la juventud curiosa de los mozos, como es danzar, cantar y traer bien la espada». Completó su formación en Madrid con los jesuitas y hay indicios de que cursara algunos años en Alcalá.

Primeras obras, primeros amores

Hacia 1580 hemos de fechar sus primeras comedias conocidas. En 1583 se alistó en la expedición naval contra la isla Terceira (Azores), en el contexto de las pretensiones de

Felipe II al trono de Portugal. La primera aventura amorosa conocida del escritor sucedió con una mujer casada, la actriz Elena Osorio (*Filis* en sus poemas), a cuyo padre, director de una compañía teatral, vendía Lope sus comedias. Cuando al cabo de unos años Elena se inclinó por otro hombre, Lope, ya poeta conocido, divulgó unos versos difamatorios contra ella y la familia, por los que en 1588 sufrió cárcel y fue condenado a ocho años de destierro de la corte y a dos del reino de Castilla. Ese mismo año se fuga con la joven Isabel Urbina (*Belisa*), y es obligado a casarse con ella. Lope se embarcó en Lisboa en la Gran Armada (la *Invencible*), pero no es seguro que su galeón llegara a Inglaterra, aunque a bordo de él escribió el poema narrativo *La hermosura de Angélica*.

En 1589 lo vemos instalado con su esposa Isabel en Valencia, donde encontró un ambiente teatral muy propicio para el desarrollo y consolidación de la llamada *comedia nueva*. Desde 1590, en que se instala en Toledo, y durante algunos años, entra al servicio de diferentes nobles. Como secretario del duque de Alba residió unos años en Alba de Tormes, donde escribió la novela pastoril *La Arcadia* y donde murió su esposa Isabel. También sus dos hijas murieron en la niñez.

De nuevo en la corte

En 1595, levantada su condena, se instala en Madrid, donde es perseguido por vivir amancebado con la viuda Antonia Trillo de Armenta. Establece relación con otra mujer casada, la bella Micaela Luján (*Camila Lucinda*). La ausencia del marido, que emigró a Perú, la aprovechó la pareja para asignarle alguno de los siete hijos que procrearon, de los que Marcela y Lope Félix llegaron a edad adulta. Aunque la vinculación de

Lope con Micaela Luján llega hasta 1608, aproximadamente, el escritor se casó en 1598 con Juana Guardo, hija de un carnicero rico, cuya dote perseguía Lope y no vio materializarse. Publica la *Dragontea* y un año después, en 1599, acude a Valencia en el séquito del marqués de Sarria, que asistía a la boda de Felipe III y Margarita de Austria. Además, publica su poema *El Isidro* y tiene un hijo fruto de una breve relación con una mujer valenciana. El cierre de los teatros de Madrid y la prohibición de representar comedias (primero por luto en la casa real y, enseguida, por presiones de los moralistas) hizo que la actividad literaria de Lope se volcara hacia otros géneros. Pero Felipe III autorizó de nuevo los espectáculos y el Fénix siguió con la dedicación teatral que le reportaba buenos beneficios económicos. Los primeros años del siglo XVII los pasa entre Toledo, Sevilla y Madrid, a veces con la familia de Micaela, a veces con su esposa Juana, con quien tuvo cuatro hijos: Jacinta, Juana, Carlos Félix (muertos prematuramente) y Feliciana, que le acompañará en sus últimos momentos. En 1604 incluye en *El peregrino en su patria* una lista de más de doscientas comedias suyas representadas.

Con el duque de Sessa

En 1605 comenzó a servir al joven duque de Sessa (veinte años menor que él) como secretario, asistencia que incluía también, con muchísima frecuencia, servilismos indignos (como redactar cartas amatorias y otras tercerías) e incluso degradantes, todo para complacer al prócer de vida disoluta, quien tuvo en Lope a un amigo y un confidente. En 1609 publica el *Arte nuevo de hacer comedias en este tiempo* (en el que confiesa llevar escritas cerca de quinientas comedias) y el poema épico *Jerusalén conquistada*. En 1610 compra en Madrid la casa en la que ha de vivir hasta el final de sus días (hoy convertida en Casa Museo, en la calle de Cervantes).

Crisis personal

En esos años Lope parece acercarse a lo espiritual con el ingreso en congregaciones religiosas y cofradías. En 1611 escribe la novela *Los pastores de Belén*. La muerte de Carlos Félix en 1612, con solo seis años, supuso un golpe tremendo para el padre, que aumentó en 1613 con la muerte por sobreparto de la esposa Juana. Por estas fechas debió de escribir *El perro del hortelano*. Es un tiempo de congoja y desasosiego, de tristeza y desconsuelo (pero sin renunciar a algún galanteo). Junta en su casa a los hijos habidos con Micaela y con Juana, y en plena crisis personal se ordena sacerdote (1614) y publica las *Rimas sacras*. Le pide entonces al duque de Sessa que le dispense de ciertos *servicios* que casan mal con su nueva condición religiosa. Aun así, el natural de Lope tendía a lo mundano. En Irún participa, junto al duque, en los cortejos nupciales franco-españoles de los hijos de Felipe III. Mantiene relación con la actriz Jerónima de Burgos, para la que había escrito *La dama boba* en 1613, y, esporádicamente, con la actriz Lucía Salcedo.

Un amor tardío

En 1616 Lope descubre un amor crepuscular y apasionado: la actriz Marta de Nevares (*Amarilis*, *Marcia Leonarda*), mujer casada, casi treinta años menor que él. Por supuesto, estos amoríos sacrílegos, de los que nació Clara Antonia, resultaron escandalosos. Cuando murió el marido, Lope lo celebró de manera indecorosa. En 1617 apareció un libelo anónimo en latín, la *Spongia*, en contra del autor y de su creación literaria. Era obra de poetas culteranos y aristotélicos, y Lope replicó con dureza. El escritor seguía siendo querido por el pueblo y estimado por la corte, aunque no llegó a conseguir ciertos honores tras los que anduvo afanosamente (por ejemplo el cargo de cronista real), incluso pasa apuros económicos. Es la época en que escribe *El caballero de Olmedo* y *El mejor alcalde, el rey*. Por estas fechas, comienzan las desventuras para la pareja: Marta queda ciega y años más tarde comienza a sufrir ataques de locura de los que nunca sanará. Lope, encarando su vejez, se aplica a cuidarla con toda la ternura del mundo. En 1627, después de haber halagado al Papa con la dedicatoria de su *Corona trágica* (sobre el triste fin de la reina católica María Estuardo), recibe de Urbano VII el título de doctor en Teología y la Cruz de la Orden de San Juan, con derecho a utilizar el tratamiento de *frey*. De estos años al lado de Marta son también *La Circe* (dedicada al conde-duque de Olivares, sin duda en espera de alguna prebenda), *La Filomena* y *Laurel de Apolo*. En 1632 muere Marta.

Últimos años

Ya viejo, Lope sufre una grave enfermedad. Se siente postergado, las mercedes de la vida cortesana le son esquivas; además, su teatro no atrae como antes, sus recursos escasean, el duque de Sessa retarda la ayuda económica. Con todo, el autor sigue con un ritmo notable de producción, con plenas facultades intelectuales. Dos de sus grandes obras aparecen en la senectud: *El castigo sin venganza* (1631) y la autobiográfica *La Dorotea* (1632), recuerdo de sus amoríos juveniles con Elena Osorio. Por este tiempo, confiesa en la *Égloga a Claudio* llevar escritas mil quinientas comedias. Muerta Marta de Nevares, casada su hija Feliciana, en un convento su hija Marcela y muerto en un naufragio su hijo Lope Félix, en 1634 la casa de Lope se ve ya desabrigada. Publica las *Rimas humanas y divinas del licenciado Tomé de Burguillos* y sigue escribiendo comedias, aunque acusa las dolencias de la edad. Una última desdicha le hiere: su hija Antonia Clara —diecisiete años— se fuga con su amante. Doliente, cansado, melancólico, las fuerzas del Fénix se van apagando, pero mantiene su mente cabal y escribe hasta sus últimos días. El 26 de agosto de 1635 hace testamento y deja como heredera a su hija Feliciana. Murió en su casa al día siguiente, en la tarde del 27 de agosto. El pueblo de Madrid, agolpado en las calles para ver pasar el entierro, le despidió con emoción. El duque de Sessa, que le acompañó en los últimos momentos, pagó las exequias.

Entierro de Lope de Vega *(Ignacio Suárez Llanos).*

Personalidad de Lope de Vega

Lope fue un hombre muy culto y en sus obras se esfuerza por demostrarlo con acopio de erudiciones, mitologías y referencias a autores de la Antigüedad (no siempre de primera mano). No escapó a las polémicas literarias de su tiempo, y aunque tuvo muchos amigos y admiradores entre el gremio de escritores (Vicente Espinel, Quevedo, Vélez de Guevara, Pérez de Montalbán...), también tuvo adversarios de la talla de Cervantes y de Góngora.

Por su dedicación teatral, se movió cerca de los comediantes y compartió su vida desordenada. La mayoría de sus relaciones sentimentales las vivió en brazos de actrices. En el sentido literario de la palabra, no fue un donjuán, pues se entregó con pasión a cada uno de sus amores y acogió como padre a sus hijos. Fue el primer autor que vivió de su escritura (teatral). Ganó muchísimo dinero, pero gastó aún más y acabó en medio de estrecheces. Es cierto que en determinado periodo tuvo que mantener dos familias, pero se hace evidente que vivió la vida con un cierto desclasamiento por elevación. Era un hombre de procedencia llana que no solo no cuestionó nunca el poder ni el sistema que lo sustentaba, sino que incluso lo defendió e intentó medrar en él. Halló cobijo al amparo de los poderosos en busca de dinero y de estatus social y halagó a la nobleza codiciando cargos y prebendas de ennoblecimiento que nunca llegaban. Su dispendio económico se corresponde al de la hidalguía pudiente, a la que aspiró —sin éxito— apoyado en su origen montañés.

En realidad, su mundo verdadero estaba en el pueblo, al que supo agradar creando, a su medida, un espectáculo que convertía la naturaleza en arte. Sus escándalos, si no perdonables, hubieron de merecer entre ese mismo pueblo una tolerancia que solo se explica por la fama y la admiración. Su amigo Pérez de Montalbán recibió, junto al lecho de muerte, un último mensaje de Lope: «Díjome a mí que la verdadera fama era ser bueno, y que él trocara cuantos aplausos había tenido por haber hecho un acto de virtud más en esta vida».

LOPE DE VEGA. SU OBRA

Conocidos los acontecimientos de su vida turbulenta, resulta asombroso el volumen casi inabarcable de la obra de Lope. Los bien ganados apelativos con los que ha pasado a la posteridad (*Fénix de los ingenios*, *Monstruo de la naturaleza*) inciden en ese aspecto. Lope atendió a casi todos los géneros vigentes en su época.

En prosa escribió novelas pastoriles como *La Arcadia* o *Los pastores de Belén;* una novela bizantina, *El peregrino en su patria;* varias novelas cortas dedicadas *A Marcia Leonarda*; y su mejor obra, *La Dorotea,* acción novelesca dialogada no representable, con clara huella de *La Celestina.*

La poesía lírica de Lope se vierte en una gran variedad de metros, italianos y castellanos, en los que tienen cabida lo culto y lo popular: sonetos de perfecta arquitectura, églogas, epístolas, canciones, romances líricos, villancicos. Y, por supuesto, refleja los más diferentes aconteceres vitales: el amor (a la manera petrarquista), la burla, el arrepentimiento, la amargura ante las desdichas personales y familiares, la religión... Dejó infinidad de poemas dispersos en romanceros, en obras en prosa y teatrales, y también publicó libros poéticos como las *Rimas,* las

Rimas Sacras o las *Rimas humanas y divinas del licenciado Tomé de Burguillos.*

Lope de Vega quiso destacar en un género poético de noble y prestigiosa tradición, la poesía épica narrativa, y lo intentó con *La hermosura de Angélica* y *Jerusalén conquistada* (sobre la tercera cruzada). Poemas narrativos son también *La Dragontea*, sobre el corsario Francis Drake, y *El Isidro,* sobre el santo madrileño. De temática mitológica son *La Filomena* y *La Circe.* Poema épico-burlesco es *La Gatomaquia.*

Dentro de la poesía didáctica hay que citar el *Arte nuevo de hacer comedias en este tiempo* (sobre su estética teatral) y *Laurel de Apolo* (recuento y alabanza de poetas y de algunos pintores).

El teatro de Lope

Pero Lope es, sobre todo, el impulsor de la comedia nueva, el escritor que supera el teatro antiguo y consolida el teatro moderno. Hace ya años que no se acepta el mito de un Lope creador absoluto de la nueva dramaturgia triunfante. Hoy se valora la importancia de la llamada *escuela valenciana* (entre otros, el canónigo Francisco Agustín Tárrega y Gaspar Aguilar) en la configuración final de la comedia lopesca. El tiempo de destierro que Lope vivió en Valencia le resultó fundamental para conocer los esquemas estructurales de la producción dramática que allí se hacía (aún excesivamente tendente a lo aristocrático y con menor peso del ingrediente cómico), para remodelarlos y para dar con la fórmula definitiva que llevaría a hacer de la comedia un espectáculo de masas. Su biógrafo Pérez de Montalbán atribuía al autor 1800 comedias, cifra sin duda exagerada. El propio Lope hablaba de unas 1500. Si escribió esa cantidad, la mayoría se han perdido. Hoy se conservan más de trescientas de autoría indudable y de distintas épocas de su vida, y se aprecia una evolución desde las primeras (a partir de 1580), ancladas en formas pasadas y modelos antiguos, hasta aquellas que suponen la consagración de un molde aceptado y aplaudido por el público.

En 1609, en pleno momento de madurez, Lope de Vega expuso su teoría dramática sobre la comedia barroca en el poema didáctico *Arte nuevo de hacer comedias en este tiempo,* y lo hizo ante el público erudito de la Academia de Madrid. En su obra aconseja sobre temas, estructuración de la trama, versificación y otros asuntos de la representación. Lope no manifiesta en ningún momento ser enemigo del clasicismo, a pesar de que sus obras contravienen sus rígidos preceptos. Solamente constata que la merma de perfección artística en sus comedias viene exigida por el gusto del vulgo, que no consiente leyes y ataduras. Es el vulgo el que paga las comedias y su gusto se convierte entonces en lo justo, idea que sustenta el autor con la experiencia de las casi quinientas comedias que lleva escritas hasta ese momento.

Lope escribió obras religiosas, mitológicas, pastoriles, caballerescas, la mayoría olvidadas hoy. Las comedias que han pervivido se basan, sobre todo, en costumbres contemporáneas o en episodios de la historia. Destacamos: *La viuda valenciana, Peribáñez y el Comendador de Ocaña, El villano en su rincón, Fuente Ovejuna, El perro del hortelano, La dama boba, El caballero de Olmedo, El mejor alcalde, el rey, El castigo sin venganza.* El Fénix escribía y vendía para la representación. En la cima de su éxito, llegó a cobrar hasta 500 reales por comedia, y, aunque no todas a ese precio, vendió centenares (su casa madrileña le costó 9000 reales en 1610).

Lope, dueño de sus comedias. Las *Partes.*

La publicación sistemática de las comedias de Lope de Vega comienza en Zaragoza en 1604 con la aparición del volumen *Las comedias del famoso poeta Lope de Vega Carpio.* El éxito editorial propició la salida de la *Segunda parte,* la *Tercera parte,* la *Cuarta parte* y así sucesivamente (pues aquella primera publicación se constituía, *de facto,* en el inicio de la serie). Se trataba de volúmenes que incluían una docena de comedias, no siempre de Lope, pues los editores utilizaban el reclamo del Fénix para sus intereses económicos. El autor se mostró quejoso por haber quedado al margen de este negocio editorial que, por añadidura, ofrecía unos textos con frecuencia bastante descuidados. Incluso pleiteó sin éxito ante la salida de las entregas *Séptima* y *Octava.* Finalmente, el año 1617 pudo asumir el control de sus obras en la *Novena parte.* Interesa destacar el título que aparece en la portada de ese volumen: *Doce comedias de Lope de Vega sacadas de sus originales por él mismo.*

El Fénix escribía sus comedias para las tablas, para «los oídos del teatro», pero viendo tan mal tratadas sus obras en la página impresa, «de suerte que era imposible llamarlas mías» (Prólogo a la *Novena parte*), tomó la decisión de «imprimirlas por mis originales» (Prólogo). La indicación de que el propio Lope estaba comprometido en el examen textual de las comedias y en la aportación de originales resulta en principio tranquilizadora y, desde luego, mejora el procedimiento anterior que lo excluía a él. Aun así, no hemos de pensar que a partir de ese momento quedase constituido un método editorial que garantizase, a la manera moderna, la pulcritud absoluta de los textos, pues sabemos que Lope se había desprendido de mucho material original y tuvo que recurrir a manuscritos ajenos.

En cualquier caso, la novedad de haber tomado el control de sus obras convierte a Lope en un autor con una conciencia nueva de lo que suponen la autoría literaria, el deseo de fidelidad de los textos y la lucha por sus «derechos».

La publicación de las *Partes* continuó hasta la *Veintena*, con fecha de 1625. Ese año la Junta de Reformación, creada por Felipe IV bajo la presión del clero, toma el acuerdo de prohibir en Castilla la impresión de comedias (y novelas), con un argumento tocante a la moralidad: «se ha reconocido el daño (...) a las costumbres de la juventud». La prohibición se mantuvo hasta 1634 y solo tras la muerte de Lope siguieron apareciendo más *Partes*, hasta la XXV (1647).

La dama boba *(Corral de Comedias de Almagro).*

El perro del hortelano. Publicación y fecha

El perro del hortelano es la primera de las comedias de la *Onzena parte*, volumen que apareció en Madrid en mayo de 1618 (ese mismo año apareció en Barcelona otra edición, posterior, con alguna variante) y que incluía también obras como *El acero de Madrid, Servir a señor discreto* o *El mayordomo de la duquesa de Amalfi*. No conocemos la fecha exacta de la escritura de *El perro del hortelano.* Para conseguir una aproximación, la crítica ha tenido en cuenta el análisis de los usos métricos del autor, y esto nos sitúa entre 1613 y 1615. Por otra parte, en algunos pasajes de la obra nos encontramos parlamentos que ofrecen un estilo cultista que está cercano (o incluso imita) al Góngora de la *Soledad primera.* Sucede, por ejemplo, con el verso «en campañas de sal pies de madera» (Ricardo, v. 733) o con el amanecer mitológico que evoca el criado Celio (vv. 1222-1228). Esta influencia nos sitúa más allá de mediados de 1613, que es la fecha en que comenzó a circular el poema gongorino.

El perro del hortelano: la trama

El perro del hortelano es hoy una de las más conocidas comedias de Lope de Vega. La obra carece de peripecias agitadas, pero asombra al espectador por el extraordinario manejo de las situaciones emocionales, por el dominio admirable de la psicología de los personajes y por la brillantez de los diálogos.

Acto I. Palacio napolitano de Diana, condesa de Belflor. La huida en tropel, escaleras abajo, de dos embozados quebranta el sosiego de la noche y causa el escándalo de la Condesa. Su mayordomo cree que alguno de los pretendientes que ella rechaza se ha metido en la casa. La señora convoca a la servidumbre y después de duros interrogatorios consigue averiguar la verdad: una de sus camareras, Marcela, recibe por las noches al secretario de Diana, Teodoro. La criada explica que su único deseo es alcanzar el matrimonio y ensalza vivamente las prendas de su amado. La señora se muestra comprensiva y promete patrocinar esta unión. A solas, la Condesa repara en las grandes cualidades de su secretario y muestra un asomo de inclinación amorosa hacia él, aunque lo rechaza por la desigualdad de estado. A la mañana siguiente, Teodoro y su criado Tristán comentan lo sucedido la noche anterior. Tristán se vanagloria de su ingenio: mató la luz lanzándole el sombrero y pudieron huir a oscuras. Teodoro se muestra muy preocupado: si la señora conoce su implicación en los hechos, podría despedirle de la casa. Aparece Diana y después de ciertos comentarios equívocos que turban al servidor, hace leer a Teodoro un soneto compuesto por ella a ruegos de una amiga. Esta amiga, dice la Condesa, comienza a sentir una celosa atracción por cierto galán después de ver a este empleado en otra mujer. Diana compromete a su secretario para que escriba un soneto en respuesta al anterior, y mientras tanto queda con Tristán, al que pide información sobre las costumbres de su amo. Además, hace ver al lacayo que está al tanto de sus andanzas nocturnas en palacio. La apurada situación del criado la salva la entrada del marqués Ricardo, pretendiente de la Condesa que viene a conocer el estado de su candidatura amorosa. Diana deja en suspenso su decisión y el Marqués se despide cuando se presenta Teodoro con el soneto que le fue encargado. En él señala el secretario que los celos no preceden al amor, sino que son consecuencia de este. Teodoro ya adivina que no hay tal «amiga», sino que la Condesa se ha fijado en él. Sin embargo, la escritura del soneto es ambigua para no dar a entender lo que intuye. La conversación entre señora y servidor deja a este muy confuso porque ciertas palabras y rubores de la dama le hacen pensar que Diana se ha enamorado. Marcela comunica a Teodoro que la Condesa consiente el matrimonio. Con recelo encubierto, el joven festeja la noticia abrazando a su amada. Diana los sorprende y, ofendida por la desenvoltura de la pareja, ordena encerrar a la criada en su aposento durante un tiempo. Preguntado por la señora, Teodoro confiesa interesadamente que, en realidad, no ama a Marcela, aunque alguna vez le ha besado la mano. Enseguida, la Condesa finge una caída para que su secretario la ayude a levantarse del suelo, precisamente dándole la mano. Vistos los indicios, Teodoro, a solas, se confiesa dispuesto a luchar por el amor de Diana, aunque sabe la injusticia que comete con Marcela.

Acto II. Unas pocas semanas después. El marqués Ricardo y el conde Federico (primo de la Condesa) aguardan la salida de misa de Diana. Los dos disputan el amor de la dama. Aunque Teodoro se muestra desorientado por esta competencia que supera sus méritos, insiste en su intención. Ahora ve insignificante a Marcela y rompe con altivez un billete amoroso que de ella le trae Tristán: «O César o nada», le dirá a su servidor. A la propia Marcela le anuncia el fin de las relaciones con la excusa de que la Condesa no ve bien los amoríos en palacio. La joven criada comienza a sospechar el interés de Teodoro por su señora y, en venganza, finge una inclinación afectiva hacia Fabio, gentilhombre de la casa. A la vez, se vengará de su compañera Anarda, que delató sus amoríos con Teodoro y siente afición por Fabio. Diana hace saber a Anarda que desprecia al Marqués y al Conde, y que está sintiendo un amor que la avergüenza, pero no desvela más. Para espantar sus propios temores ordena a Teodoro que informe al marqués Ricardo de que es el pretendiente elegido. El secretario, abatido, delega el encargo en Fabio. Decepcionado, vuelve a Marcela para decirle que su desdén anterior solo perseguía probar la firmeza del amor; y se finge despechado por haber tenido noticias de que Marcela ya se emplea en otro hombre. Al principio, la joven se muestra ofendida, pero la mediación de Tristán consigue unir a los dos jóvenes. La escena es contemplada por Diana, escondida detrás de un tapiz. Furiosa de celos, dicta a su secretario un papel (dirigido al mismo Teodoro) para reprocharle su comportamiento. El joven comprende el amor de su señora y de nuevo niega a Marcela, ante la cual se muestra fingidamente despechado por haber conocido, dice, el compromiso entre ella y Fabio. Sabiéndose elegido, el Marqués acude muy contento a entrevistarse con la Condesa, pero ella lo despacha pretextando un malentendido. A solas, la dama se confiesa locamente enamorada de Teodoro, pero el freno del honor (el decoro) paraliza sus deseos. Teodoro declara su amor a Diana, pero ella no da importancia a las palabras del galán y actúa con fingida indiferencia. El secretario, desquiciado, le solicita permiso para retornar al amor de Marcela, porque la señora se está comportando como el perro del hortelano. La Condesa no atiende la petición. Marcela será de otro, pero no de Teodoro. En una tensa escena, el servidor cuestiona esta decisión y Diana lo abofetea iracunda. El secretario sangra por la nariz. La entrada del conde Federico, que viene como aspirante al condado de Belflor, calma un poco los ánimos. Una vez que Diana lo despide, regresa para reclamarle a Teodoro el pañuelo manchado de sangre y le ofrece, a cambio, dos mil escudos... para que compre pañuelos. Por todo lo ocurrido, Tristán vaticina que Diana y Teodoro han de acabar unidos.

Acto III. El Marqués y el Conde, que ya recelan del secretario y de la privanza que mantiene con la Condesa, deciden acabar con él. A las puertas de una taberna, confunden a Tristán con un valentón y le proponen asesinar, a cambio de dinero, al secretario de la condesa de Belflor. El lacayo reconoce a los hombres y finge aceptar el trato. Enseguida acude a avisar a su amo del peligro en que se halla. Teodoro está desesperado, pero Tristán, con más aliento, le ofrece un remedio. Le hará pasar por el hijo del mismo nombre que perdió el conde Ludovico, un anciano de la nobleza napolitana preocupado ahora por el problema sucesorio. El niño fue secuestrado tiempo atrás por galeras turcas y nunca se supo de él. Teodoro deja hacer a su criado, pero no muestra esperanza; incluso decide marchar a España para salvar su vida y acabar con el sufrimiento amoroso. Comunica este deseo a la Condesa y los dos, en una tierna escena, aceptan dolorosamente su destino y la imposibilidad de su amor. Marcela pide a su señora que le permita viajar con Teodoro. La Condesa se niega y la obliga a casarse con Fabio. Mientras tanto, Tristán visita al conde Ludovico disfrazado de mercader armenio y le cuenta la increíble historia del rescate de su hijo en tierras lejanas. Aquel niño, dice, es el joven que sirve ahora en casa de la condesa de Belflor como secretario. El anciano, loco de alegría, corre en busca de su «hijo». Tristán es abordado de nuevo por sus contratadores, que lo apremian para que ejecute el asesinato convenido. El lacayo les asegura que lo hará. Cuando poco después se enteran de la historia de Teodoro, los dos nobles dan por fracasadas sus aspiraciones amorosas. A punto de partir, Teodoro reprocha a Marcela su unión con Fabio, aunque la joven no tiene responsabilidad en esta decisión. Cuando se está despidiendo emocionadamente de Diana, irrumpe en el palacio el conde Ludovico y cuenta la ventura del hijo encontrado. Se produce entonces la escena del reconocimiento. Todo el servicio acude a felicitar a Teodoro, de pronto ennoblecido. La igualdad de rango permite ahora formalizar su unión con la Condesa. Todavía Ricardo y Federico harán un último intento para que el matón Tristán asesine al nuevo Teodoro. El secretario, que no quiere engañar a Diana, le confiesa, a solas con ella, la trapacería de su criado y, honradamente, pide licencia para marchar a España. Diana encuentra en la *nobleza* natural de su secretario la excusa perfecta para recibirlo como marido. Y para que nadie se entere del enredo, bromea con sepultar a Tristán en un pozo. Reunidos todos los personajes en la escena final, los nobles muestran arrepentimiento y reconocen a Tristán como criado de Teodoro. El lacayo se casará con Dorotea, y Marcela con Fabio (ambas mujeres llevarán la dote aportada por los nobles). El viejo conde Ludovico otorgará la dote de la Condesa. Para despedir la obra, Teodoro pide al público que guarde el secreto del engaño que ha presenciado.

CRITERIOS DE ESTA EDICIÓN

El perro del hortelano no tiene una historia textual demasiado compleja. No conservamos el manuscrito de autor. Como ya se ha dicho, la obra apareció impresa en Madrid (M) en

1618. Formaba parte, junto con otras once comedias, del volumen titulado *Onzena parte de las Comedias de Lope de Vega Carpio, familiar del Santo Oficio*. Poco después, pero el mismo año, apareció en Barcelona (B) el volumen *Doze comedias de Lope de Vega Carpio, familiar del Santo Oficio*, que presenta algunas variantes con respecto a la primera edición, y aunque corrige errores de esta, introduce otros nuevos.

Conservamos un manuscrito de mediados del siglo XVII titulado *Amar por ver amar* (Dorchester, Melbury House Library, Lord Holland Collection), que debió de ser utilizado por alguna compañía de actores. Es cierto que contiene muchas desviaciones, pero resulta interesante porque presenta algunas lecciones singulares que son indisputablemente correctas frente a errores palmarios del texto impreso, por lo que ha de ser tenido en cuenta para editar la obra.

Hemos tenido a la vista los dos testimonios de 1618 según los ejemplares que se registran más abajo. De especial utilidad han resultado las ediciones de Victor Dixon y Paola Laskaris, por aportar el resultado de la colación realizada entre todos los testimonios textuales interesantes (incluido el manuscrito) que conservamos de *El perro del hortelano*. El trabajo de estos editores, que estimamos grandemente, nos ha facilitado el cotejo de variantes y nos ha permitido en muchas ocasiones concordar con las soluciones por ellos elegidas y, en otras, disentir críticamente. Dadas las características de la presente edición no podemos justificar en nota todas las decisiones textuales (pero sí algunas) que hemos tomado en los casos problemáticos.

Hemos consultado también todas las ediciones modernas que se citan en la Bibliografía. Por su aportación textual o interpretativa hemos de destacar, además de las dos ya mencionadas, las siguientes: Kholer, Kossof, Carreño, Armiño, Antonucci-Arata, Pedraza Jiménez, Serralta y Navarro Durán (edición digital). El texto de Dixon sigue siendo referencia para la edición de la comedia de Lope y aunque contiene lecciones discutibles y alguna puntuación claramente errónea, no ha sido superado todavía, a pesar de algunos esfuerzos críticos posteriores.

Entre los lugares deturpados que en M o en B (o en los dos) precisan enmienda, destaca el desafortunado reparto de intervenciones entre el marqués Ricardo y el conde Federico al principio del acto tercero. Pero hay otros pasajes que merecen una revisión crítica que afecta no solo a tal o cual vocablo, sino también, y con la misma frecuencia (aunque se repare poco en ello), al establecimiento de la adecuada modalidad oracional de ese texto (enunciativa, exclamativa, interrogativa) y a su correcta puntuación. Porque determinadas elecciones pueden otorgar un sentido u otro a un pasaje; o generar un texto ininteligible o agramatical.

Respecto a la presentación del texto, se moderniza la ortografía y se desarrollan contracciones: como *deste*>de este, *deso*>de eso, *dello*>de ello. También se modernizan palabras como *estraño*, *escusar*, *espirar*. Sin embargo, se respetan las metátesis (*servilde*, *pegalde*), las asimilaciones (*matalle, detenelle*), la reducción de grupos consonánticos (*Otavio, efeto, vitoria, aciones*) y la vacilación vocálica (*escuro*).

Se renuncia a la separación en escenas, uso moderno extraño a la comedia barroca. Se marca la diéresis métrica para señalar ruptura de diptongo (*Dïana*, *crüel*). Contrariamente, téngase en cuenta que la voz *Teodoro* será siempre trisíbala en el verso.

La extensa anotación que acompaña al texto pretende ofrecer, primeramente, el sentido literal de la obra verso a verso; para ello aclaramos palabras y expresiones desusadas o que han cambiado de significado e informamos sobre cuestiones históricas, costumbres, actividades, vestimentas, objetos de uso cotidiano en la época, etc. Recurrimos con mucha frecuencia a la paráfrasis para aclarar el sentido de uno o más versos. También se sugieren claves interpretativas y se apuntan algunos elementos de la representación de la obra sobre un escenario. La proliferación de notas quizá aproveche al lector que no esté familiarizado con la comedia áurea y que tenga dificultades con la versificación, con la frecuencia del hipérbaton y con la ausencia de referentes escenográficos.

Hemos utilizado, sobre todo, el *Nuevo tesoro lexicográfico de la lengua española*, de la Real Academia Española, pero casi siempre hemos reescrito la información para adaptarla a la necesidad concreta del texto. También hemos acudido a obras de disciplinas diversas y, por supuesto, a muchas obras de Lope de Vega. Destacamos aquí la provechosa labor de todos aquellos que nos han precedido en la tarea de anotar el texto. En la bibliografía se registran sus nombres y aquí nos agrada dejar constancia de nuestro reconocimiento.

BIBLIOGRAFÍA

Ediciones de *El perro del hortelano*

VEGA, Lope de. *Onzena parte de las Comedias de Lope de Vega Carpio*. Madrid: Viuda de Alonso Martín, 1618.

—*Doze comedias de Lope de Vega Carpio*. Barcelona: Sebastián de Cormellas, 1618.

—*Obras escogidas. III. Comedias*. Ed. de Elías Zerolo. París: Garnier Hermanos, 1886.
—*Comedias escogidas de Frey Lope Félix de Vega Carpio, IV.* Ed. de Juan Eugenio Hartzenbusch. Madrid: Rivadeneyra, 1860 (reed. Madrid: Atlas, 1946).
—*Obras de Lope de Vega. Obras dramáticas, XIII*. Ed. de Emilio Cotarelo y Mori. Madrid: Real Academia Española, 1930.
—*El perro del hortelano*. Refundida por Manuel y Antonio Machado. Madrid: La Farsa, 1931.
—*Comedia del Perro del Hortelano*. Ed. de Eugène Kohler. Paris: Les Belles Lettres, 1951.
—*El perro del hortelano*. Ed. de Federico C. Sainz de Robles. Madrid: Editora Nacional, 1963.
—*El perro del hortelano. El castigo sin venganza*. Ed. de A. David Kossoff. Madrid: Castalia, 1970.
—*El perro del hortelano*. Ed. de Victor Dixon. London: Tamesis Texts Limited, 1981.
—*El perro del hortelano*. Ed. de Antonio Carreño. Madrid: Espasa Calpe (Austral), 1991.
—*El perro del hortelano*. Ed. de Mauro Armiño. Madrid: Cátedra, 1997.
—*El perro del hortelano*. Ed. de Iñaki Mendoza y Lourdes Salvador. Madrid: Acento Editorial, 1999.
—*El perro del hortelano*. Ed. de Paula Barral Cabestrero. Madrid: Castalia Prima, 2000.
—*El perro del hortelano*. Ed. de M.ª Luisa Regueiro Rodríguez. Madrid: Ediciones del Laberinto, 2003.
—*Il cane dell'ortolano-El perro del hortelano* (bilingüe). Ed. de Fausta Antonucci y Stefano Arata, trad. de Barbara Fiorellino. Napoli: Liguori Editore, 2006.

—*El perro del hortelano*. Ed. de Felipe B. Pedraza Jiménez. Madrid: Bruño, 2007.

—*Le Chien du jardinier.* Ed. y trad. de Frédéric Serralta. Barcelona: Gallimard, 2011.

—*La dama boba y El perro del hortelano.* Ed. de Rosa Navarro Durán. Barcelona: Edebé, 2012.

—*El perro del hortelano.* Ed. de Paola Laskaris (Grupo PROLOPE). En *Comedias. Parte XI*, tomo I. Barcelona: Editorial Gredos, 2012.

—*El perro del hortelano.* Ed. digital de Rosa Navarro Durán. Centro Virtual Cervantes.
cvc.cervantes.es/obref/perro_hortelano/edicion/

—*La dama boba. El perro del hortelano.* Ed. de Ismael López Martín. Madrid: Penguin Random House, 2019.

Casi todas las ediciones referenciadas contienen valiosos estudios sobre *El perro del hortelano* y el teatro de Lope de Vega.

Sobre el autor, la obra y la comedia barroca

Antonucci, Fausta: «*El perro del hortelano*, una comedia de frontera», *Cuadernos pedagógicos*, 57. Madrid: Compañía Nacional de Teatro Clásico, 2017, pp. 18-28.

Arellano, Ignacio: *Historia del teatro español del siglo XVII*. Madrid: Cátedra, 1995.

Arellano, Ignacio y Carlos Mata: *Vida y obra de Lope de Vega*. Madrid: Homo Legens, 2011.

Castro, Américo y Rennert, Hugo A.: *Vida de Lope de Vega*. Salamanca: Anaya, 1968.

Díez Borque, José María: *Sociedad y teatro en la España de Lope de Vega*. Barcelona: Bosch, 1978.

Dixon, Victor: «Dos maneras de montar hoy *El perro del hortelano*, de Lope de Vega», en *En busca del Fénix. Quince estudios sobre Lope de Vega y su teatro*. Madrid-Frankfurt: TC-12/Iberoamericana/Vervuert, 2013, pp. 235-253.

Florit Durán, Francisco: «Refrán y comedia palaciega: los ejemplos de *El perro del hortelano* y *El vergonzoso en palacio*», *RILCE. Revista de Filología Hispánica*, 7, 1, 1991, pp. 25-49.

Froldi, Rinaldo: *Lope de Vega y la formación de la comedia*. Madrid: Anaya, 1973.

Garrot Zambrana, Juan Carlos: «*El perro del hortelano*: de espacio escénico a espacio cinematográfico», en Marco Presotto (ed.): *El teatro clásico español en el cine*. Venecia: Edizioni Ca' Foscari, 2019, pp. 153-168.

Hernández Valcárcel, Carmen: «El tema de la dama enamorada de su secretario en el teatro de Lope de Vega», en *Estado actual de los estudios sobre el Siglo de Oro*. Salamanca: Ediciones de la Universidad de Salamanca, 1993, pp. 481-494.

Jones, R. O.: «*El perro del hortelano* y la visión de Lope», *Filología*, X, 1964, pp. 135-142.

Maravall, José Antonio: *Teatro y literatura en la sociedad barroca*. Madrid: Seminarios y Ediciones, 1972.

Marín, Juan María: *La revolución teatral del Barroco*. Madrid: Anaya, 1990.

Mata Induráin, Carlos: «Un refrán, tres personajes, nueve sonetos: *El perro del hortelano*, de Lope de Vega», dadun.unav.edu/handle/10171/23692

Oleza, Joan: «El Lope de los últimos años y la materia palatina», *Criticón*, 87-89, 2003, pp. 603-620.

Pedraza Jiménez, Felipe B. y Rafael González Cañal (eds.): *Lope de Vega. Comedia urbana y comedia palatina*. Almagro: Universidad de Castilla-La Mancha/Festival de Almagro, 1996.

Pedraza Jiménez, Felipe B.: *Lope de Vega. Pasiones, obra y fortuna del Monstruo de la Naturaleza*. Madrid: Edaf, 2009.

Pérez de Montalbán, Juan: *Fama póstuma a la vida y muerte del doctor Frey Lope Félix de Vega Carpio* [1636], en *Comedias escogidas de Frey Lope Félix de Vega Carpio*, I. Madrid: Rivadeneyra, 1853 (reed. Madrid: Atlas, 1946).

Rodríguez García, Eva: «El género palatino en Lope de Vega», en Miguel Zugasti (dir.) y Mar Zubieta (ed.): *La comedia palatina del Siglo de Oro*. Madrid: Cuadernos de Teatro Clásico, 31, 2015, pp. 119-144.

Roig Miranda, Marie. «Los nueve sonetos de *El perro del hortelano* de Lope de Vega», en O. Gorsse y F. Serralta (eds.): *El Siglo de Oro en escena. Homenaje a Marc Vitse*. Toulouse: Presses Universitaires du Mirail/Consejería de Educación de la Embajada de España en Francia, 2006, pp. 893-906.

Sánchez Jiménez, Antonio: *Lope. El verso y la vida*. Madrid: Cátedra, 2018.

Udaondo Alegre, Juan: «Comedia palatina y límites genéricos: *El perro del hortelano* en su contexto mediterráneo», *Hispanic Review*, 89, 1, 2021, pp. 45-68.

Wardropper, Bruce W.: «La ilusión cómica: *El perro del hortelano*, de Lope de Vega», recogido en Antonio Sánchez Romeralo (ed.): *Lope de Vega: el teatro II*. Madrid: Taurus, 1989, pp. 333-345.

WEBER DE KURLAT, Frida: «*El perro del hortelano*, comedia palatina», *Nueva Revista de Filología Hispánica*, 24, 1975, pp. 339-363.

YOON, Yong-Wook: «*El perro del hortelano*: arquetipo de Comedia», en Ignacio Arellano y Germán Vega García-Luengos (eds.): *Calderón: innovación y legado*. New York: Peter Lang, 2001, pp. 411-424.

ZUGASTI, Miguel: «Deslinde de un género dramático mayor: comedia palatina cómica y comedia palatina seria en el Siglo de Oro», en Miguel Zugasti (dir.) y Mar Zubieta (ed.): *La comedia palatina del Siglo de Oro*. Madrid: Cuadernos de Teatro Clásico, 31, 2015, pp. 65-102.

Lope de Vega en la Red

Alguna de las entradas que aparecen en la Bibliografía sobre el autor y la obra se pueden encontrar en versión digital. Entre el inmenso caudal de información y crítica sobre Lope de Vega disponible a través de Internet, destacaremos:

Lope de Vega (Biblioteca Virtual Miguel de Cervantes). Ofrece el texto de innumerables obras dramáticas del autor, artículos y ensayos sobre su obra, galería de imágenes y una fonoteca de poemas. Es posible acceder a las primeras ediciones del siglo XVII.
cervantesvirtual.com/portales/lope_de_vega/

Teatro Clásico Español. En el apartado de «Autores» se puede buscar *Lope de Vega* para acceder a muchas obras teatrales del Fénix, incluso primeras ediciones digitalizadas.
cervantesvirtual.com/portales/teatro_clasico_espanol/

ARTELOPE. Grupo de investigación de la Universidad de Valencia. Ofrece una Biblioteca Digital y una Base de Datos para acceder a centenares de obras de Lope de Vega.
artelope.uv.es/

Casa Museo Lope de Vega. Ofrece fotografías y vídeo de la casa de Lope de Vega en la actual calle de Cervantes, en Madrid; y, también, información amena sobre el autor, el teatro y la vida cotidiana del Madrid de Lope.
casamuseolopedevega.org/es/

Quien esté interesado en acceder a las ediciones originales de 1618 (Biblioteca Nacional de España, M: R/14104, B: R/13862) puede hacerlo a través de su digitalización en el portal Biblioteca Digital Hispánica de la BNE:
bne.es/es/catalogos/biblioteca-digital-hispanica

Lope de Vega, *escultura de Manuel Fuxá en la fachada de la Biblioteca Nacional de España.*

Comedia famosa[1] de

El perro del hortelano

1 Famosa: adjetivo para calificar, como aquí, una comedia impresa después de haber sido estrenada y, en general, para calificar una comedia que merece la fama.

Hablan en ella las personas siguientes[1]:

DIANA, *condesa de Belflor*
LEONIDO, *criado*
El conde FEDERICO
ANTONELO, *lacayo*
TEODORO, *su secretario*
MARCELA, DOROTEA, ANARDA, *de su cámara*[2]
OTAVIO, *su mayordomo*[3]
FABIO, *su gentilhombre*[4]
El conde LUDOVICO
FURIO
LIRANO
TRISTÁN, *lacayo*
RICARDO, *marqués*
CELIO, *criado*
CAMILO
Un PAJE

1 La lista de *personas* que se incluye en la edición original no sigue el orden de aparición de los «personajes», y además no deja clara la vinculación de unos con otros. El posesivo *su* se refiere siempre a Diana. Aquí restituimos «Un PAJE», omitido en las ediciones de 1618 a pesar de que tiene una breve intervención en el tercer acto.

2 Las camareras eran sirvientas domésticas en palacios y casas de categoría que estaban al servicio directo de la señora.

3 **Mayordomo:** criado que tiene a su cargo el gobierno económico de una casa principal. Generalmente, era persona mayor y tenía autoridad sobre el resto del servicio.

4 **Gentilhombre:** aquí, hombre de condición distinguida que servía con capa y espada en casas principales. En el v. 5 significará, simplemente, hombre de apariencia distinguida.

ACTO PRIMERO

(Salen TEODORO, *con una capa guarnecida, de noche*[1], *y* TRISTÁN, *criado. Vienen huyendo.)*

TEODORO: ¡Huye, Tristán, por aquí!

TRISTÁN: Notable desdicha ha sido.

TEODORO: ¿Si nos habrá conocido?

TRISTÁN: No sé; presumo que sí[2].

(Váyanse y entre tras ellos DIANA, *condesa de Belflor.)*

DIANA: ¡Ah, gentilhombre, esperad!

---

1 Teodoro luce una capa ricamente adornada (*guarnecida*), como se dirá en el v. 51, de color, pues viste *de noche* (la capa de día solía ser negra; se llamaba «gente de capa negra» a las personas de respeto por debajo de la nobleza). La representación teatral se hacía durante el día. El vestuario ayudaba a los espectadores a situar la acción.

2 La primera escena de la obra sucede por la noche, entre carreras, agitaciones y misterios, en una sala del palacio de la condesa de Belflor, en el Nápoles virreinal. El comienzo *in medias res* es una característica de la comedia barroca. Poco a poco, el espectador irá recibiendo información sobre los hechos trepidantes que se están produciendo y que ahora no comprende.

¡Teneos, oíd! ¿Qué digo[3]?
¿Esto se ha de usar conmigo[4]?
¡Volved, mirad, escuchad!
¡Hola[5]! ¿No hay aquí un crïado?
¡Hola! ¿No hay un hombre aquí?
Pues no es sombra[6] lo que vi,
ni sueño que me ha burlado.
¡Hola! ¿Todos duermen ya?

(Sale Fabio, *criado.)*

Fabio: ¿Llama vuestra señoría?
Diana: Para la cólera mía
gusto esa flema me da[7].
Corred, necio, enhoramala,
pues merecéis este nombre,
y mirad quién es un hombre
que salió de aquesta sala[8].
Fabio: ¿De esta sala?
Diana: Caminad,
y responded con los pies.
Fabio: Voy tras él.

3 ¿Qué digo?: es fórmula de llamada, aquí dirigida a la persona que huye.

4 La Condesa se escandaliza de la falta de respeto hacia su persona: gente huyendo dentro de su casa, de noche, y sin atender a sus palabras *(teneos:* «deteneos»).

5 Hola: fórmula para llamar a las personas del servicio y, en general, a las de rango inferior.

6 Sombra: en las ediciones de 1618 aparece *hombre*, acaso error por contaminación del verso anterior. El manuscrito lee *sombra* y también la edición de 1666 (que atribuye la obra a Agustín Moreto).

7 Flema: apatía, tardanza, calma excesiva. En su enfado, la Condesa habla con ironía. El texto alude a la teoría de los cuatro humores corporales de la medicina antigua: bilis amarilla, bilis negra, flema, y sangre. El predominio de uno de estos humores marca el temperamento de una persona: colérico, melancólico, sereno y sanguíneo (o vivaz), respectivamente.

8 Desde el principio se hace evidente el carácter dominador de la Condesa: amonesta duramente al sirviente e incluso recurre al insulto. Enseguida hará lo mismo con el mayordomo.

DIANA: Sabed quién es.
¿Hay tal traición, tal maldad?

(Sale OTAVIO.*)*

OTAVIO: Aunque su voz escuchaba,
a tal hora no creía
que era vuestra señoría
quien tan aprisa llamaba.

DIANA: ¡Muy lindo san Telmo hacéis[9]!
¡Bien temprano os acostáis!
¡Con la flema que llegáis[10]!
¡Qué despacio que os movéis!
Andan hombres en mi casa
a tal hora, y aun los siento
casi en mi propio aposento
—que no sé yo dónde pasa
tan grande insolencia, Otavio—,
y vos, muy a lo escudero[11],
cuando yo me desespero,
¿ansí remediáis mi agravio?
«Aunque su voz escuchaba,
a tal hora no creía
que era vuestra señoría
quien tan aprisa llamaba[12]».

---

9 En la iconografía cristiana a san Telmo se le representa sosteniendo un cirio y un pequeño navío, en alusión al «fuego de san Telmo», pequeño resplandor o llama que, visto en lo más alto de los mástiles durante una tormenta eléctrica, anunciaba a los marineros el final de la misma. Otavio, como un nuevo san Telmo, aparece, tarde, con un candil o un candelabro cuando ya el alboroto ha terminado. De ahí la ironía de su señora.

10 «¡Con qué flema llegáis!».

11 Es decir, con lentitud y ninguna efectividad, como lo haría el escudero, sirviente de edad y poco resolutivo. Repárese en que el mayordomo es el primero entre los sirvientes y por tanto tiene más responsabilidades.

12 La Condesa hace escarnio del mayordomo, repitiendo burlescamente sus palabras.

Volveos, que no soy yo[13];
acostaos, que os hará mal.

(*Sale* FABIO.)

OTAVIO: Señora...
FABIO: No he visto tal;
como un gavilán[14] partió.
DIANA: ¿Viste las señas?
FABIO: ¿Qué señas?
DIANA: ¿Una capa no llevaba
con oro?
FABIO: Cuando bajaba
la escalera[15]...
DIANA: ¡Hermosas dueñas[16]
sois los hombres de mi casa!
FABIO: ... a la lámpara tiró
el sombrero y la mató[17];
con esto, los pasos pasa[18]
y en lo escuro del portal
saca la espada y camina.
DIANA: ¡Vos sois muy lindo gallina[19]!

13 Diana juega irónicamente con las palabras anteriores de Otavio (*no creía / que era vuestra señoría*) para lanzar una amenaza al mayordomo: *No soy yo* («no respondo de mí»).

14 Gavilán: en germanía (lengua de rufianes y hampones), «ladrón». En los vv. 115-116 se explicita.

15 En esta intervención de Fabio los primeros testimonios impresos presentan modalidad interrogativa, que no hace sentido. La modalidad enunciativa que usamos (Fabio comienza a hablar y es interrumpido por Diana, airada) se justifica en los versos 72-74. Su parlamento continúa y se remata en los versos 54-58.

16 Dueñas: mujeres de edad, por lo general viudas, que servían en casas principales como guarda de otras criadas más jóvenes.

17 La mató: la apagó.

18 «Baja la escalera». *Pasos*: «escalones».

19 Gallina: cobarde.

FABIO: ¿Qué querías?
DIANA: ¡Pesia tal[20]!
¡Cerrar con él y matalle[21]!
OTAVIO: Si era hombre de valor,
¿fuera bien echar tu honor
desde el portal a la calle[22]?
DIANA: ¿De valor aquí? ¿Por qué?
OTAVIO: ¿Nadie en Nápoles te quiere
que, mientras casarse espere,
por donde puede te ve[23]?
¿No hay mil señores que están,
para casarse contigo,
ciegos de amor? Pues bien digo,
si tú le viste galán
y Fabio tirar, bajando,
a la lámpara el sombrero.
DIANA: Sin duda fue caballero
que, amando y solicitando,
vencerá con interés
mis crïados; que crïados
tengo, Otavio, tan honrados[24]...
Pero yo sabré quién es.

20 Pesia tal: expresión de enfado usada para maldecir.

21 «Arremeter contra él y matarlo». Es frecuente en el español áureo la asimilación r-l en casos de infinitivo con pronombre enclítico (aquí, *matalle*).

22 Otavio defiende a Fabio: ha sido prudente al no haber arremetido en el portal contra el intruso, pues este, por la descripción de Diana (una capa *con oro*) debe de ser un hombre de nobleza (*de valor*). El escándalo de la riña echaría *a la calle* («estaría en lengua de todos») el honor de la Condesa.

23 «Todo hombre de Nápoles que desee casarse quiere ver a la Condesa como sea». La acotación implícita hace saber al público la localización de la obra: Nápoles.

24 La reticencia de Diana lanza, con ironía, una grave sospecha sobre la integridad moral de sus criados. Ella cree que el pretendiente comprará con bienes materiales (*interés*) la voluntad de los sirvientes para conseguir el acceso a la casa.

Plumas llevaba el sombrero[25]
y en la escalera ha de estar.
¡Ve por él!

FABIO: ¿Si le he de hallar[26]?

DIANA: ¡Pues claro está, majadero!
Que no había de bajarse
por él cuando huyendo fue[27].

FABIO: Luz, señora, llevaré.

DIANA: Si ello viene a averiguarse[28],
no me ha de quedar culpado
en casa.

OTAVIO: Muy bien harás,
pues, cuando segura estás,
te han puesto en este cuidado[29].
Pero aunque es bachillería[30],
y más estando enojada,
hablarte en lo que te enfada[31],
esta tu injusta porfía
de no te querer casar
causa tantos desatinos,
solicitando caminos
que te obligasen a amar[32].

25 Las plumas indican que el dueño del sombrero es persona de categoría.

26 Referido al sombrero, el pronombre *le* es un caso de leísmo, frecuente en la época y en esta obra.

27 Diana le dice a Fabio que será fácil encontrar el sombrero en la escalera, pues el intruso «no tuvo tiempo de agacharse (*bajarse*) para recogerlo mientras huía».

28 «Si se demuestra que el intruso corrompió a algún criado».

29 «Cuando estabas tranquila y sin recelo de nada (*segura*) te han puesto en esta preocupación (*cuidado*).

30 **Bachillería:** dicho inoportuno o inútil. Otavio sabe que puede enfadar a su señora si le habla sobre su posible matrimonio.

31 **Hablarte en:** hablarte de. Era corriente este régimen preposicional del verbo *hablar*.

32 «Tu injustificada obstinación (*porfía*) en no querer casarte es la causa de los desatinos que inventan los caballeros para que te animes a amarlos».

DIANA: ¿Sabéis vos alguna cosa?
OTAVIO: Yo, señora, no sé más
de que en opinión estás
de incasable, cuanto hermosa[33].
El condado de Belflor
pone a muchos en cuidado[34].

(Sale FABIO.*)*

FABIO: Con el sombrero he topado,
mas no puede ser peor.
DIANA: Muestra. ¿Qué es esto?
FABIO: No sé.
Este aquel galán tiró.
DIANA: ¿Este?
OTAVIO: No le he visto yo
más sucio.
FABIO: Pues este fue.
DIANA: ¿Este hallaste?
FABIO: Pues ¿yo había
de engañarte?
OTAVIO: ¡Buenas son
las plumas[35]!
FABIO: Él es ladrón.
OTAVIO: Sin duda, a robar venía.
DIANA: ¡Hareisme perder el seso!
FABIO: Este sombrero tiró.
DIANA: Pues las plumas que vi yo,

33 «Solo sé que tienes fama (*opinión*) de que eres tan hermosa como reacia a casarte». Recuérdese que Diana era, en la mitología romana, la diosa de la castidad.
34 «Les despierta el interés» (porque el matrimonio con la Condesa supone alcanzar un título nobiliario).
35 Con ironía, para indicar el lamentable aspecto que presenta el sombrero.

y tantas que aun era exceso,
¿en esto se resolvieron[36]?

FABIO: Como en la lámpara dio[37],
sin duda se las quemó
y como estopas ardieron[38].
¿Ícaro al sol no subía
que, abrasándose las plumas,
cayó en las blancas espumas
del mar? Pues esto sería[39].
El sol la lámpara fue;
Ícaro, el sombrero; y luego[40]
las plumas deshizo el fuego
y en la escalera le hallé.

DIANA: No estoy para burlas, Fabio[41];
hay aquí mucho que hacer.

OTAVIO: Tiempo habrá para saber
la verdad.

DIANA: ¿Qué tiempo, Otavio?

OTAVIO: Duerme agora[42], que mañana
lo puedes averiguar.

DIANA: ¡No me tengo de acostar,

36 «¿En esto han quedado?». La ostentación del sombrero que vio Diana señala a un hombre cortesano.

37 «Como lanzó el sombrero a la lámpara».

38 La estopa es el residuo de peinar las fibras del cáñamo, lino o esparto. Arde con mucha facilidad.

39 Para escapar del laberinto de Creta, Dédalo construyó, para él y para su hijo Ícaro, unas alas con plumas y cera. Dédalo aconsejó a Ícaro que no volase muy alto para que los rayos del sol no quemasen las plumas. Ícaro se elevó orgulloso y se acercó tanto al sol que, derretida la cera, acabó precipitándose al mar, donde murió ahogado. En la literatura del Siglo de Oro la leyenda de Ícaro se usó tópicamente para referirse al amante que en su osadía amorosa se acerca a la amada (el sol) y perece.

40 **Luego:** inmediatamente.

41 A Diana le parece que la alusión a Ícaro está fuera de lugar. Sin embargo, *elevación* y *caída* serán conceptos fundamentales en el desarrollo de la obra.

42 **Agora:** ahora.

no, por vida de Dïana,
hasta saber lo que ha sido!
Llama esas mujeres todas[43].

OTAVIO: Muy bien la noche acomodas[44].

DIANA: Del sueño, Otavio, me olvido
con el cuidado[45] de ver
un hombre dentro en mi casa.

OTAVIO: Saber después lo que pasa
fuera discreción, y hacer
secreta averiguación[46].

DIANA: Sois, Otavio, muy discreto,
que dormir sobre un secreto
es notable discreción.

(*Sale* FABIO, DOROTEA, MARCELA, ANARDA[47].)

FABIO: Las que importan he traído,
que las demás no sabrán
lo que deseas, y están
rindiendo al sueño el sentido.
Las de tu cámara solas
estaban por acostar[48].

ANARDA: (*Aparte.*) De noche se altera el mar
y se enfurecen las olas.

43 Con esta orden de Diana ha de entenderse que Fabio abandona la escena para buscar a las camareras.

44 «Muy bien organizas la noche» (dicho con ironía, pues se interrumpe el sueño en la casa).

45 Cuidado: preocupación.

46 Otavio insiste en que es mejor retrasar las averiguaciones y llevar estas a cabo de manera muy secreta.

47 La concordancia del verbo en singular con el primer elemento de un sujeto múltiple es corriente en el español áureo, y se repetirá en las acotaciones.

48 «Las de tu cámara eran las únicas que estaban por acostarse».

OTAVIO: ¿Quieres quedar sola[49]?
DIANA: Sí,
salíos los dos allá.
FABIO: ¡Bravo examen[50]!
OTAVIO: Loca está.
FABIO: Y sospechosa de mí.
DIANA: Llégate aquí, Dorotea.
DOROTEA: ¿Qué manda vuseñoría[51]?
DIANA: Que me dijeses querría
quién esta calle pasea[52].
DOROTEA: Señora, el marqués Ricardo,
y algunas veces el conde
Paris.
DIANA: La verdad responde
de lo que decirte aguardo
si quieres tener remedio[53].
DOROTEA: ¿Qué te puedo yo negar?
DIANA: ¿Con quién los has visto hablar?
DOROTEA: Si me pusieses en medio
de mil llamas, no podré
decir que, fuera de ti,
hablar con nadie los vi
que en aquesta casa esté.
DIANA: ¿No te han dado algún papel?

49 Esta intervención se adjudica a Anarda en la edición original. Sin embargo, tiene más sentido en boca del mayordomo, como aparece en el manuscrito.

50 Mientras se retiran, los dos personajes murmuran entre sí, sin que Diana los escuche.

51 **Vuseñoría:** contracción de «vuestra señoría». Será forma corriente en la obra.

52 **Pasear la calle:** frecuentar el galán la calle de la dama a quien corteja para ser visto por ella y atraer su atención.

53 «Si quieres que te vaya bien» (en este momento o en el futuro). Pero quizá tenga un sentido más restringido: recuérdese que a menudo las señoras casaban a sus criadas y entregaban dinero o ajuar para el matrimonio (*remedio*).

¿Ningún paje ha entrado aquí?
DOROTEA: Jamás.
DIANA: Apártate allí.
MARCELA: ¡Brava inquisición!
ANARDA: Crüel[54].
DIANA: Oye, Anarda.
ANARDA: ¿Qué me mandas?
DIANA: ¿Qué hombre es este que salió?
ANARDA: ¿Hombre?
DIANA: De esta sala. Y yo
sé los pasos en que andas.
¿Quién le trajo a que me viese?
¿Con quién habla de vosotras[55]?
ANARDA: No creas tú que en nosotras
tal atrevimiento hubiese.
¿Hombre para verte a ti
había de osar traer
crïada tuya[56], ni hacer
esa traición contra ti?
No, señora, no lo entiendes[57].
DIANA: Espera, apártate más,
porque a sospechar me das,
si engañarme no pretendes,
que por alguna crïada
este hombre ha entrado aquí.
ANARDA: El verte, señora, ansí,

54 Marcela y Anarda murmuran aparte sobre el duro interrogatorio (*brava inquisición*) que sufre Dorotea. *Inquisición*: «indagación o pesquisa para averiguar la realidad de un asunto».

55 Lo que realmente pregunta Diana es: «¿quién de vosotras ha propiciado la entrada de ese hombre en casa?».

56 «¿Una criada tuya se iba a atrever a traer a un hombre para verte a ti?». El sujeto de la oración es *criada tuya*.

57 «No debes creer eso».

y justamente enojada,
dejada toda cautela[58],
me obliga a decir verdad,
aunque contra el amistad[59]
que profeso con Marcela.
Ella tiene a un hombre amor
y él se le tiene también,
mas nunca he sabido quién.

DIANA: Negarlo, Anarda, es error.
Ya que confiesas lo más,
¿para qué niegas lo menos?

ANARDA: Para secretos ajenos
mucho tormento me das
sabiendo que soy mujer[60];
mas basta que hayas sabido
que por Marcela ha venido.
Bien te puedes recoger,
que es solo conversación
y ha poco que se comienza[61].

DIANA: ¿Hay tan crüel desvergüenza?
¡Buena andará la opinión[62]
de una mujer por casar!

58 Cautela: engaño.

59 En el Siglo de Oro es normal el artículo masculino con sustantivos femeninos que comienza por *a-* átona: el amistad, el aurora.

60 Anarda dice que, siendo mujer, es fácil que desvele secretos ajenos, y, por tanto, no hace falta que Diana le dé tortura (*tormento*) con un interrogatorio tan duro. Alude a la tortura como medio judicial para obtener la confesión del reo. Era tópico misógino esta consideración de la mujer.

61 «Puedes irte tranquila a descansar, que esa relación, hace muy poco comenzada, solo consiste en conversar los enamorados».

62 Opinión: honra, fama, reputación.

¡Por el siglo, infame gente,
del Conde mi señor[63]...!

ANARDA: Tente,
y déjame disculpar,
que no es de fuera de casa
el hombre que habla con ella,
ni para venir a vella[64]
por esos peligros pasa.

DIANA: En efeto, ¿es mi crïado[65]?

ANARDA: Sí, señora.

DIANA: ¿Quién?

ANARDA: Teodoro.

DIANA: ¿El secretario?

ANARDA: Yo ignoro
lo demás; sé que han hablado.

DIANA: Retírate, Anarda, allí.

ANARDA: Muestra aquí tu entendimiento[66].

DIANA: (*Aparte.*) Con más templanza me siento
sabiendo que no es por mí.
¡Marcela!

MARCELA Señora...

DIANA: Escucha.

MARCELA: ¿Qué mandas? (*Aparte.*) Temblando llego.

DIANA: ¿Eres tú de quién fïaba
mi honor y mis pensamientos?

63 «Por la memoria... de mi padre». Iracunda, Diana lanza un juramento. Esta referencia al padre muerto señala a los espectadores la independencia de Diana. Puede que la Condesa haga intento de golpear a Anarda.

64 Vella: verla.

65 «¿Es un criado mío?». *Efeto*: «efecto». Como se verá a lo largo de la obra, Lope no hace uso de los grupos cultos –ct– (*Otavio, efeto, defeto, perfeto, respeto, vitoria*) ni –pt– (*conceto*).

66 Entendimiento: aquí, buen juicio.

MARCELA: Pues ¿qué te han dicho de mí,
sabiendo tú que profeso
la lealtad que tú mereces?

DIANA: ¿Tú, lealtad?

MARCELA: ¿En qué te ofendo?

DIANA: ¿No es ofensa que en mi casa
y dentro de mi aposento[67],
entre un hombre a hablar contigo?

MARCELA: Está Teodoro tan necio
que dondequiera me dice
dos docenas de requiebros[68].

DIANA: ¿Dos docenas? ¡Bueno, a fe[69]!

---

67 Hay que entender que Teodoro no ha estado propiamente en la alcoba de Diana, sino que *aposento* designa aquí el espacio que incluye varias habitaciones (una de ellas, la de la Condesa) y una sala. Le llama así la Condesa porque es zona de la casa donde ejerce ella mayor influencia. Con el mismo sentido aparece en los versos 250 y 956. En el verso 1005 se hablará del *aposento* de Marcela, ahora sí, «habitación».

68 Requiebros: galanterías, palabras de admiración y halago dichas a otra persona con intención amorosa.

69 A fe: en verdad.

¡Bendiga el buen año el cielo,
pues se venden por docenas[70]!

MARCELA: Quiero decir que, en saliendo
o entrando, luego a la boca
traslada sus pensamientos.

DIANA: ¿Traslada? ¡Término extraño[71]!
¿Y qué te dice?

MARCELA: No creo
que se me acuerda.

DIANA: Sí hará[72].

MARCELA: Una vez dice: «Yo pierdo
el alma por esos ojos»;
otra: «Yo vivo por ellos;
esta noche no he dormido
desvelando mis deseos
en tu hermosura»; otra vez
me pide solo un cabello
para atarlos, porque estén
en su pensamiento quedos[73].
Mas ¿para qué me preguntas
niñerías?

DIANA: Tú, a lo menos,
bien te huelgas[74].

70 En son de burla Diana dice que el año ha sido bueno, pues la cosecha de *requiebros* ha sido abundante.

71 Para la Condesa, *trasladar* es «copiar», «transcribir», tarea que, ordinariamente, tiene encomendada su secretario Teodoro. El uso que hace Marcela de la palabra tiene resonancias gongorinas.

72 «Sí te acordarás» (dicho de manera imperativa por la señora).

73 Hay un juego de palabras. Teodoro pasa la noche «desvelado» por sus deseos amorosos. Para que esos deseos no salgan a la luz, para que no sean «desvelados», pide un cabello a Marcela. Así los atará a su pensamiento, donde deben permanecer *quedos* («fijos», «quietos», «atados»).

74 **Te huelgas:** te alegras, te complaces.

MARCELA: No me pesa,
porque de Teodoro entiendo
que estos amores dirige
a fin tan justo y honesto
como el casarse conmigo[75].
DIANA: Es el fin del casamiento
honesto blanco de amor[76].
¿Quieres que yo trate de esto?
MARCELA: ¿Qué mayor bien para mí?
Pues ya, señora, que veo
tanta blandura en tu enojo
y tal nobleza en tu pecho,
te aseguro que le adoro,
porque es el mozo más cuerdo[77],
más prudente y entendido,
más amoroso y discreto
que tiene aquesta ciudad.
DIANA: Ya sé yo su entendimiento
del oficio en que me sirve[78].
MARCELA: Es diferente el sujeto
de una carta, en que le pruebas,
a dos títulos tus deudos,
o el verle hablar más de cerca,
en estilo dulce y tierno,
razones enamoradas[79].

75 «Sé que Teodoro solo persigue un fin honesto con su amor hacia mí: casarse conmigo».

76 «El matrimonio como fin es el honesto objetivo (*blanco*) que tiene el amor».

77 **Cuerdo:** sensato, de buen juicio.

78 «He comprobado su valía a través de su oficio como secretario».

79 «Es asunto (*sujeto*) diferente el de escribir una carta a dos nobles (*títulos*) parientes tuyos (*deudos*), en que lo pones a prueba como secretario, y tratarlo más de cerca oyéndole decir palabras amorosas». Diana solo conoce a

DIANA: Marcela, aunque me resuelvo
a que os caséis, cuando sea
para ejecutarlo tiempo,
no puedo dejar de ser
quien soy[80], como ves que debo
a mi generoso nombre[81].
Porque no fuera bien hecho
daros lugar en mi casa,
sustentar mi enojo quiero
pues que ya todos le saben[82].
Tú podrás con más secreto
proseguir ese tu amor,
que en la ocasión yo me ofrezco[83]
a ayudaros a los dos;
que Teodoro es hombre cuerdo
y se ha crïado en mi casa,
y a ti, Marcela, te tengo
la obligación que tú sabes
y no poco parentesco[84].

MARCELA: A tus pies tienes tu hechura[85].

Teodoro como secretario.

80 La expresión *quien soy* es recurrente en la literatura áurea, y especialmente en el teatro barroco. Es la afirmación de la personalidad, bien para defender unos principios morales de actuación, o bien, como aquí, para, además, proclamar la dependencia de un estatus o condición social.

81 «Aunque tengo decidido que os caséis, cuando sea el momento adecuado, he de seguir mostrando quién soy, como debo a mi ilustre linaje» (*generoso nombre*).

82 «Porque no estaría bien que yo aceptara vuestras relaciones dentro de mi casa, seguiré mostrando el enfado que todos me han visto».

83 «Que cuando haya ocasión yo me ofrezco».

84 «Tengo contigo la gratitud que ya sabes y bastante familiaridad» (*parentesco*). Puede incluso (pero no lo sabemos) que Marcela sea pariente lejana de Diana (pariente pobre) y por eso sirve en su casa.

85 **Hechura:** propiamente «obra». La palabra la empleaba un inferior para reconocer ante el superior que este le había dado valimiento en la vida y lo había colocado en una posición mejor que la que tenía: era la «obra» del superior.

DIANA: Vete.
MARCELA: Mil veces los beso[86].
DIANA: Dejadme sola.
ANARDA: ¿Qué ha sido[87]?
MARCELA: Enojos en mi provecho.
DOROTEA: ¿Sabe tus secretos ya?
MARCELA: Sí sabe, y que son honestos.

(Háganle tres reverencias y váyanse.)

DIANA: *(Sola.)*
Mil veces he advertido en la belleza,
gracia y entendimiento de Teodoro
que, a no ser desigual a mi decoro,
estimara su ingenio y gentileza[88].
Es el amor común naturaleza,
mas yo tengo mi honor por más tesoro,
que los respetos de quien soy adoro
y aun el pensarlo tengo por bajeza[89].
La envidia bien sé yo que ha de quedarme,
que, si la suelen dar bienes ajenos,
bien tengo de que pueda lamentarme[90],
porque quisiera yo que, por lo menos,

86 Marcela dice estas palabras y las anteriores haciendo una genuflexión ante Diana.
87 El breve diálogo que sigue entre Anarda y Marcela sucede fuera del alcance de Diana.
88 El *decoro* es la manera de gobernarse uno en la vida según su condición social y el estado al que pertenece. Diana es consciente de que Teodoro es hombre de gran raciocinio y de buena apostura, pero estas prendas (una intelectual, física la otra) no puede estimarlas para amarle porque se dan en un hombre de condición más baja que la suya. El *decoro* impide a la Condesa poner los ojos en un criado. Es tema fundamental en la obra.
89 Aunque el amor es común para todos y no conoce rangos sociales, Diana pone su *honor* por encima del amor. Por respetarse a sí misma, por *decoro*, se avergüenza de sentir atracción por el criado. Acerca del *quien soy*, ver nota al verso 304.
90 Normalmente, la envidia la producen los bienes ajenos. Pero, en este caso, la Condesa tiene un *bien* (la nobleza) del que quizá se lamente (pues este *bien* la separa de Teodoro).

Teodoro fuera más para igualarme
o yo, para igualarle, fuera menos[91].

(*Sale* TEODORO *y* TRISTÁN.)

TEODORO: No he podido sosegar
TRISTÁN: Y aun es con mucha razón,
que ha de ser tu perdición
si lo llega a averiguar.
Díjete que la dejaras
acostar, y no quisiste[92].
TEODORO: Nunca el amor se resiste.
TRISTÁN: Tiras, pero no reparas[93].
TEODORO: Los diestros[94] lo hacen ansí.
TRISTÁN: Bien sé yo que, si lo fueras,
el peligro conocieras.
TEODORO: ¿Si me conoció?
TRISTÁN: No y sí,
que no conoció quién eras
y sospecha le quedó.
TEODORO: Cuando Fabio me siguió
bajando las escaleras,
fue milagro no matalle.
TRISTÁN: ¡Qué lindamente tiré
mi sombrero a la luz!

91 *El perro del hortelano* abunda en sonetos. Este es el primero de los nueve que incluye la obra. Lope de Vega atribuía al soneto dentro del teatro una función reflexiva, introspectiva, que le servía para mostrarnos los estados de ánimo de los personajes a la vez que hacer análisis de hechos ocurridos que les incumben. Aquí Diana se debate entre el amor y el menoscabo de su honor.

92 «Te dije que esperaras a que se acostase la Condesa, y no quisiste». La impaciencia es propia del enamorado, como dice Teodoro a continuación.

93 Tristán usa el lenguaje de la esgrima. *Tirar*: «lanzar una estocada»; *reparar*: «protegerse de una estocada». Pero *reparar* es también «reflexionar».

94 **Diestros:** hábiles con la espada.

TEODORO: Fue
detenelle y deslumbralle[95],
porque, si adelante pasa,
no le dejara pasar.
TRISTÁN: Dije a la luz al bajar:
«Di que no somos de casa»,
y respondiome: «Mentís»;
alcé y tirele el sombrero.
¿Quedé agraviado[96]?
TEODORO: Hoy espero
mi muerte.
TRISTÁN: Siempre decís

---

95 «Sirvió para detenerlo y deslumbrarlo». *Detenelle, alumbralle,* y antes *matalle,* son casos de asimilación r-l.

96 El criado usa, cómicamente, el lenguaje de los desafíos. Pide a la luz de la lámpara que deje de alumbrar para que nadie pueda ver que él y Teodoro son gente de casa. La lámpara sigue alumbrando (lo que desmiente –*mentís*– que Tristán y Teodoro sean gente ajena a la casa). Ante ese *mentís*, Tristán, agraviado, le arroja, no un guante, sino su sombrero, que apaga la llama.

esas cosas los amantes
cuando menos pena os dan[97].

TEODORO: Pues ¿qué puedo hacer, Tristán,
en peligros semejantes?

TRISTÁN: Dejar de amar a Marcela,
pues la Condesa es mujer
que, si lo llega a saber,
no te ha de valer cautela
para no perder su casa[98].

TEODORO: ¿Y no hay más, sino olvidar?

TRISTÁN: Liciones[99] te quiero dar
de cómo el amor se pasa.

TEODORO: ¡Ya comienzas desatinos!

TRISTÁN: Con arte[100] se vence todo;
oye, por tu vida, el modo
por tan fáciles caminos.
Primeramente, has de hacer
resolución de olvidar,
sin pensar que has de tornar
eternamente a querer[101];
que, si te queda esperanza
de volver, no habrá remedio
de olvidar; que, si está en medio
la esperanza, no hay mudanza[102].

97 «Cuando menos tormento amoroso recibís». En efecto, Marcela y Teodoro se aman.

98 Teodoro puede *perder* la casa de la Condesa si esta lo despide. *Cautela*: «traza», «engaño».

99 Liciones: lecciones (forma usual en la época).

100 Arte: habilidad; pero, también, conjunto de reglas y preceptos.

101 «Has de pensar que no has de volver a amar jamás» (*eternamente*). Olvidar es consejo tópico para amadores desde Ovidio (*Remedios contra el amor*).

102 Mudanza: cambio de actitud.

¿Por qué piensas que no olvida
luego[103] un hombre a una mujer?
Porque, pensando volver,
va entreteniendo la vida[104].
Ha de haber resolución
dentro del entendimiento,
con que cesa el movimiento
de aquella imaginación[105].
¿No has visto faltar la cuerda
de un reloj y estarse quedas,
sin movimiento, las ruedas?
Pues de esa suerte se acuerda
el que tienen las potencias
cuando la esperanza falta[106].
TEODORO: ¿Y la memoria no salta
luego a hacer mil diligencias,
despertando el sentimiento
a que del bien no se prive[107]?
TRISTÁN: Es enemigo que vive
asido al entendimiento,

103 Luego: enseguida.

104 «Va dejando pasar el tiempo sin tomar una decisión».

105 El buen entendimiento (la razón) ha de actuar con resuelta disposición para frenar la (falsa) esperanza.

106 En la doctrina de san Agustín, entendimiento, memoria y voluntad son las potencias del alma, y se vinculan respectivamente con la fe, la esperanza y la caridad (las tres virtudes teologales). La memoria nos hace poseer imágenes de la realidad que pueden ser proyectadas hacia el futuro mediante la *esperanza*. Tristán pide a Teodoro que, como remedio para el mal de amores, elimine la esperanza (y, por tanto, la memoria). De esta manera, el movimiento de las potencias se dispone o se concierta (*se acuerda*) como el de un reloj sin cuerda, pues falta la memoria (el olvido es el primer precepto para combatir la pena de amor).

107 Se pregunta Teodoro si la memoria no se rebela cuando el entendimiento pretende imponer el olvido. En efecto, el sentimiento de querer recuperar el bien que se poseyó es espoleado por la memoria, que hace mil movimientos (*diligencias*) para mantener viva la esperanza.

como dijo la canción
de aquel español poeta,
mas por eso es linda treta
vencer la imaginación[108].

TEODORO: ¿Cómo?

TRISTÁN: Pensando defetos
y no gracias; que, olvidando,
defetos están pensando,
que no gracias, los discretos[109].
No la imagines vestida
con tan linda proporción
de cintura, en el balcón
de unos chapines subida[110]:
toda es vana arquitectura,
porque dijo un sabio un día
que a los sastres se debía
la mitad de la hermosura[111].
Como se ha de imaginar
una mujer semejante
es como un diciplinante

108 Como la memoria (*la imaginación*) es fuerte enemiga del entendimiento y vive pegada a este, es de mérito el artificio (*linda treta*) de vencerla. *Aquel español poeta*: Lope inventa a veces autoridades a las que citar, pero en este caso podría aludir, según Dixon, a unos versos suyos insertos en una comedia de bandoleros, *Antonio Roca* (anterior a 1604): «No hay mal como la memoria / para el alma y para el cuerpo, / que es enemigo que vive / asido al entendimiento».

109 Este remedio para olvidar un amor es tópico desde los *Remedios contra el amor*, de Ovidio.

110 Los chapines fueron un tipo de calzado femenino que estuvo muy de moda hasta el siglo XVII. Con frecuencia se usaban sobrepuestos a otro calzado. Tenían una suela de gran plataforma, elevada diez o más centímetros (de ahí la alusión al *balcón*).

111 Es un tópico. Ya Ovidio decía, a este respecto, que «la mujer es la parte más pequeña de sí misma» (*Remedios contra el amor*).

que le llevan a curar[112];
esto sí, que no adornada
del costoso faldellín[113].
Pensar defetos, en fin,
es medicina aprobada[114].
Si de acordarte que vías[115]
alguna vez una cosa
que te pareció asquerosa
no comes en treinta días,
acordándote, señor,
de los defetos que tiene,
si a la memoria te viene,
se te quitará el amor.

TEODORO: ¡Qué grosero cirujano[116]!
¡Qué rústica curación!
Los remedios, al fin, son
como de tu tosca mano[117].
Médico impírico eres;
no has estudiado, Tristán[118].
Yo no imagino que están

112 El «disciplinante» es la persona que en las procesiones de Semana Santa se va azotando la espalda desnuda como penitencia por sus pecados. Como se produce heridas y acaba sangrando, ha de ser curado. Probablemente, Tristán alude a la mujer en su ciclo menstrual.

113 Faldellín: aquí, falda de media capa ricamente adornada con pasamanería de oro y plata (de ahí *costoso*). Para olvidar a una mujer hay que imaginarla como un «disciplinante»; no hay que imaginarla con un hermoso *faldellín* (la fascinación de los hombres ante esta prenda femenina hizo que a partir de 1615 se obligase a las actrices a ponerse otra ropa encima del faldellín).

114 Aprobada: demostrada, comprobada.

115 Vías: veías.

116 Cirujano: profesional de menor cualificación y reconocimiento que el médico. Trataba heridas y llagas.

117 «Son propios de tu tosquedad».

118 Debido a la escasez de profesionales titulados, en el siglo xvii había muchos «médicos empíricos». No tenían estudios de medicina y ofrecían remedios basados solo en la experiencia.

de esa suerte las mujeres,
sino todas cristalinas,
como un vidrio transparentes[119].
TRISTÁN: Vidrio, sí, muy bien lo sientes,
si a verlas quebrar caminas[120].
Mas si no piensas pensar
defetos, pensarte puedo[121],
porque ya he perdido el miedo
de que podrás olvidar.
¡Pardiez[122]! Yo quise una vez,
con esta cara que miras[123],
a una alforja de mentiras,
años cinco veces diez[124].
Y, entre otros dos mil defetos,
cierta barriga tenía
que encerrar dentro podía,
sin otros mil parapetos[125],
cuantos legajos de pliegos

119 Teodoro no se puede imaginar a las mujeres según el retrato que Tristán ha hecho de ellas. Él se las imagina transparentes como un «vidrio».

120 «Has acertado en la comparación, sobre todo si te conduces de manera que puedan romperse como un vidrio» (perdiendo su honestidad). La comparación entre la pérdida de la honestidad de la mujer y un frágil vidrio que se rompe es muy frecuente en la literatura de la época.

121 Juego de palabras: «si no aceptas *pensar* en los defectos de la mujer es que eres una bestia de carga a la que, para comer, puedo dar pienso» (*pensar*).

122 ¡Pardiez!: interjección eufemística, «¡por Dios!».

123 Sin duda, Tristán hace una referencia a su poco agraciado aspecto físico. Era tópica la fealdad de los personajes de rango social inferior, por contraste con los señores.

124 Tristán dice haberse enamorado en otro tiempo de una mujer mentirosa («saco de mentiras») de cincuenta años. Entre las tachas que la literatura misógina atribuía a la mujer, estaba la mentira.

125 «Además de otras mil cosas». Porque quizá *parapetos* sea aquí una palabra comodín, equivalente a «cosas», «trastos», «cachivaches».

algún escritorio apoya[126],
pues, como el caballo en Troya,
pudiera meter los griegos[127].
  ¿No has oído que tenía
cierto lugar un nogal
que en el tronco un oficial[128]
con mujer y hijos cabía
  y aun no era la casa escasa?
Pues de esa misma manera
en esta panza cupiera
un tejedor y su casa[129].
  Y queriéndola olvidar
—que debió de convenirme—,
dio la memoria en decirme
que pensase en blanco azar[130],
  en azucena y jazmín,
en marfil, en plata, en nieve[131]
y en la cortina que debe
de llamarse el faldellín,
  con que yo me deshacía.
Mas tomé más cuerdo acuerdo[132]
y di en pensar, como cuerdo,

126 Apoya: aquí, contiene.

127 Alusión al conocido episodio de la guerra de Troya: escondidos dentro de un enorme caballo de madera, los griegos consiguieron entrar en Troya y tomar la ciudad. Se cuenta en la *Odisea* y, con más detalle, en la *Eneida*.

128 «En cuyo tronco un oficial». *Oficial:* el que desempeña un oficio manual y aún no ha adquirido la condición de maestro.

129 Entiéndase: «y la gente de su casa».

130 Azar: azahar.

131 Son alusiones a las palabras tópicas que empleaban los poetas para describir la belleza femenina, especialmente la blancura de la mujer.

132 «Tomé decisión más sensata».

lo que más le parecía[133]:
cestos de calabazones,
baúles viejos, maletas
de cartas para estafetas[134],
almofrejes y jergones[135],
con que se trocó[136] en desdén
el amor y la esperanza
y olvidé la dicha panza
por siempre jamás, amén,
que era tal que en los dobleces
—y no es mucho encarecer—
se pudieran esconder
cuatro manos de almireces[137].

TEODORO: En las gracias de Marcela
no hay defetos que pensar:
yo no la pienso olvidar.

TRISTÁN: Pues a tu desgracia apela
y sigue tan loca empresa.

TEODORO: Toda es gracias, ¿qué he de hacer[138]?

TRISTÁN: Pensarlas hasta perder
la gracia de la Condesa[139].

---

133 «Me puse a pensar en aquellas cosas que más se le parecían».

134 Estafetas: Lugares donde se entregaban los correos de particulares para ser recogidos y, a modo de posta (relevos), ser llevados a la siguiente estafeta, hasta su destino final. Este servicio regular de correos a caballo (carruajes) se instauró en España en el siglo XVI.

135 Alude a la «funda para colchón» (*almofrej*) y al «colchón de paja o esparto» (*jergón*) que llevaban de camino quienes viajaban.

136 Trocó: cambió.

137 «La barriga era tal que en sus pliegues (*dobleces*) se podían esconder, y no exagero (*y no es mucho encarecer*), cuatro manos de morteros (*almireces*)».

138 «Si toda ella es gracias, ¿qué otra cosa puedo hacer?».

139 Habla con ironía. Además, Tristán toma la palabra *gracias*, usada por Teodoro para referirse a las cualidades de Marcela, y le aplica otro sentido: «el favor de la Condesa».

(Sale la CONDESA.*)*

DIANA: Teodoro...
TEODORO: (*Aparte.*) La misma es[140].
DIANA: Escucha.
TEODORO A tu hechura manda[141].
TRISTÁN: (*Aparte.*) Si en averiguarlo anda,
de casa volamos tres.
DIANA: Hame dicho cierta amiga
que desconfía de sí[142]
que el papel que traigo aquí
le escriba. A hacerlo me obliga
la amistad, aunque yo ignoro,
Teodoro, cosas de amor,
y que le escribas mejor
vengo a decirte, Teodoro.
Toma y léele.
TEODORO: Si aquí,
señora, has puesto la mano,
igualarle fuera en vano
y fuera soberbia en mí.
Sin verle pedirte quiero
que a esa señora le[143] envíes.
DIANA: Léele.
TEODORO: Que desconfíes
me espanto[144]. Aprender espero

140 La última palabra pronunciada por Tristán ha sido *Condesa*, de ahí esta expresión de Teodoro.

141 «Está a tus órdenes quien tú has *hecho* ser quien es». Ver nota al verso 319. En los versos 1484-1485 Teodoro se muestra agradecido *a la casa que me ha dado / el ser que tengo.*

142 «Que no está segura de hacerlo bien» (escribir el papel).

143 **Le:** leísmo, «lo envíes» (el papel).

144 «Me sorprendo de que desconfíes de tu capacidad».

estilo que yo no sé,
que jamás traté de amor.
DIANA: ¿Jamás, jamás?
TEODORO: Con temor
de mis defetos no amé,
que soy muy desconfïado[145].
DIANA: Y se puede conocer
de que no te dejas ver,
pues que te vas rebozado[146].
TEODORO: ¿Yo, señora? ¿Cuándo o cómo?
DIANA: Dijéronme que salió
anoche acaso y te vio
rebozado el mayordomo[147].
TEODORO: Andaríamos burlando
Fabio y yo, como solemos,
que mil burlas nos hacemos.
DIANA: Lee, lee.
TEODORO: Estoy pensando
que tengo algún envidioso.
DIANA: Celoso podría ser.
Lee, lee.
TEODORO: Quiero ver
ese ingenio milagroso[148].

(Lea.)

145 Hoy diríamos: «por miedo a mis defectos, nunca me he atrevido a amar, porque tengo poca confianza en mí mismo».

146 «Y se demuestra en que te ocultas, porque te vas arrebozado». *Rebozado:* «arrebozado, con la cara tapada por el embozo de la capa». Las andanzas nocturnas y clandestinas de los amantes hacían frecuente en la literatura la figura del *embozado* (aquí *rebozado*). En el v. 955 Teodoro usa el término *embozado*.

147 Recuérdese que no fue el mayordomo, sino la propia Diana, quien descubrió a Teodoro en su aventura amorosa.

148 El *ingenio milagroso* de Diana como escritora. El servidor lisonjea a su señora.

«Amar por ver amar envidia ha sido[149],
y primero que amar estar celosa
es invención de amor maravillosa
y que por imposible se ha tenido[150].
De los celos mi amor ha procedido,
por pesarme que, siendo más hermosa,
no fuese en ser amada tan dichosa
que hubiese lo que envidio merecido[151].
Estoy, sin ocasión, desconfiada,
celosa sin amor, aunque sintiendo;
debo de amar, pues quiero ser amada[152].
Ni me dejo forzar ni me defiendo;
darme quiero a entender sin decir nada[153];
entiéndame quien puede; yo me entiendo[154]».

DIANA: ¿Qué dices?

TEODORO: Que si esto es
a propósito del dueño[155],
no he visto cosa mejor;
mas confieso que no entiendo
cómo puede ser que amor

---

149 En el siglo XVII nuestra obra debió de ser conocida también con el título de *Amar por ver amar*, según atestigua el único manuscrito (no de Lope) conservado, quizá una copia para uso de actores que se puede fechar en la década de 1650. La expresión, por otra parte, aparece en varias comedias de Lope.

150 «Amar a una persona por ver que alguien la ama se ha considerado envidia siempre, y que vengan antes los celos que el amor es una invención asombrosa que se ha tenido por imposible».

151 «Mi amor ha surgido de los celos por sentirme dolida de que, siendo yo más hermosa, no sea tan dichosa en ser amada como para merecer lo que envidio».

152 «Estoy desesperada sin causa, celosa sin amor, aunque doliéndome; sin duda, amo, pues deseo ser amada».

153 «Ni me rindo al amor, ni me niego a él; quisiera darme a entender, pero sin decir más de la cuenta».

154 Es traducción de un verso de Petrarca (*Cancionero*, CV, v. 17.)

155 «Si esto tiene que ver con la dama que motiva el soneto» (*amiga* de la Condesa). Algunos editores creen que puede referirse a Diana, como *dueña* del poema.

Amar por ver amar envidia ha sido,
y primero que amar estar celosa
es invención de amor maravillosa
y que por imposible se ha tenido.
De los celos mi amor ha procedido,
por pesarme que, siendo más hermosa,
no fuese en ser amada tan dichosa
que hubiese lo que envidio merecido.
Estoy, sin ocasión, desconfiada,
celosa sin amor, aunque sintiendo;
debo de amar, pues quiero ser amada.
Ni me dejo forzar ni me defiendo;
darme quiero a entender sin decir nada;
entiéndame quien puede; yo me entiendo.

venga a nacer de los celos,
pues que siempre fue su padre[156].

DIANA: Porque esta dama sospecho
que se agradaba de ver
este galán, sin deseo,
y, viéndole ya empleado
en otro amor, con los celos
vino a amar y a desear.
¿Puede ser?

TEODORO: Yo lo concedo[157];
mas ya esos celos, señora,
de algún principio nacieron,
y ese fue amor; que la causa
no nace de los efetos,
sino los efetos de ella.

DIANA: No sé, Teodoro, esto siento
de esta dama[158], pues me dijo
que nunca al tal caballero
tuvo más que inclinación[159]
y, en viéndole amar, salieron
al camino de su honor
mil salteadores deseos
que le han desnudado el alma
del honesto pensamiento
con que pensaba vivir[160].

156 Era idea común. Cervantes escribió: «Son los celos hijos / del amor, según es fama» (*La gran sultana*, III).

157 «Acepto lo que dices».

158 «Esto es lo que yo sé de esta dama».

159 Inclinación: aprecio, buena consideración.

160 Se concibe la llegada del amor como un asalto o un robo en que la víctima (la persona que se enamora) es saqueada (*camino, salteadores, desnudado*). En este caso se habla también de *honor* por la diferente posición social de

TEODORO: Muy lindo papel has hecho[161];
yo no me atrevo a igualarle.
DIANA: Entra y prueba.
TEODORO: No me atrevo.
DIANA: Haz esto, por vida mía.
TEODORO: Vusiñoría con esto
quiere probar mi ignorancia.
DIANA: Aquí aguardo; vuelve luego[162].
TEODORO: Yo voy[163].
DIANA: Escucha, Tristán.
TRISTÁN: A ver lo que mandas vuelvo[164]
con vergüenza de estas calzas;
que el secretario, mi dueño,
anda falido[165] estos días;
y hace mal un caballero,
sabiendo que su lacayo
le va sirviendo de espejo,
de lucero y de cortina,
en no traerle bien puesto[166].
Escalera del señor,
si va a caballo, un discreto
nos llamó, pues a su cara

Diana y su secretario: la falta de decoro.

161 «Muy buen escrito has hecho».

162 Luego: enseguida.

163 No hace falta la consabida acotación (*Váyase*), pues las palabras del personaje valen para ese mismo propósito.

164 Las palabras de Tristán parecen presuponer que marchaba junto a su amo y Diana detiene su salida.

165 Falido: sin dinero, arruinado.

166 «El criado es espejo del señor, va por delante de él anunciándolo (*lucero*) y tapa sus flaquezas (*cortina*); por eso hace mal el amo no llevando bien vestido (*bien puesto*) al servidor». En este caso, Tristán se avergüenza de sus *calzas*, prenda que cubría el muslo (y, según el tipo, también la pierna) y se ataban a la cintura.

se sube por nuestros cuerpos[167].
No debe de poder más[168].

DIANA: ¿Juega[169]?

TRISTÁN: ¡Pluguiera a los cielos[170]!
Que a quien juega nunca faltan,
de esto o de aquello, dineros.
Antiguamente los reyes
algún oficio aprendieron
por, si en la guerra o la mar
perdían su patria y reino,
saber con qué sustentarse.
Dichosos los que, pequeños[171],
aprendieron a jugar,
pues, en faltando[172], es el juego
un arte noble que gana
con poca pena el sustento.
Verás un grande pintor,
acrisolando el ingenio,
hacer una imagen viva
y decir el otro necio
que no vale diez escudos;
y que el que juega, en diciendo

167 Como el criado va a pie precediendo al señor, que va a caballo, la gente deduce cómo es el señor viendo primero al criado.

168 «No debe de tener más medios (económicos)».

169 Si Teodoro está, según Tristán, en bancarrota (*falido*), Diana teme que la causa sea el juego.

170 «¡Ojalá quisieran los cielos!». *Pluguiera* es, en su forma arcaica y literaria, el pretérito imperfecto de subjuntivo del verbo *placer*. Literalmente: «¡(ojalá) agradara a los cielos!».

171 Pequeños: humildes, con pocos recursos. Primero habla de los *reyes* y ahora de los *pequeños*.

172 En faltando: cuando faltan los recursos económicos.

«Paro[173]», con salir la suerte,
le sale a ciento por ciento[174].

DIANA: En fin, no juega.

TRISTÁN: Es cuitado[175].

DIANA: A la cuenta, será cierto
tener amores[176].

TRISTÁN: ¿Amores?
¡Oh, qué donaire[177]! ¡Es un hielo!

DIANA: Pues un hombre de su talle,
galán, discreto y mancebo,
¿no tiene algunos amores
de honesto entretenimiento?

TRISTÁN: Yo trato en paja y cebada,
no en papeles y requiebros.
De día te sirve aquí;
que está ocupado sospecho[178].

DIANA: Pues ¿nunca sale de noche?

TRISTÁN: No le acompaño, que tengo
una cadera quebrada[179].

DIANA: ¿De qué, Tristán?

TRISTÁN: Bien te puedo

---

173 El «parar» era un juego de naipes (también llamado «andaboba»). Cada jugador iba extrayendo cartas del mazo y quien conseguía formar pareja (con la que ya tenía) ganaba el dinero acumulado en las apuestas. Aparece, por ejemplo, en *Rinconete y Cortadillo*, de Cervantes, o en *El estudiante de Salamanca*, de Espronceda.

174 El pintor se expone a que su obra no sea valorada en nada por los necios, aunque haya depurado al máximo su arte (*acrisolando el ingenio*); sin embargo, el jugador puede ganar mucho dinero sin esfuerzo.

175 Desdichado, con mala suerte.

176 «Según eso (*a la cuenta*), seguro que tiene amores». Resuena el dicho popular: «Desdichado en el juego, afortunado en amores». Aunque, según el criado, Teodoro es pobre porque no juega.

177 **Donaire:** gracia.

178 O sea, no tiene tiempo para amores.

179 **Quebrada:** magullada, lastimada.

responder lo que responden
las malcasadas en viendo
cardenales en su cara
del mojicón de los celos:
«Rodé por las escaleras[180]».

DIANA: ¿Rodaste?

TRISTÁN: Por largo trecho
con las costillas conté
los pasos[181].

DIANA: Forzoso es eso
si a la lámpara, Tristán,
le tirabas el sombrero.

TRISTÁN: (*Aparte.*) ¡Oxte, puto[182]! ¡Vive Dios
que se sabe todo el cuento!

DIANA: ¿No respondes?

TRISTÁN: Por pensar
cuándo; pero ya me acuerdo:
anoche andaban en casa
unos murciélagos negros;
el sombrero los tiraba[183];
fuese a la luz uno de ellos
y acerté, por dar en él,
en la lámpara, y tan presto
por la escalera rodé

180 Se refiere a la explicación, falsa, que da la mujer maltratada cuando su marido, por causa de celos, la ha golpeado en la cara (*mojicón*).

181 Es decir, en su caída Tristán fue golpeando con sus costillas en cada uno de los escalones (*pasos*).

182 Oxte, puto: interjección para rechazar algo o a alguien que desagrada o molesta. Es frase hecha. *Puto* («homosexual») no tiene aquí ningún significado.

183 Loísmo («les tiraba el sombrero»). La voz *murciélagos* estaba relacionada también con actividades clandestinas y **nocturnas,** como las de los ladrones.

que los dos pies se me fueron.
DIANA: Todo está muy bien pensado,
pero un libro de secretos
dice que es buena la sangre
para quitar el cabello[184]
—de esos murciégalos[185], digo—,
y haré yo sacarla luego,
si es cabello la ocasión,
para quitarla con ellos[186].
TRISTÁN: (*Aparte.*) ¡Vive Dios que hay chamusquina[187],
y que por murciegalero
me pone en una galera!

(*Vase.*)

DIANA: (*Aparte.*) ¡Qué traigo de pensamientos[188]!

(*Sale* FABIO.)

FABIO: Aquí está el marqués Ricardo.

184 Dixon identifica el libro: *Secreti del reverendo donno Alessio Piemontese* (1555). Contenía recetas y fórmulas químicas y médicas, a veces cercanas a la mágico y misterioso. La sangre de murciélago se usaba desde antiguo como sustancia depilatoria. *Cabello:* «pelo», pero no el de la cabeza (Diana usa esta palabra por el doble sentido que introduce en los vv. 681-682).

185 Las formas *murciégalo* y *murciélago* (v. 668) alternaban en la época. La que aquí se usa es más acorde con la etimología de la palabra.

186 Los murciélagos (su sangre) le servirán a Diana para que no se repita el episodio nocturno que tanto la escandalizó. La diosa Ocasión es representada con un copete en la frente y calva en el resto de la cabeza. Diana hará sacar la sangre al murciélago para, con ella, quitar el pelo a la ocasión, que ya no se podrá llamar tal. Por tanto, Teodoro y Tristán ya no tendrán *ocasión* de repetir la correría amorosa. Pero hay en el discurso de la Condesa una intencionada anfibología en los versos 677-678, que capta enseguida Tristán.

187 Tristán se da cuenta de que Diana ha descubierto sus enredos y su culpabilidad (*hay chamusquina*) y teme recibir un severo castigo (como lo recibían los condenados a remar a galeras) por ladrón nocturno (en la jerga del hampa, «murciélago» y «murcigalero» –Tristán lo cambia por *murciegalero*– significaban justamente eso). El criado también juega con las palabras *murciegalero-galera.*

188 «¡Qué de pensamientos se agitan en mí!», «¡cuántos pensamientos se agitan en mí!».

DIANA: Poned esas sillas luego[189].

(*Sale* RICARDO, MARQUÉS *y* CELIO.)

RICARDO Con el cuidado que el amor, Dïana,
pone en un pecho que aquel fin desea
que la mayor dificultad allana,
el mismo quiere que te adore y vea.
Solicito mi causa, aunque por vana
esta ambición algún contrario crea,
que dando más lugar a su esperanza
tendrá menos amor que confïanza[190].
Está vusiñoría tan hermosa
que estar buena el mirarla me asegura;
que en la mujer, y es bien pensada cosa,
la más cierta salud es la hermosura;
que en estando gallarda, alegre, airosa,
es necedad, es ignorancia pura,
llegar a preguntarle si está buena,
que todo entendimiento la condena[191].
Sabiendo que lo estáis, como lo dice
la hermosura, Dïana, y la alegría,
de mí, si a la razón no contradice,
saber, señora, cómo estoy querría[192].

---

189 Luego: *inmediatamente.*

190 «Con la dedicación (*cuidado*) que el amor pone en una persona que desea alcanzar su fin amoroso (que todas las dificultades vence), ese mismo amor hace que te adore y venga a verte. Vengo a presentarte mi solicitud amorosa (*solicito mi causa*), aunque algún rival mío tenga por inútil esta aspiración; que si a este anhelo das esperanzas, habrá en mí más aliento y valor (*confianza*) que amor» (porque, como aclara Pedraza Jiménez, el verdadero enamorado debería comprender «que una persona tan virtuosa, bella y honesta [como Diana] es muy difícil de alcanzar»).

191 «Cualquier persona de entendimiento condenaría esa *ignorancia pura*».

192 El Marqués ha comprobado con la vista el buen estado de salud de la Condesa, y a continuación le pregunta a su

DIANA: Que vuestra señoría solenice
lo que en Italia llaman gallardía
por hermosura[193], es digno pensamiento
de su buen gusto y claro entendimiento;
que me pregunte cómo está, no creo
que soy tan dueño suyo que lo diga[194].
RICARDO: Quien sabe de mi amor y mi deseo
el fin honesto[195], a este favor se obliga.
A vuestros deudos inclinados veo
para que en lo tratado se prosiga[196];
solo falta, señora, vuestro acuerdo,
porque sin él las esperanzas pierdo.
Si como soy señor de aquel estado
que con igual nobleza heredé agora,
lo fuera desde el sur más abrasado
a los primeros paños del aurora[197];
si el oro de los hombres adorado,
las congeladas lágrimas que llora
el cielo o los diamantes orientales
que abrieron por el mar caminos tales

enamorada cómo está él mismo. De la respuesta, afirmativa o negativa, a su petición amorosa dependerá su estado.

193 «Que vuestra señoría celebre (*solenice:* «solemnice») como hermosura lo que en Italia llaman gallardía». En italiano *gagliardia* es «robustez», «fuerza», «vigor físico» (todo lo que denota salud).

194 «No creo que yo tenga poder y conocimiento sobre vos como para saber decirlo». La palabra *dueño* remite a la lírica provenzal del siglo XII (con uso continuado en siglos posteriores): la amada era el «dueño» o «señor» y el pretendiente enamorado era el «vasallo». De modo que, en realidad, Diana, al decir: *no creo que soy tan dueño suyo*, ya ha respondido a la solicitud de Ricardo.

195 *El fin honesto* del amor es el matrimonio.

196 Los parientes y allegados (*deudos*) de Diana parecen estar de acuerdo en aceptar esta relación con el Marqués.

197 «Hasta la primera luz de oriente». Algún editor propone una referencia, poco probable, al norte, a la aurora boreal (por oposición al *sur*).

tuviera yo, lo mismo os ofreciera[198];
y no dudéis, señora, que pasara
adonde el sol apenas luz me diera,
como a solo serviros importara[199];
en campañas de sal pies de madera[200]
por las remotas aguas estampara
hasta llegar a las australes playas,
del humano poder últimas rayas[201].

DIANA: Creo, señor Marqués, el amor vuestro
y, satisfecha de nobleza tanta,
haré tratar el pensamiento nuestro,
si el conde Federico no le espanta[202].

RICARDO: Bien sé que en trazas es el Conde diestro,
porque en ninguna cosa me adelanta[203];
mas yo fío de vos, que mi justicia[204]
los ojos cegará de su malicia[205].

---

198 Si de la misma forma que soy señor del estado que, con su título correspondiente (*igual nobleza*), acabo de heredar, fuera dueño del mundo; y si tuviera oro, perlas (*congeladas lágrimas*) y diamantes, lo mismo os ofrecería». Es decir, os lo ofrecería todo de la misma forma que os ofrezco mi estado y título.

199 «No dudéis que llegara hasta el polo norte, si ello fuera para serviros». *Como* seguido de subjuntivo tiene valor condicional.

200 Este verso imita el último de la *Soledad Primera* (1613), de Góngora: «A batallas de amor campo de pluma». *Campañas*: «campos»; *campañas de sal*: «el mar»; *pies de madera*: «barcos», «navíos».

201 Barcos (*pies de madera*) echaría (*estamparía*) a las aguas más remotas de los mares (*campañas de sal*) hasta llegar a las costas del sur (*australes playas*), que son los límites (*últimas rayas*) adonde ha podido llegar el ser humano». Ricardo no tiene límites en su ofrecimiento desmesurado para conquistar a Diana.

202 «Si el conde Federico no ahuyenta este propósito (*pensamiento*) nuestro». *Le* se refiere, con leísmo, al *pensamiento*. En las ediciones de 1618 aparece *el Conde*. Algunas ediciones modernas corrigen: *al Conde* («el propósito asombra al Conde»). Pero la intervención posterior de Ricardo hablando de las tretas que suele utilizar Federico, autoriza a pensar que Diana quiere decir «si el Conde no ahuyenta este propósito». «Con sus tretas», añadirá el Marqués.

203 «Como el conde Federico no es superior a mí en nada, suele utilizar artimañas».

204 **Mi justicia:** «la justicia de que sea yo el elegido».

205 Toda la intervención de Ricardo, desde que aparece en escena, se ha considerado una imitación, o incluso parodia, del lenguaje culterano de Góngora.

(*Sale* TEODORO.)

TEODORO: Ya lo que mandas hice.
RICARDO: Si ocupada
vuseñoría está, no será justo
hurtarle el tiempo.
DIANA: No importara nada,
puesto que[206] a Roma escribo.
RICARDO: No hay disgusto
Como, en día de cartas, dilatada
visita.
DIANA: Sois discreto.
RICARDO: En daros gusto.

(*Aparte.*) Celio, ¿qué te parece?

CELIO: Que quisiera
que ya tu justo amor premio tuviera.

(*Vase* RICARDO.)

DIANA ¿Escribiste?
TEODORO Ya escribí,
aunque bien desconfiado[207],
mas soy mandado y forzado.
DIANA Muestra.
TEODORO Lee.
DIANA: Dice así:

(*Lee* DIANA.)

«Querer por ver querer envidia fuera

206 Puesto que: aunque.
207 Desconfiado: inseguro.

si quien lo vio sin ver amar no amara,
porque si antes de amar no amar pensara[208],
después no amara, puesto que amar viera[209].
Amor que lo que agrada considera
en ajeno poder su amor declara,
que, como la color[210] sale a la cara,
sale a la lengua lo que al alma altera[211].
No digo más, porque lo más ofendo
desde lo menos, si es que desmerezco
porque del ser dichoso me defiendo[212].
Esto que entiendo solamente ofrezco,
que lo que no merezco no lo entiendo,
por no dar a entender que lo merezco[213]».

DIANA: Muy bien guardaste el decoro[214].
TEODORO: ¿Búrlaste?
DIANA: ¡Pluguiera a Dios[215]!
TEODORO: ¿Qué dices?
DIANA: Que de los dos

208 En las ediciones de 1618 falta el *si* condicional. Parece necesario, pues arregla el sentido del texto y enmienda el metro endecasílabo.

209 «Amar por haber visto amar sería envidia si quien tal ve no hubiera comenzado a amar si no hubiese visto amar; porque si antes no tenía intención de amar, tampoco amaría después aun viendo amar».

210 **Color:** rubor. Se usaba tanto en género masculino como en femenino.

211 El amor (verdadero) que ve la persona amada en ajeno poder su amor declara, que, de la misma manera que se muestra el rubor en la cara, se manifiesta, a través de la lengua, aquello que agita al alma».

212 Teodoro no quiere ser más claro por si ofende a la Condesa (*lo más*) desde su humilde condición de servidor (*lo menos*), al resistirse a ser amado por ella.

213 Lo que el secretario quiere decir (y no llega a decirlo para no ofender a su señora) es que aunque ha entendido que la Condesa se ha fijado amorosamente en él, prefiere no decir nada para no parecer soberbio. Porque si dice que ha entendido eso, está presuponiendo que él, un simple servidor, puede despertar el amor de Diana, lo que es imposible por la diferencia social.

214 Porque su soneto se adecua a la ocasión, a pesar de la renuencia de Teodoro a escribirlo.

215 «¡Dios quisiera!».

Querer por ver querer envidia fuera
si quien lo vio sin ver amar no amara,
porque si antes de amar no amar pensara,
después no amara, puesto que amar viera.
Amor que lo que agrada considera
en ajeno poder su amor declara,
que, como la color sale a la cara,
sale a la lengua lo que al alma altera.
No digo más, porque lo más ofendo
desde lo menos, si es que desmerezco
porque del ser dichoso me defiendo.
Esto que entiendo solamente ofrezco,
que lo que no merezco no lo entiendo,
por no dar a entender que lo merezco.

el tuyo vence, Teodoro.
TEODORO: Pésame, pues no es pequeño
principio de aborrecer
un crïado[216] el entender
que sabe más que su dueño.
De cierto rey se contó
que le dijo a un gran privado[217]:
«Un papel me da cuidado,
y si bien le he escrito yo[218],
quiero ver otro de vos
y el mejor escoger quiero».
Escribiole el caballero
y fue el mejor de los dos.
Como vio[219] que el rey decía
que era su papel mejor,
fuese y díjole al mayor
hijo, de tres que tenía:
«Vámonos del reino luego[220],
que en gran peligro estoy yo».
El mozo le preguntó
la causa, turbado y ciego,
y respondiole: «Ha sabido
el rey que yo sé más que él»;
que es lo que en este papel

216 «A un criado».

217 Privado: valido, favorito, persona que goza de la confianza y la cercanía de su señor y asesora a este en sus asuntos.

218 «Un papel me preocupa, y aunque (*si bien*) lo he escrito yo».

219 «En cuanto vio».

220 Luego: inmediatamente.

me puede haber sucedido[221].
DIANA: No, Teodoro, que aunque digo
que es el tuyo más discreto,
es porque sigue el conceto[222]
de la materia que sigo,
y no para que presuma
tu pluma, que, si me agrada,
pierdo el estar confïada
de los puntos de mi pluma[223];
fuera de que soy mujer
a cualquier error sujeta,
y no sé si muy discreta,
como se me echa de ver[224].
Desde lo menos, aquí,
dices que ofendes lo más;
y amando, engañado estás,
porque en amor no es ansí,
que no ofende un desigual
amando, pues solo entiendo
que se ofende aborreciendo[225].
TEODORO: Esa es razón natural.
Mas pintaron a Faetonte

221 A Lope le gustaba incluir cuentecillos que, en su breve trama, establecían un paralelismo con determinado pasaje de la obra, no con la trama completa. Tristán contará otra historieta a partir del verso 2300.

222 **Conceto:** concepto. Ver nota al verso 233.

223 «Y no para que tu pluma crea (*presuma*) que si me agrada tu soneto es porque considero que mi pluma es inferior». *Los puntos de mi pluma*: «cada una de las pequeñas divisiones del remate de la pluma». Pero aquí la expresión significa, simplemente, «mi pluma».

224 Después de negar la superioridad de Teodoro, Diana se muestra más modesta.

225 En *El mayordomo de la duquesa de Amalfi* dice la duquesa a su mayordomo Antonio (acto I): «Un desigual / ofende si quiere mal, / que si quiere bien no ofende». *Aborreciendo*: «no amando», «mostrando desdén o indiferencia» (no necesariamente aversión o repugnancia, que es el significado actual).

y a Ícaro despeñados:
uno, en caballos dorados,
precipitado del monte[226],
y otro, con alas de cera,
derretido en el crisol
del sol[227].

DIANA: No lo hiciera el sol
si, como es sol, mujer fuera[228].
Si alguna cosa sirvieres
alta, sírvela y confía,
que amor no es más que porfía[229];
no son piedras las mujeres.
Yo me llevo este papel,
que despacio me conviene
verle.

TEODORO: Mil errores tiene.

DIANA: No hay error ninguno en él.

TEODORO: Honras mi deseo; aquí
traigo el tuyo.

DIANA: Pues allá

226 En las ediciones de 1618 aparece la lección errónea *precipitado en un monte* (Faetonte fue precipado al río Erídano y Lope lo recuerda en varias obras). El manuscrito trae la lección correcta. *Monte:* «cielo, altura». El sintagma «celeste monte» («el cielo») aparece en varias obras del autor.

227 Faetonte, hijo del Sol, insistió tanto a su padre para que le dejase conducir su carro que, finalmente, pudo cumplir su deseo. Su inexperiencia le impidió gobernar los *caballos dorados* y fue incapaz de seguir el trayecto marcado en la bóveda celeste, por lo que causó muchos desastres. Finalmente Zeus lo fulminó y el joven cayó despeñado al mítico río Erídano. Para Ícaro, véase la nota a los versos 125-128. *Crisol:* recipiente para fundir sustancias. El *sol* actúa de *crisol* fundiendo las alas de Ícaro. En la poesía amatoria de la época, estos personajes mitológicos (que quisieron «volar alto») simbolizan la impaciencia y el atrevimiento amoroso condenados al fracaso.

228 Es decir, ante el atrevimiento de Ícaro, una mujer se habría mostrado más benigna que el sol.

229 **Porfía:** perseverancia, insistencia.

le guarda[230], aunque bien será
rasgarle[231].

TEODORO: ¿Rasgarle?

DIANA: Sí,
que no importa que se pierda
si se puede perder más[232].

(Váyase.)

TEODORO: Fuese. ¿Quién pensó jamás
de mujer tan noble y cuerda
este arrojarse tan presto
a dar su amor a entender?
Pero también puede ser
que yo me engañase en esto.
Mas no me ha dicho jamás,
ni a lo menos se me acuerda:
«Pues ¿qué importa que se pierda
si se puede perder más?».
Perder más bien puede ser
por la mujer que decía[233].
Mas todo es bachillería[234]
y ella es la misma mujer.
Aunque no, que la Condesa
es tan discreta y tan varia[235]
que es la cosa más contraria

230 Le guarda: guárdalo (con anteposición, corriente en la época, del pronombre ante la forma imperativa).

231 Rasgarle: romperlo.

232 Ese *más* alude al honor. Pero Diana quiere mantener la oscuridad en las palabras que dirige a su secretario.

233 «*Perder más* puede referirse a la mujer del papel que ella escribió».

234 Bachillería: cosa vana y sin sentido, hablar por hablar.

235 Varia: inconstante en los compromisos (matrimoniales), poco dada a comprometerse, indiferente.

de la ambición que profesa[236].
Sírvenla príncipes hoy
en Nápoles que no puedo
ser su esclavo[237]. Tengo miedo,
que en grande peligro estoy.
Ella sabe que a Marcela
sirvo[238]; pues aquí ha fundado
el engaño y me ha burlado.
Pero en vano se recela
mi temor, porque jamás
burlando salen colores[239].
¿Y el decir con mil temores
que «se puede perder más»?
¿Qué rosa, al llorar la aurora[240],
hizo de las hojas ojos,
abriendo los labios rojos
con risa a ver cómo llora,
como ella los puso en mí,
bañada en púrpura y grana[241]?
O ¿qué pálida manzana

236 «La Condesa es tan discreta y tan indiferente a los compromisos, que es lo contrario de ese deseo de relacionarse con un hombre inferior».

237 «La pretenden hoy en Nápoles hombres tan principales que no puedo aspirar ni a ser esclavo de ellos».

238 En el contexto amoroso, el verbo *servir* tiene una larga tradición literaria. Desde su valor primario de sujeción y sumisión constantes a la dama, puede significar «cortejar, «galantear», «pretender», «homenajear», «emplearse»... Ver nota al verso 714.

239 «En vano sospecha mi temor que haya sido una burla, porque Diana no se hubiese ruborizado si la situación vivida hubiese sido una simple broma».

240 «Al caer el rocío del amanecer».

241 Imagen poética de estilo barroco. Al amanecer, la rosa, riendo, abre sus hojas rojas para ver cómo llora la aurora (para recibir el «rocío de la mañana»). El rostro de Diana sonrojado es, por el color, esa rosa roja, que ya no tiene *hojas*, sino *ojos*, con los cuales mira, *bañada en púrpura y grana* («ruborizada»), a Teodoro.

se esmaltó de carmesí[242]?
Lo que veo y lo que escucho
yo lo juzgo —o estoy loco—
para ser de veras, poco,
y para de burlas, mucho[243].
Mas teneos, pensamiento,
que os vais ya tras la grandeza,
aunque si digo belleza
bien sabéis vos que no miento,
que es bellísima Dïana
y en discreción sin igual[244].

(Sale MARCELA.*)*

MARCELA: ¿Puedo hablarte?
TEODORO: Ocasión tal
mil imposibles allana[245],
que por ti, Marcela mía,
la muerte me es agradable.
MARCELA: Como yo te vea y hable,
dos mil vidas perdería[246].
Estuve esperando el día

242 El rubor de Diana se compara al cambio de color de una manzana: del blanco al rojo de la maduración.

243 A Teodoro le parece que lo sucedido con Diana es demasiado importante para ser una burla; pero para ser verdad resulta poco claro.

244 El pensamiento ha traído a Teodoro la posibilidad de acceder a la grandeza de Diana. Ha volado alto, aunque inseguro. De momento, la única seguridad para el secretario es la belleza y la discreción de su señora. En *El perro del hortelano*, que no es obra de acciones agitadas ni de grandes sucesos, el *pensamiento* se convierte en elemento sustancial para el desarrollo de la psicología y la voluntad de los personajes.

245 «Para hablar contigo (*ocasión tal*) haría posible lo imposible». *Allana:* «facilita», «hace posible».

246 «Si es por verte y hablarte, yo daría dos mil vidas». Teodoro ha dicho que por estar con Marcela la muerte le sería agradable, y Marcela responde con más intensidad amorosa aún.

como el pajarillo solo[247],
y, cuando vi que en el polo[248]
que Apolo[249] más presto dora
le despertaba la aurora[250],
dije: «Yo veré mi Apolo[251]».
   Grandes cosas han pasado,
que no se quiso acostar
la Condesa hasta dejar
satisfecho su cuidado[252].
Amigas que han envidiado
mi dicha, con deslealtad
le han contado la verdad,
que entre quien sirve, aunque veas
que hay amistad, no la creas,
porque es fingida amistad.
   Todo lo sabe, en efeto,
que si es Dïana la luna[253]
—siempre a quien ama importuna[254]—,
salió y vio nuestro secreto[255].

247 La imagen de la pequeñez e insignificancia del *pajarillo solo* con que se identifica Marcela contrasta con la escena anterior donde el *pensamiento* eleva a Teodoro hasta la *grandeza* de Diana.

248 Polo: extremo.

249 Apolo: el sol.

250 «Cuando vi que, en el extremo (*polo*) que el sol (*Apolo*) más rápido (*presto*) dora, la aurora despertaba al día» (*le*); o más rectamente: «cuando vi por Oriente salir el sol».

251 Mi Apolo: para Marcela, Teodoro es su sol. En la comedia barroca era frecuente que el galán dijera, al ver entrar a su amada, que ese día había amanecido dos veces (la segunda era, por supuesto, la entrada de la dama-sol) o que su noche se había convertido en día (en esta comedia, v. 1264). Menos frecuente es la imagen del hombre como sol.

252 «Hasta dejar resuelta su preocupación».

253 En la mitología romana, Diana era la diosa de la luna (también de la caza) y representaba la castidad.

254 Porque los amantes buscan el secreto y el abrigo de la noche, y la *importuna* luna, con su luz, desvela su intimidad. *Importuna* es adjetivo, no verbo.

255 Diana *salió* de noche, como la luna, y sorprendió el enredo amoroso de Marcela y Teodoro.

Pero será, te prometo,
para mayor bien, Teodoro,
que del honesto decoro[256]
con que tratas de casarte
le di parte, y dije aparte
cuán tiernamente te adoro.
Tus prendas le encarecí[257],
tu estilo, tu gentileza,
y ella entonces su grandeza
mostró tan piadosa en mí,
que se alegró de que en ti
hubiese los ojos puesto,
y de casarnos muy presto
palabra también me dio,
luego que de mí entendió
que era tu amor tan honesto.
Yo pensé que se enojara
y la casa revolviera,
que a los dos nos despidiera
y a los demás castigara;
mas su sangre ilustre y clara[258]
y aquel ingenio[259], en efeto
tan prudente y tan perfeto,
conoció lo que mereces[260].

256 Decoro: decencia, recato.

257 «Tus cualidades ensalcé».

258 Clara: esclarecida, insigne, de alto linaje. Es sinónimo de *ilustre*.

259 Ingenio: aquí, entendimiento, buen juicio.

260 «Se dio cuenta de tu merecimiento». El espectador ya conoce lo relatado por Marcela, por haberlo presenciado. El efecto dramático opera porque Marcela no sabe lo que se agita en el pensamiento de Teodoro, y el espectador sí lo sabe.

¡Oh, bien haya[261], amén mil veces,
quien sirve a señor discreto[262]!

TEODORO: ¿Que casarme prometió
contigo?

MARCELA: ¿Pones en duda
que a su ilustre sangre acuda[263]?

TEODORO: (*Aparte.*) Mi ignorancia me engañó,
que, necio, pensaba yo
que hablaba en mí[264] la Condesa.
De haber pensado me pesa
que pudo tenerme amor,
que nunca tan alto azor
se humilla a tan baja presa[265].

MARCELA: ¿Qué murmuras entre ti?

TEODORO: Marcela, conmigo habló,
pero no se declaró
en darme a entender que fui
el que embozado salí
anoche de su aposento[266].

MARCELA: Fue discreto pensamiento,
por no obligarse al castigo

261 Bien haya: bendito sea.

262 En la comedia de Lope *Servir a señor discreto* (de fecha cercana a *El perro...*) aparece la misma expresión, dicha por el galán don Pedro: «Bien haya / quien sirve a señor discreto» (III).

263 Es decir, Diana se comporta según su ilustre sangre le pide.

264 Hablaba en mí: hablaba de mí (según el régimen preposicional ordinario en la época).

265 La relación amorosa considerada en los términos de una caza de cetrería era tópico literario desde la Edad Media. El *azor* es ave rapaz muy estimada en la caza cetrera. En esta metáfora concurre el nombre de la Condesa: en efecto, Diana era diosa de la caza.

266 Sobe el uso de *aposento,* ver nota al v. 250.

de saber que hablé contigo[267],
si no lo es el casamiento[268];
que el castigo más piadoso
de dos que se quieren bien
es casarlos.

TEODORO: Dices bien,
y el remedio más honroso.

MARCELA: ¿Querrás tú?

TEODORO: Seré dichoso.

MARCELA: Confírmalo.

TEODORO: Con los brazos,
que son los rasgos y lazos
de la pluma del amor;
pues no hay rúbrica mejor
que la que firman los brazos[269].

(Sale la CONDESA.*)*

DIANA: Esto se ha enmendado bien;
agora estoy muy contenta,
que siempre a quien reprehende
da gran gusto ver la enmienda.
No os turbéis, ni os alteréis[270].

TEODORO: Dije, señora, a Marcela

---

267 «Para no obligarse a imponernos un castigo por haber sabido que hablé contigo». Es decir, Diana ha preferido callar el asunto ante Teodoro para no tener que intervenir y castigar.

268 «Si es que el casamiento no es el castigo».

269 En un documento, después de la firma (el nombre) se coloca la *rúbrica,* que tiene *rasgos* distintos en cada persona. Teodoro cita oportunamente el tipo de rúbrica en *lazo,* ya que los dos amantes se enlazan en un abrazo para rubricar (con *la pluma del amor*) las palabras de matrimonio que acaban de concertar. Por supuesto, el oficio de secretario propicia que Teodoro emplee este tipo de imágenes.

270 Al sorprender a la pareja abrazándose, todo este parlamento de Diana se llena de malhumorada ironía.

que anoche salí de aquí[271]
con tanto disgusto y pena
de que vuestra señoría
imaginase en su ofensa
este pensamiento honesto
para casarme con ella,
que me he pensado morir;
y dándome por respuesta[272]
que mostrabas en casarnos
tu piedad y tu grandeza,
dile mis brazos[273]; y advierte
que si mentirte quisiera
no me faltara un engaño.
Pero no hay cosa que venza
como decir la verdad
a una persona discreta[274].

DIANA: Teodoro, justo castigo
la deslealtad mereciera
de haber perdido el respeto
a mi casa[275]; y la nobleza
que usé anoche con los dos
no es justo que parte sea

271 Se refiere a la huida nocturna con que comienza la obra. Como Teodoro ya sabe, por Marcela, que la Condesa está enterada de todo, no teme hacer alusión al episodio. Y lo hace para disculparse y para expresar que no quiso ofender a su señora.

272 «Dándome Marcela por respuesta».

273 «Le di mis brazos», «la abracé». Con pronombre enclítico.

274 Toda esta justificación de Teodoro viene por haber sorprendido Diana el abrazo de la pareja.

275 «La deslealtad de haber perdido el respeto a mi casa merecería justo castigo» (hipérbaton). A pesar de su perdón, Diana insiste en la gravedad de los hechos protagonizados por su secretario la noche anterior (y otras noches).

a que os atreváis ansí[276];
que en llegando a desvergüenza
el amor, no hay privilegio
que el castigo le defienda[277].
Mientras no os casáis los dos,
mejor estará Marcela
cerrada en un aposento,
que no quiero yo que os vean
juntos las demás crïadas
y que por ejemplo os tengan
para casárseme todas.
¡Dorotea! ¡Ah, Dorotea!

(*Sale* DOROTEA.)

DOROTEA: Señora...
DIANA: Toma esta llave
y en mi propia cuadra[278] encierra
a Marcela, que estos días
podrá hacer labor[279] en ella.
No diréis que esto es enojo[280].
DOROTEA: ¿Qué es esto, Marcela?
MARCELA: Fuerza
de un poderoso tirano
y una rigurosa estrella[281].

276 «La generosidad (*nobleza*) que tuve anoche con vosotros (aceptando vuestra unión) no es justo que dé ocasión (*parte sea*) a que penséis que os podéis comportar con este atrevimiento» (el atrevimiento del abrazo).
277 «Cuando el amor se convierte en desvergüenza, no existe privilegio que proteja del castigo».
278 **Cuadra:** habitación espaciosa con forma cuadrada.
279 Se entiende «labor de aguja».
280 Lo que viene a decir Diana, con cierta ironía, es que si de verdad estuviera enojada el castigo sería mucho más grande.
281 La fuerza que ejercen el Amor y (quizá) el Destino.

Enciérrame por Teodoro[282].
DOROTEA: Cárcel aquí no la temas,
que para puertas de celos
tiene amor llave maestra[283].

(Váyanse las dos. Queden la CONDESA *y* TEODORO.*)*

DIANA: En fin, Teodoro, ¿tú quieres
casarte?
TEODORO: Yo no quisiera
hacer cosa sin tu gusto;
y créeme que mi ofensa
no es tanta como te han dicho,
que bien sabes que con lengua
de escorpión pintan la envidia[284],
y que si Ovidio supiera
qué era servir[285], no en los campos,
no en las montañas desiertas
pintara[286] su escura casa,
que aquí habita y aquí reina[287].
DIANA: Luego ¿no es verdad que quieres
a Marcela?

282 «Diana me encierra por causa de Teodoro».

283 «El amor abre siempre las puertas cerradas por los celos».

284 «Porque la envidia lanza el veneno de la maledicencia». En realidad, es la serpiente el animal que se asocia con la envidia.

285 Servir: aquí con el significado simple de «prestar servicios en una casa».

286 Pintara: describiera. *Pintar* por *describir* es uso corriente en la época.

287 Teodoro se queja de la envidia que se suscita entre los servidores de una casa. «Si Ovidio hubiera sabido lo que es vivir entre servidores no habría situado la casa oscura de la Envidia en un rincón apartado del mundo, sino en esta misma casa». Ovidio escribe sobre la Envidia en el libro II de su *Metamorfosis:* tiene la mirada torcida y alimenta el veneno de su lengua comiendo carne de víbora. Y, como dice Teodoro, su casa, húmeda y lóbrega, está en un valle remoto e inaccesible.

TEODORO: Bien pudiera
vivir sin Marcela yo.
DIANA: Pues díceme[288] que por ella
pierdes el seso.
TEODORO: Es tan poco
que no es mucho que le pierda[289].
Mas crea vusiñoría
que aunque Marcela merezca
esas finezas[290] en mí,
no ha habido tantas finezas.
DIANA: Pues ¿no le has dicho requiebros
tales que engañar pudieran
a mujer de más valor?
TEODORO: Las palabras poco cuestan.
DIANA: ¿Qué le has dicho, por mi vida?
¿Cómo, Teodoro, requiebran
los hombres a las mujeres[291]?
TEODORO: Como quien ama y quien ruega:
vistiendo de mil mentiras
una verdad; y esa, apenas.
DIANA: Sí, pero ¿con qué palabras?
TEODORO: Extrañamente me aprieta
vuseñoría: «Esos ojos»,
le dije, «esas niñas[292] bellas,

---

288 Díceme: me dice (Marcela).

289 «Es tan poco el seso que tengo que no hay que extrañarse de que lo pierda».

290 Finezas: bellas palabras amorosas, requiebros.

291 Sin duda, Diana ha tenido que escuchar los requiebros que sus dos pretendientes principales, el Marqués y el Conde Federico, le han dirigido. De modo que estas palabras revelan un deseo de la Condesa de oír palabras de amor en boca de Teodoro, hasta ahora un mero profesional al servicio de la casa.

292 Niñas: pupilas del ojo.

son luz con que ven los míos»,
y «los corales y perlas
de esa boca celestial...».
DIANA: ¿Celestial?
TEODORO: Cosas como estas
son la cartilla[293], señora,
de quien ama y quien desea.
DIANA: Mal gusto tienes, Teodoro;
no te espantes de que pierdas
hoy el crédito conmigo[294],
porque sé yo que en Marcela
hay más defectos que gracias,
como la miro más cerca[295].
Sin esto[296], porque no es limpia
no tengo pocas pendencias
con ella[297].... Pero no quiero
desenamorarte de ella,
que bien pudiera decirte
cosas; pero aquí se quedan
sus gracias o sus desgracias,
que yo quiero que la quieras
y que os caséis en buen hora.
Mas, pues de amador te precias,
dame consejo, Teodoro,

293 **Cartilla:** el abecé; aquí, lo más básico de una ciencia. En efecto, Teodoro ha expresado varios tópicos, aprendidos en la poesía petrarquista, que eran materia común entre poetas y amadores para requebrar a la dama.

294 «No te asombres de que pierdas hoy la alta consideración que te tengo».

295 «Porque la tengo más cerca». Como Marcela es camarera de Diana, esta la tiene muy cerca y puede saber sus defectos.

296 **Sin esto:** además de esto.

297 Diana intenta desacreditar a Marcela, su rival. Es una antigua estrategia entre amadores.

¡ansí a Marcela poseas[298]!,
para aquella amiga mía,
que ha días[299] que no sosiega
de amores de un hombre humilde,
porque si en quererle piensa,
ofende su autoridad,
y si de quererle deja,
pierde el jüicio de celos,
que el hombre, que no sospecha
tanto amor, anda cobarde[300],
aunque es discreto, con ella.

TEODORO: Yo, señora, ¿sé de amor?
No sé, por Dios, cómo pueda
aconsejarte.

DIANA: ¿No quieres,
como dices, a Marcela?
¿No le has dicho esos requiebros?
Tuvieran lengua las puertas,
que ellas dijeran[301]...

TEODORO No hay cosa
que decir las puertas puedan.

DIANA: Ea, que ya te sonrojas,
y lo que niega la lengua
confiesas con las colores.

TEODORO: Si ella te lo ha dicho, es necia;
una mano le tomé,

298 Expresión desiderativa, pero dicha, probablemente, con cierto desdén.
299 Ha días: hace días.
300 Cobarde: tímido, retraído.
301 «Si las puertas tuvieran lengua, dirían...».

y no me quedé con ella,
que luego se la volví;
no sé yo de qué se queja.

DIANA: Sí, pero hay manos que son
como la paz de la iglesia,
que siempre vuelven besadas[302].

TEODORO: Es necísima Marcela;
es verdad que me atreví,
pero con mucha vergüenza[303],
a que templase la boca
con nieve y con azucenas[304]...

DIANA: ¿Con azucenas y nieve?
Huelgo[305] de saber que tiempla
ese emplasto[306] el corazón.
Ahora bien, ¿qué me aconsejas?

TEODORO: Que si esa dama que dices
hombre tan bajo desea,
y de quererle resulta
a su honor tanta bajeza,
haga que con un engaño,
sin que la conozca, pueda
gozarle[307].

---

302 Se refiere al portapaz, objeto litúrgico de metal labrado que representaba, a manera de pequeño retablo en relieve, alguna escena piadosa (sobre todo, la Natividad y la Pasión). Instaurado en el siglo XVI, el oficiante lo hacía circular entre los fieles durante el rito de la paz que precedía a la comunión. Después de besado, volvía al oficiante.

303 Ante Diana, le interesa a Teodoro mostrar tibieza en lo que respecta a su relación con Marcela.

304 «A que se templase el ardor de mis labios con nieve y azucenas» (alude a la blancura de la mano de Marcela, besada por el galán).

305 **Huelgo:** me alegro.

306 **Emplasto:** preparado farmacéutico para colocar en la parte dañada del cuerpo.

307 **Gozarle:** poseerlo. Lope habría leído historias, en narradores italianos, que mostraban a personajes que accedían a la unión carnal suplantando la identidad de otra persona.

DIANA: Queda el peligro
de presumir que lo entienda[308].
¿No será mejor matarle?
TEODORO: De Marco Aurelio se cuenta
que dio a su mujer Faustina,
para quitarle la pena,
sangre de un esgrimidor[309];
pero estas romanas pruebas
son buenas entre gentiles[310].
DIANA: Bien dices, que no hay Lucrecias
ni Torcatos ni Virginios[311]
en esta edad[312], y en aquella
hubo Faustinas, Teodoro,
Mesalinas y Popeas[313].
Escríbeme algún papel
que a este propósito sea,
y queda con Dios. ¡Ay, Dios!

(Caiga.)

308 «Sospechar que se dé cuenta».

309 Faustina, esposa del emperador Marco Aurelio, se enamoró de un gladiador. Esta pasión ponía en peligro su vida. Los médicos descubrieron la causa de su decaimiento y aconsejaron a su marido que mandase matar al *esgrimidor* y diese a beber la sangre a su esposa. Así se hizo y Faustina quedó libre de su *pena* amorosa. Es vieja leyenda que Lope leyó en la *Silva de varia lección*, de Pedro Mexía (s. XVI).

310 Gentiles: paganos. Teodoro rechaza, en defensa propia, estos violentos métodos entre cristianos.

311 Diana cita a personajes de la Antigüedad que se hicieron célebres por comportamientos considerados entonces virtuosos o rectos. Lucrecia, no soportando la deshonra de su violación, se suicidó. Torcuato dictó una ley prohibiendo los desafíos entre sus hombres; su hijo la incumplió y mandó matarlo. El centurión Lucio Virginio mató a su hija para impedir que cayera en manos del pérfido Apio Claudio.

312 Edad: época.

313 Las tres mujeres de la Antigüedad son citadas como ejemplos de comportamientos lascivos y deshonestos. Mesalina, esposa de Claudio, fue célebre por su promiscuidad. Popea, amante de Nerón consiguió que el emperador mandase matar a su propia madre y repudiase a su esposa.

¡Caí! ¿Qué me miras? ¡Llega[314],
dame la mano!

TEODORO: El respeto
me detuvo de ofrecella.

DIANA: ¡Qué graciosa grosería
que con la capa la ofrezcas!

TEODORO: Así, cuando vas a misa,
te la da Otavio[315].

DIANA: Es aquella
mano que yo no le pido[316],
y debe de haber setenta
años que fue mano, y viene
amortajada por muerta[317].
Aguardar quien ha caído
a que se vista de seda
es como ponerse un jaco
quien ve al amigo en pendencia,
que, mientras baja, le han muerto[318].
Demás[319] que no es bien que tenga
nadie por más cortesía,
aunque melindres[320] lo aprueban,
que una mano, si es honrada,

314 «¿Por qué me miras? Acércate».

315 Los hombres del servicio no tenían contacto físico con la señora. De ahí que Teodoro, por *respeto*, dé la mano a Diana envuelta en su capa. Dar la mano desnuda podía tener el simbolismo de un compromiso afectivo.

316 «Aquella es mano que yo no le pido».

317 Burla sobre la vejez de Otavio. La mano de este, ya muerta por vieja, va amortajada en la capa cuando se la ofrece a Diana.

318 Diana dice que en ocasiones de urgencia hay que actuar con rapidez, sin reparar el servidor en si lleva la mano cubierta o no. *Jaco:* «cota de malla» o «vestido de tela gruesa y tosca que, ceñido al cuerpo, usaban los soldados».

319 **Demás:** además, fuera de que.

320 **Melindres:** afectaciones artificiosas e inútiles.

traiga la cara cubierta.
TEODORO: Quiero estimar la merced
que me has hecho[321].
DIANA: Cuando seas
escudero[322] la darás
en el ferreruelo[323] envuelta,
que agora eres secretario,
con que te he dicho que tengas
secreta aquesta caída,
si levantarte deseas[324].

(Váyase.)

TEODORO: ¿Puedo creer que aquesto es verdad? Puedo,
si miro que es mujer Dïana hermosa[325].
Pidió mi mano[326], y la color de rosa,
al dársela, robó del rostro el miedo[327].
Tembló, yo lo sentí; dudoso quedo.
¿Qué haré? Seguir mi suerte venturosa,
si bien, por ser la empresa tan dudosa,

321 Teodoro considera las palabras de Diana una muestra de confianza, pues la Condesa le permite darle la mano sin cubrir, sin esperar a vestirla *de seda*, ya que la intención de ayudar *es honrada*.

322 Escudero: servidor de edad madura, (por lo común, era un hidalgo sin recursos).

323 Ferreruelo: herreruelo, tipo de capa corta con cuello y sin capilla.

324 «Ahora eres *secretario*, y con esta palabra ya te he dicho que debes mantener *secreta* esta caída, si quieres subir de rango». Hay doble juego de palabras: *secretario-secreto, caída-levantarte.* El episodio de la fingida caída de la Condesa tiene una interpretación simbólica. Diana ha caído físicamente, pero también ha caído rendida al amor y ha caído respecto de *quien es*.

325 «Si considero que Diana es mujer hermosa».

326 Este *pidió mi mano* y el anterior *dame la mano* (v. 1145) facilitan en el espectador una interpretación simbólica de unión amorosa.

327 «Al darle la mano, el color de la rosa («rubor»; entiéndase que la rosa es roja) ha quitado de su rostro el color pálido» (*miedo*). Diana se ha ruborizado al tomar la mano de Teodoro. No hace falta insistir en el componente erótico que tiene la mano desnuda.

niego al temor lo que al valor concedo[328].
   Mas dejar a Marcela es caso injusto,
que las mujeres no es razón que esperen
de nuestra obligación tanto disgusto.
   Pero si ellas nos dejan cuando quieren
por cualquiera interés o nuevo gusto,
mueran también como los hombres mueren[329].

328 «Dejarme llevar por la ocasión que se me presenta, y por ser arriesgada la empresa, elimino temores y antepongo el valor».

329 Entiéndase: «mueran de amor», motivo tópico de la literatura amatoria aplicado a los enamorados que sufren. El cuarto soneto de la obra es una pausa dramática tras el incidente que acaba de ocurrir. Es una reflexión de Teodoro sobre el estado de la cuestión amorosa que se dilucida entre la Condesa, él y Marcela. Pero, a la vez, anuncia acciones: Teodoro luchará por Diana.

ACTO SEGUNDO

(Salen el conde Federico *y* Leonido, *criado.)*

Federico: ¿Aquí la viste[1]?
Leonido: Aquí entró,
como el alba por un prado
que a su tapete bordado
la primera luz le dio;
y según la devoción,
no pienso que tardarán,
que conozco al capellán
y es más breve que es razón[2].
Federico: ¡Ay, si la pudiese hablar[3]!
Leonido: Siendo tú su primo, es cosa

1 La acción transcurre en la calle. Los propios personajes se encargan de informar al espectador: están esperando la salida de la misa a la que ha acudido Diana.

2 El sacerdote realiza los oficios religiosos con más rapidez de la debida.

3 «Le pudiese hablar». Laísmo. Hay varios casos en la obra.

acompañarla forzosa.

FEDERICO: El pretenderme casar
ha hecho ya sospechoso
mi parentesco, Leonido,
que antes de haberla querido
nunca estuve temeroso.
Verás que un hombre visita
una dama libremente,
por conocido o pariente[4],
mientras no la solicita;
pero en llegando a querella,
aunque de todos se guarde,
menos entra, y más cobarde,
y apenas habla con ella[5].
Tal me ha sucedido a mí
con mi prima la Condesa;
tanto, que de amar me pesa,
pues lo más del bien perdí,
pues me estaba mejor vella
tan libre como solía[6].

(Sale el marqués RICARDO *y* CELIO[7]*.)*

CELIO: A pie digo que salía[8],
y alguna gente con ella.

---

4 «Por ser conocido o pariente».

5 El conde Federico es primo de la Condesa. Este parentesco autoriza a acompañarla y a hablar libremente con ella sin temer murmuraciones. Pero desde que el Conde pretende a su prima, desde que está enamorado, el parentesco se ha vuelto sospechoso. Ahora Federico se ha llenado de temores y se muestra retraído (*cobarde*) con Diana, va menos a su casa y habla menos con ella que cuando no mediaba el amor y se relacionaban familiarmente.

6 «Me pesa amarla, pues ahora he perdido la libertad de visitarla y verla libremente como antes».

7 Pero se quedan lejos del Conde y Leonido.

8 «Salía de casa».

RICARDO: Por estar la iglesia enfrente
y por preciarse del talle,
ha querido honrar la calle[9].
CELIO: ¿No has visto por el oriente
salir, serena mañana,
el sol con mil rayos de oro,
cuando dora el blanco toro
que pace campos de grana[10]
—que así llamaba un poeta
los primeros arreboles—?
Pues tal salió con dos soles,
más hermosa y más perfecta[11],
la bellísima Dïana,
la condesa de Belflor[12].
RICARDO: Mi amor te ha vuelto pintor[13]
de tan serena mañana;
y hácesla sol con razón,
porque el sol, en sus caminos,
va pasando varios signos[14]

9 Diana ha ido a pie a la iglesia porque está cerca, pero también porque es consciente de su hermosa figura y sabe que despertará admiración caminando por la calle.

10 La belleza que mostraba Diana al salir de su casa es descrita por Celio en los términos de un amanecer mitológico y astrológico, que imita, en su estilo, el comienzo de la *Soledad Primera* de Góngora. Este poema se dio a conocer en 1613 y es una muestra perfecta del nuevo estilo del autor cordobés, mezcla de belleza, erudición y cultura. *El blanco toro* es Zeus en la forma fingida que adoptó para raptar a la princesa Europa. Es la constelación de Tauro que el sol atraviesa (*dora*) entre abril y mayo. *Pace campos de grana* («los rayos de sol devoran el arrebol de la aurora»: sale el sol) es correlato del «pace estrellas» del poema gongorino.

11 Perfecta: así en la primera edición. Pero ha de pronunciarse sin el grupo consonántico, para rimar con *poeta*. En el verso 1237 sucede lo mismo con *signos*, que rima con *caminos*.

12 La belleza de la salida del sol una mañana de abril es la belleza de Diana saliendo de su casa; pero esta última es más perfecta aun, porque Diana sale con *dos* soles: sus dos ojos.

13 Pintor: descriptor.

14 Signos: signos del Zodíaco; El sol, en su recorrido astral de un año, va pasando por las distintas constelaciones.

que sus pretendientes son.
Mira que allí Federico
aguarda sus rayos de oro[15].

CELIO: ¿Cuál de los dos será el Toro
a quien hoy al sol aplico[16]?

RICARDO: Él, por primera afición,
aunque del nombre se guarde,
que yo, por entrar más tarde,
seré el signo del León[17].

FEDERICO: ¿Es aquel Ricardo?

LEONIDO: Él es.

FEDERICO: Fuera maravilla rara
que de este puesto faltara[18].

LEONIDO: ¡Gallardo viene el Marqués!

FEDERICO: No pudieras decir más
si tú fueras el celoso.

LEONIDO: ¿Celos tienes?

FEDERICO: ¿No es forzoso?
De alabarle me los das[19].

LEONIDO: Si a nadie quiere Dïana,
¿de qué los puedes tener?

Cada pretendiente será un *signo* por el que pasa el sol-Diana.

15 En escena están Federico y Leonido, por una parte, y Ricardo y Celio, por otra. Convencionalmente, es ahora (y en el verso 1247) cuando se ven.

16 Toro: Tauro. «¿Quién de los dos será el Tauro por el que hoy pasará el sol?»; es decir, ¿a quién favorecerá hoy la Condesa con su mirada? Así interpreta Ricardo, en su respuesta, la pregunta del criado. Pero cabe la interpretación de que el criado, maliciosamente, se pregunte quién será hoy el engañado (toro).

17 «Federico, por haberse enamorado antes (*primera afición*), será Tauro (aunque en cuestiones amorosas debe llevar cuidado con ese nombre que evoca cornamenta). Yo, que me enamoré después, seré Leo». El sol pasa antes por la constelación de Tauro (abril-mayo) que por la de Leo (julio-agosto).

18 «Raro sería que faltara Ricardo en este sitio» (la puerta de la iglesia, esperando la salida de misa de Diana).

19 «Me das celos alabando al Marqués».

FEDERICO: De que le puede querer,
que es mujer.
LEONIDO: Sí, mas tan vana,
tan altiva y desdeñosa,
que a todos os asegura[20].
FEDERICO: Es soberbia la hermosura.
LEONIDO: No hay ingratitud hermosa.
CELIO: Dïana sale, señor.
RICARDO: Pues tendrá mi noche día[21].
CELIO: ¿Hablarasla[22]?
RICARDO: Eso querría,
si quiere el competidor.

(Salen OTAVIO, FABIO, TEODORO, *la* CONDESA *y, detrás,* MARCELA, DOROTEA, ANARDA, *con mantos*[23]. *Llegue el* CONDE *por un lado.)*

FEDERICO: Aquí aguardaba con deseo de veros.
DIANA: Señor Conde, seáis muy bien hallado.
RICARDO: Y yo, señora, con el mismo[24] agora
a acompañaros vengo y a serviros.
DIANA: Señor Marqués, ¿qué dicha es esta mía?

¿Tanta merced?
RICARDO: Bien debe a mi deseo

20 «Siendo tan altiva y desdeñosa, a todos los pretendientes os da seguridad Diana de que no amará a ninguno». Por tanto, no hay lugar para celos.

21 Se repite el tópico de la dama-sol. Con su llegada se hace *día* («alegría») la *noche* («desesperanza», «tristeza») en que está sumido el enamorado que no es correspondido.

22 ¿Hablarasla?: ¿le hablarás? (laísmo).

23 A las seis personas que acompañan a la Condesa se refería Celio en el verso 1218. *Mantos:* «prenda usada por las mujeres cuando salían de casa. Cubría la cabeza y la espalda, hasta la cintura».

24 «Con el mismo deseo», palabra que acaba de pronunciar el Conde y no repite el Marqués.

vuseñoría este cuidado[25].

FEDERICO: *(Aparte.)* Creo
que no soy bien mirado y admitido.

LEONIDO: Háblala, no te turbes.

FEDERICO: ¡Ay, Leonido!
Quien sabe que no gustan de escuchalle,
¿de qué te admiras que se turbe y calle?

(Todos se entren por la otra puerta[26], acompañando a la CONDESA, *y quede allí* TEODORO.*)*

TEODORO: Nuevo pensamiento mío,
desvanecido[27] en el viento,

---

25 Cuidado: aquí, afán.

26 Abandonan la escena. Pero quizá la acotación quiera hacer ver que han llegado a palacio.

27 Desvanecido: ensoberbecido, envanecido.

que, con ser mi pensamiento,
de veros volar me río;
parad, detened el brío,
que os detengo y os provoco[28],
porque, si el intento es loco,
de los dos lo mismo escucho[29],
aunque donde el premio es mucho
el atrevimiento es poco.
   Y si por disculpa dais

---

28 Después de lo ocurrido al final del acto I, estimulado por la cercanía y las palabras de Diana, el pensamiento del secretario ha echado a volar, llevado por un viento de vanidad (*desvanecido en el viento*), pues cree posible alcanzar a la Condesa. Tan vanidoso es ese pensamiento que a Teodoro le parece risible (*de veros volar me río*) a pesar de ser suyo (*con ser mi pensamiento*), y lo insta (*os provoco*) a detener su ímpetu (*parad, detened el brío*). Se trata de un desdoblamiento íntimo y reflexivo de Teodoro, con uso de la primera y la segunda personas.

29 «Aunque el intento es una locura, de mi pensamiento y de mí (de los dos) escucho lo mismo». Los dos tienden hacia ese *intento loco* de alcanzar a Diana.

que es infinito el que espero[30],
averigüemos primero,
pensamiento, en qué os fundáis.
¿Vos a quien servís amáis?
Diréis que ocasión tenéis
si a vuestros ojos creéis[31].
Pues, pensamiento, decildes[32]
que sobre pajas humildes
torres de diamante hacéis[33].
   Si no me sucede bien[34],
quiero culparos a vos,
mas teniéndola los dos[35],
no es justo que culpa os den,
que podréis decir también,
cuando del alma os levanto
y de la altura me espanto
donde el amor os subió,
que el estar tan bajo yo
os hace a vos subir tanto[36].
   Cuando algún hombre ofendido
al que le ofende defiende,

30 «Si la disculpa que dais para volar tan alto es que el premio que espero es infinito».
31 «Diréis que razón tenéis en amar a Diana, porque vuestros ojos han comprobado su belleza».
32 **Decildes:** decidles (a los ojos). Metátesis frecuente en la lengua de la época.
33 «Sobre débiles asientos torres hacéis». Alude a la improbabilidad de alcanzar a Diana. Pero muestra la dicotomía humilde-encumbrado, bajo-alto, Teodoro-Diana.
34 «Si no tengo éxito».
35 «Teniendo culpa los dos» (tú, pensamiento, y yo). Anticipación del pronombre *la* referido a la *culpa*.
36 La posibilidad de conseguir el amor de Diana ha hecho concebir altas expectativas al pensamiento de Teodoro. El servidor, siendo hombre de bajo estado, se espanta de esa elevación de su pensamiento. ¿Quién tiene la culpa de que se haya generado tan gran esperanza? El pensamiento podrá decir que no es culpable, porque, al ser Teodoro un hombre tan bajo, era fácil elevarse en las aspiraciones.

que dio la ocasión se entiende
del daño que os ha venido[37];
sed en buen hora atrevido,
que aunque los dos nos perdamos,
esta disculpa llevamos:
que vos os perdéis por mí
y que yo tras vos me fui
sin saber adónde vamos.
Id en buen hora, aunque os den
mil muertes por atrevido,
que no se llama perdido
el que se pierde tan bien.
Como otros dan parabién
de lo que hallan, estoy tal
que, de perdición, igual
os le doy, porque es perderse
tan bien, que puede tenerse
envidia del mismo mal[38].

TRISTÁN[39]: Si en tantas lamentaciones
cabe un papel de Marcela,

37 *Os* se refiere al *pensamiento*. Primero Teodoro dice que si fracasa en su intento amoroso culpará al pensamiento por haberse elevado tanto (*quiero culparos a vos*). Pero enseguida lo defiende (*no es justo que culpa os den*). Y finalmente explica que si un hombre ofendido, como él, defiende a su ofensor (el pensamiento que lo elevó a imposibles y frustradas ilusiones) es que ese hombre (él mismo) dio motivo para el *daño* que recibe el pensamiento (el daño de ser culpado). En el verso 1315 vuelve Teodoro a exculpar a su pensamiento: «vos os perdéis por mí». Teodoro y su pensamiento están, en el monólogo, inextricablemente unidos. No se entiende que algunas ediciones modernas coloquen puntuación fuerte (ausente en las ediciones de 1618) tras el verso 1310, pues se genera un sinsentido antes y después de tal verso.

38 Algunos dan felicitaciones (*parabién*) de lo que otros se encuentran. Teodoro, en su situación, da la felicitación a su pensamiento por lo que se pueda perder, porque aunque no consiga el amor de Diana, habrá experimentado la ilusión del logro amoroso que le trae su pensamiento. De modo que incluso ese mal final sería dulce y envidiable por haber vivido la experiencia.

39 No hay acotación de entrada para Tristán, pero es indudable, por su parlamento, que ha escuchado el monólogo de Teodoro.

que contigo se consuela
de sus pasadas prisiones,
bien te le daré sin porte,
porque a quien no ha menester
nadie le procura ver,
a la usanza de la corte[40].
Cuando está en alto lugar
un hombre —¡y qué bien lo imitas!—,
¡qué le vienen de visitas
a molestar y a enfadar[41]!
Pero si mudó de estado,
como es la fortuna incierta[42],
todos huyen de su puerta
como si fuese apestado[43].
¿Parécete que lavemos
en vinagre este papel[44]?

TEODORO: Contigo, necio, y con él
entrambas cosas tenemos[45].
Muestra, que vendrá lavado
si en tus manos ha venido[46].

40 «Si en medio de tus lamentaciones aceptas un mensaje de Marcela, que, escribiéndote, se consuela del encierro que está pasando, te lo daré sin que me pagues el porte, porque veo que, como es costumbre en la corte, nadie tiene deseos de ver a aquel de quien no se tiene necesidad (*no ha menester*)». Tristán, después de haber oído a su amo, se da cuenta de que este no tiene ganas de recibir mensajes de Marcela, a quien ya ha postergado. De ahí que, bromeando, el criado diga que le entregará gratis el papel (pues en la época era el receptor quien pagaba el gasto del correo).

41 «¡Cuántas visitas le vienen a molestar y a disgustar!».

42 «Porque la fortuna es incierta».

43 Es idea vulgarizada. Ovidio la hizo célebre: «Mientras te veas favorecido por la fortuna, contarás con numerosos amigos; pero si los tiempos se tornan sombríos, te quedarás solo» (*Tristes*, I, 9).

44 «¿Quieres que desinfectemos con vinagre el papel?». Marcela, que ha caído en desgracia ante Teodoro, es ese *apestado* del que habla Tristán. De ahí la jocosa pregunta del criado.

45 «Contigo, que eres el vinagre, y con el papel (la peste), ya tenemos las dos (*entrambas*) cosas».

46 «Muéstrame el papel que, si lo has traído tú, seguro que viene lavado ya». *Vinagre* es una persona de trato

(Lea.)

«A Teodoro, mi marido».
¿Marido? ¡Qué necio enfado!
¡Qué necia cosa!

TRISTÁN: Es muy necia.

TEODORO: Pregúntale a mi ventura
si, subida a tanta altura,
esas mariposas precia.

TRISTÁN: Léele, por vida mía,
aunque ya estés tan divino[47],
que no se desprecia el vino
de[48] los mosquitos que cría;
que yo sé cuando Marcela,
que llamas ya mariposa,
era águila caudalosa[49].

TEODORO: El pensamiento, que vuela
a los mismos cercos de oro
del sol, tan baja la mira
que aun de que la ve se admira[50].

TRISTÁN: Hablas con justo decoro[51].
Mas ¿qué haremos del papel?

TEODORO: Esto.

desagradable. Como el papel ha venido en las manos de Tristán, quien, según Teodoro, es *vinagre*, vendrá ya *lavado*. Otra interpretación apunta a *vinagre*-«borracho».

47 Burla de Tristán. Se ha elevado tanto Teodoro que ya está «encumbrado» como un dios.

48 De: por.

49 Águila caudalosa: águila real, símbolo de poderío. «Recuerdo cuando a Marcela, ahora mariposa, la considerabas águila real».

50 De nuevo, alusión indirecta a Ícaro. Teodoro se eleva hasta el resplandor de Diana-sol (*cercos de oro*). Desde allí, Marcela es una insignificante mariposa, casi invisible.

51 Tristán habla con ironía.

TRISTÁN: ¿Rasgástele?
TEODORO: Sí.
TRISTÁN: ¿Por qué, señor?
TEODORO: Porque ansí
respondí más presto[52] a él.
TRISTÁN: Ese es injusto rigor.
TEODORO: Ya soy otro[53], no te espantes.
TRISTÁN: ¡Basta, que sois los amantes
boticarios del amor,
que, como ellos las recetas,
vais ensartando papeles[54]!
«Récipe[55] celos crüeles»:
agua de azules violetas[56].
«Récipe un desdén extraño»:
sirupi del *borrajorum*
con que la sangre *templorum*
para asegurar el daño[57].
«Récipe ausencia»: tomad
un emplasto para el pecho;

52 «Porque así respondo más rápidamente (*presto*) a lo que dice».
53 Compárese esta declaración de Teodoro con esta otra de Diana: «no puedo dejar de ser / quien soy» (vv. 303-304). Desde su baja posición, el secretario siente que puede moverse con más libertad dentro de la escala moral y social. De ahí las razones que, en cuanto a lo segundo, atribuye a su pensamiento en los versos 1306-1307.
54 Se refiere a las idas y venidas de billetes amorosos entre enamorados. A partir de aquí, Tristán ensarta una serie de términos en latín macarrónico que tienen que ver con las distintas fases o circunstancias por las que atraviesa quien se entrega al amor: celos, desdén, ausencia, matrimonio, dispendios. Tras cada uno de los «diagnósticos» se propone, a la manera médica, un remedio. Todo burlesco, por supuesto.
55 Récipe: imperativo singular del verbo latino «recipere»: «toma», «recibe». Es la palabra con que el médico encabezaba la receta. En general, un *récipe* es una «receta médica», pero aquí tiene el valor de «desazón».
56 Azules violetas: porque en el simbolismo de los colores el azul se asociaba a los celos.
57 *Sirupi* del *borrajorum*: preparado bebible hecho de borrajas (en latín cómico), agua de borrajas. De la borraja escribía el médico Andrés Laguna (en las anotaciones a Dioscórides, s. XVI): «Tiene gran eficacia en purgar el humor melancólico (...) y alegrar el ánimo aflicto y atribulado». Tristán lo reduce a templar (*templorum*) la sangre. *Asegurar*: «curar».

que os hiciera más provecho
estaros en la ciudad[58].
«Récipe de matrimonio»:
allí es menester jarabes
y, tras diez días süaves,
purgalle con entimonio[59].
«Récipe *signus celeste*
que *Capricornius dicetur*»:
ese enfermo *morïetur*,
si no es que paciencia preste[60].
«Récipe que de una tienda
joya o vestido *sacabis*»:
con tabletas *confortabis*
la bolsa que tal emprenda[61].
A esta traza, finalmente,
van todo el año ensartando.
Llega la paga: en pagando,
o viva o muera el doliente,
se rasga todo papel;
tú la cuenta has acabado
y el de Marcela has rasgado
sin saber lo que hay en él[62].

58 Precisamente para evitar la ausencia.

59 El matrimonio solo tiene diez días dulces. Después, el enamorado necesita, para sobrellevarlo, el laxante de las purgas con «antimonio» (metal que, reducido a polvo, fue muy usado como purgante en siglos pasados).

60 Si el paciente-enamorado pertenece al signo llamado (*dicetur*) Capricornio («cornudo»), no hay remedio médico: se ha de morir; a no ser que lleve su mal con paciencia.

61 Para el mal de los dispendios (comprar joyas y vestidos) se prescribe el remedio de aliviar o reconfortar con monedas (*tabletas*) la bolsa del que ha de pagar. Se juega con el doble sentido de *tabletas*.

62 De esta manera (*a esta traza*), los boticarios se pasan el año ensartando recetas, y cuando llega la paga las rompen todas, esté vivo o muerto el enfermo. Sin embargo, Teodoro ha saldado su cuenta con Marcela sin haber revisado el último papel.

TEODORO: Ya tú debes de venir
con el vino que otras veces[63].

TRISTÁN: Pienso que te desvaneces[64]
con lo que intentas subir.

TEODORO: Tristán, cuantos han nacido
su ventura han de tener[65];
no saberla conocer
es el no haberla tenido:
o morir en la porfía,
o ser conde de Belflor.

TRISTÁN: César llamaron, señor,
a aquel duque que traía
escrito por gran blasón[66]:
«César o nada»; y, en fin,
tuvo tan contrario el fin
que al fin de su pretensión
escribió una pluma airada:
«*César o nada*, dijiste,
y todo, César, lo fuiste,
pues fuiste César y nada[67]».

63 Alusión a la afición de Tristán por el vino.

64 **Desvaneces:** envaneces (como en el verso 1279).

65 A toda persona le viene alguna oportunidad venturosa en la vida.

66 **Blasón:** cada uno de los elementos que aparecen en un escudo: figuras, lemas, etc. Pero aquí también podría significar «honor».

67 Se habla de César Borgia (1475-1507), político y militar, muerto en una emboscada en Viana (Navarra). Fue hijo del papa valenciano Alejandro VI (Rodrigo de Borja). Hizo suya la frase atribuida a Julio César: «Aut Caesar aut nihil». La *pluma airada* (porque era enemigo de los Borgia y porque se expresa de forma punzante) es el escritor italiano Jacopo Sannazaro (1458-1530), de quien se traduce aquí el epigrama latino que le dedicó al personaje. *César o nada* quedó en nuestra lengua como expresión de conductas ambiciosas extremas que desprecian la medianía: «O todo o nada». Teodoro conseguirá a Diana o se perderá para siempre.

TEODORO: Pues tomo, Tristán, la empresa[68],
y haga después la fortuna
lo que quisiere.

(Salen MARCELA *y* DOROTEA.*)*

DOROTEA: Si a alguna
de tus desdichas le pesa
de todas las que servimos
a la Condesa, soy yo[69].

MARCELA: En la prisión que me dio[70]
tan justa amistad hicimos,
y yo me siento obligada
de suerte, mi Dorotea,
que no habrá amiga que sea
más de Marcela estimada.
Anarda piensa que yo
no sé como quiere a Fabio,
pues de ella nació mi agravio,
que a la Condesa contó
los amores de Teodoro[71].

DOROTEA: Teodoro está aquí.

MARCELA: ¡Mi bien!

TEODORO: Marcela, el paso detén[72].

68 Empresa: figura simbólica, divisa o lema que los caballeros ponían en su escudo. Lo que Teodoro dice es: «Tomo para mí el lema *Cesar o nada*».

69 «Si alguna de todas las que servimos a la Condesa siente pesar por tus desdichas, soy yo» (hipérbaton y anacoluto).

70 «En el encierro al que me sometió» (Diana).

71 Es decir, Anarda no debe de saber que Marcela conoce su relación con Fabio, porque ha delatado a su compañera. Si lo supiese, no lo habría hecho, pues en venganza Marcela podría haber delatado a Anarda.

72 Hay que entender el movimiento escénico. Dorotea y Marcela salen a escena hablando entre sí de la firme lealtad y amistad que se guardan y que se ha consolidado cuando Diana mandó encerrar a Marcela (las palabras de Marcela indican paso de tiempo). Por el contrario, Anarda es la «traidora». De pronto, reparan en que Teodoro se halla presente

MARCELA: ¿Cómo, mi bien, si te adoro,
cuando[73] a mis ojos te ofreces?
TEODORO: Mira lo que haces y dices,
que en palacio los tapices
han hablado algunas veces[74].
¿De qué piensas que nació
hacer figuras en ellos?
De avisar que detrás de ellos
siempre algún vivo escuchó.
Si un mudo, viendo matar
a un rey, su padre, dio voces,
figuras que no conoces
pintadas sabrán hablar[75].
MARCELA: ¿Has leído mi papel?
TEODORO: Sin leerle le he rasgado,
que estoy tan escarmentado
que rasgué mi amor con él.
MARCELA: ¿Son los pedazos aquestos[76]?
TEODORO: Sí, Marcela.
MARCELA: ¿Y ya mi amor
has rasgado?

y Marcela, atraída, corre hacia su enamorado. Este la rechaza.

73 Cuando: tiene el mismo valor que el *si* del verso anterior.

74 Es una variante de la frase proverbial «las paredes oyen», expresión que da título a una comedia de Juan Ruiz de Alarcón (1581-1639). Teodoro incidirá en la misma idea en los versos 2008-2011. Los *tapices* son paños grandes que cubren las paredes en las casas principales. En ellos se representan escenas y figuras diversas, bordadas con hilos de varios colores. Con esta alusión, el espectador imagina la riqueza del palacio de Diana, que ostenta este costoso revestimiento mural.

75 Creso, último rey de Lidia (s. VI a. C.), se enfrentó duramente a los persas. En una ocasión un soldado persa que ignoraba la identidad del rey, tuvo oportunidad de matarlo. Pero uno de los hijos de Creso, que era mudo de nacimiento, gritó al agresor para que no lo hiciera. Creso fue hecho prisionero y su hijo no volvió a hablar más. La historia la cuenta Heródoto (*Historia*, I, 85) y otros escritores la recogieron después. *Pintadas:* «representadas».

76 Marcela observa en el suelo los trozos de papel.

TEODORO: ¿No es mejor
que vernos por puntos[77] puestos
en peligros tan extraños?
Si tú de mi intento estás,
no tratemos de esto más
para excusar tantos daños[78].

MARCELA: ¿Qué dices?

TEODORO: Que estoy dispuesto
a no darle más enojos
a la Condesa.

MARCELA: En los ojos[79]
tuve muchas veces puesto
el temor de esta verdad.

---

77 **Por puntos:** continuamente, a cada paso.

78 «Si estás de acuerdo conmigo, dejemos ya este asunto para evitar (*excusar*) tantos daños».

79 «Muchas veces se me representó el temor de esta verdad». Otros editores interpretan: «En tus ojos vi muchas veces indicios de este mal».

TEODORO: Marcela, queda con Dios;
aquí acaba de los dos
el amor, no el amistad.
MARCELA: ¿Tú dices eso, Teodoro,
a Marcela?
TEODORO: Yo lo digo,
que soy de quietud amigo[80]
y de guardar el decoro
a la casa que me ha dado
el ser que tengo.
MARCELA: ¡Oye, advierte!
TEODORO: Déjame.
MARCELA: ¿De aquesta suerte
me tratas?
TEODORO: ¡Qué necio enfado!

(Váyase.)

MARCELA: ¡Ah, Tristán, Tristán!
TRISTÁN: ¿Qué quieres?
MARCELA: ¿Qué es esto?
TRISTÁN: Una mudancita;
que a las mujeres imita
Teodoro[81].
MARCELA: ¿Cuáles mujeres?
TRISTÁN: Unas de azúcar y miel[82].
MARCELA: Dile...

---

80 «Me gusta la tranquilidad».

81 La palabra «mudanza» (*mudancita,* dice sarcásticamente Tristán) era muy corriente en la expresión literaria del amor. Aludía a la tópica inconstancia de los afectos amorosos de la dama. Por eso el criado dice que Teodoro imita, en lo veleidoso, a las mujeres.

82 Quizá aluda a la facilidad con que se diluyen estas sustancias.

TRISTÁN: No me digas nada,
que soy vaina de esta espada,
nema de aqueste papel,
caja de aqueste sombrero,
fieltro de este caminante,
mudanza de este danzante,
día de este vario hebrero[83],
sombra de este cuerpo vano[84],
posta de aquesta estafeta[85],
rastro de aquesta cometa,
tempestad de este verano,
y, finalmente, yo soy
la uña de aqueste dedo,
que, en cortándome, no puedo
decir que con él estoy[86].

(Váyase.)

MARCELA: ¿Qué sientes de esto[87]?
DOROTEA: No sé,
que a hablar no me atrevo.
MARCELA: ¿No?

---

83 Vario hebrero: variable febrero (*febrero* haría un verso de nueve sílabas). Este mes tiene fama de ofrecer un clima incierto y cambiante. Tristán alude al veleidoso Teodoro, que ha cambiado de afectos.

84 Es difícil saber si Tristán quiere decir «falto de sustancia», «inconstante» o, como ya le ha censurado a su amo, «vanidoso».

85 Estafeta: ver nota al verso 493.

86 Tristán siente que es parte inseparable de su amo. Lo expresa enumerando parejas de sustantivos también inseparables. *Nema*: «selladura de una carta» (lacre, con frecuencia; pero aquí puede ser simplemente «sobre de este papel»); *fieltro*: «capa o abrigo que defiende del agua, la nieve y el mal tiempo»; *mudanza*: «los diferentes pasos y movimiento de un baile o una danza»; *posta*: «cada uno de los relevos que, de estafeta en estafeta, van acercando el correo a su destino». *Cometa*: «astro» (hoy masculino: «el cometa»). *Uña* remite a la expresión «ser uña y carne», conocida en la época.

87 «¿Qué impresión tienes de lo que ha pasado?».

Pues yo hablaré.

DOROTEA: Pues yo no.

MARCELA: Pues yo sí.

DOROTEA: Mira que fue
bueno el aviso, Marcela,
de los tapices que miras[88].

MARCELA: Amor en celosas iras
ningún peligro recela[89].
A no saber cuán altiva
es la Condesa, dijera
que Teodoro en algo espera,
porque no sin causa priva
tanto estos días Teodoro[90].

DOROTEA: Calla, que estás enojada.

MARCELA: Mas yo me veré vengada,
ni soy tan necia que ignoro
las tretas de hacer pesar[91].

(Sale FABIO.*)*

FABIO: ¿Está el secretario aquí?

MARCELA: ¿Es por burlarte de mí?

FABIO: ¡Por Dios, que le ando a buscar,
que le llama mi señora!

MARCELA: Fabio, que sea o no sea[92],
pregúntale a Dorotea

88 Es decir, que es mejor callar.

89 «Cuando el amor está airado por los celos nada teme» (quizá porque cree que no tiene nada que perder).

90 «Si no supiera lo altiva que es la Condesa, diría que Teodoro concibe alguna esperanza, porque no sin algún motivo goza últimamente de mayor privanza con Diana».

91 «De hacer daño» o «de hacer que le pese».

92 «Sea o no sea por burlarte de mí».

cuál puse a Teodoro agora.
¿No es majadero cansado[93]
este secretario nuestro?
FABIO: ¡Qué engaño tan necio el vuestro!
¿Querréis que esté deslumbrado
de lo que los dos tratáis?
¿Es concierto de los dos[94]?
MARCELA: ¿Concierto? ¡Bueno!
FABIO: Por Dios,
que pienso que me engañáis.
MARCELA: Confieso, Fabio, que oí
las locuras de Teodoro[95];
mas yo sé que a un hombre adoro
harto[96] parecido a ti.
FABIO: ¿A mí?
MARCELA: Pues ¿no te pareces
a ti?
FABIO: Pues ¿a mí, Marcela?
MARCELA: Si te hablo con cautela[97],
Fabio, si no me enloqueces,
si tu talle no me agrada,
si no soy tuya, mi Fabio,
máteme el mayor agravio,

93 Cansado: enojoso.

94 Fabio cree que las duras palabras que Marcela lanza sobre Teodoro obedecen a un engaño que han tramado los dos enamorados (*¿Es concierto de los dos?*) para confundirlo a él (*¿Querréis que esté deslumbrado / de lo que los dos tratáis?*).

95 «Confieso que presté oídos a las disparatadas palabras amorosas de Teodoro».

96 Harto: muy.

97 Cautela: engaño, falsedad.

que es el querer despreciada[98].
FABIO: Es engaño conocido[99]
o tú te quieres morir,
pues quieres restitüir
el alma que me has debido[100].
Si es burla o es invención,
¿a qué camina tu intento?
DOROTEA: Fabio, ten atrevimiento
y aprovecha la ocasión,
que hoy te ha de querer Marcela
por fuerza[101].
FABIO: Por voluntad
fuera amor, fuera verdad[102].
DOROTEA: Teodoro más alto vuela;
de Marcela se descarta.
FABIO: Marcela, a buscarle voy.
Bueno en sus desdenes soy
si amor te convierte en carta[103]:
el sobrescrito a Teodoro,
y, en su ausencia, denla a Fabio;
mas yo perdono el agravio

98 En realidad, todo lo que Marcela jura para el futuro ya está sucediendo a ojos de los espectadores.

99 Conocido: manifiesto, evidente.

100 Era tópico entre amadores que el alma del enamorado quedaba prendida en la persona amada (este motivo se repetirá en la obra). Aquí Fabio confiesa estar enamorado de Marcela, al decir que esta debe de estar próxima a la muerte, pues quiere saldar una deuda: devolverle el alma. Quienes estaban en el trance de la muerte disponían lo necesario para que se pagaran sus deudas (*el alma que me has debido*).

101 Por fuerza: doble sentido: «con seguridad»; pero, sobre todo, «forzada» (por el desdén de Teodoro).

102 Fabio pide que Marcela le quiera no *por fuerza*, sino *por voluntad*. Entonces creería que su amor es verdadero.

103 Fabio siente que él es utilizado como mero sustituto, convertido en *bueno* («útil») por los desdenes de Teodoro. En el juego de cartas, *descartarse* significa que el jugador elimina las cartas inútiles. Como Teodoro ha descartado de sus afectos a Marcela, esta ha quedado convertida en una *carta*.

aunque ofenda mi decoro;
y de espacio te hablaré;
siempre tuyo en bien o en mal[104].

(Váyase.)

DOROTEA: ¿Qué has hecho?
MARCELA: No sé; estoy tal
que de mí misma no sé.
¿Anarda no quiere a Fabio?
DOROTEA: Sí quiere.
MARCELA: Pues de los dos
me vengo, que Amor es dios
de la envidia y del agravio[105].

(Salen la CONDESA *y* ANARDA.*)*

DIANA: Esta ha sido la ocasión,
no me reprehendas más.
ANARDA: La disculpa que me das
me ha puesto en más confusión[106].
Marcela está aquí, señora,
hablando con Dorotea.
DIANA: Pues no hay disgusto que sea
para mí mayor agora.
Salte allá fuera, Marcela.

104 Desde que ha dicho que Marcela es una *carta*, Fabio juega con la homofonía de carta-naipe y carta-epístola y utiliza muy ingeniosamente expresiones que son propias de la comunicación epistolar: *sobrescrito* («información que se pone en la cubierta de la carta para indicar el destino»), *en su ausencia, de espacio te hablaré* («contenido que se deja para otra carta o para una entrevista personal»), *siempre tuyo en bien o en mal* (expresión formularia de despedida). En este caso, la carta-Marcela era para Teodoro, pero en ausencia de este va a parar a Fabio.

105 Se venga de la envidia de Anarda y del agravio de Teodoro. Anarda delató a Marcela ante Diana.

106 Los dos personajes deben de estar hablando de los pretendientes de Diana, asunto que retoman en el verso 1592.

MARCELA: Vamos, Dorotea, de aquí.
(Aparte.)
Bien digo yo que de mí
o se enfada o se recela.

(Váyanse MARCELA *y* DOROTEA.*)*

ANARDA: ¿Puédote hablar?
DIANA: Ya bien puedes.
ANARDA: Los dos que de aquí se van[107]
ciegos de tu amor están;
tú en desdeñarlos excedes
la condición de Anaxarte[108],
la castidad de Lucrecia[109],
y quien a tantos desprecia...
DIANA: Ya me canso de escucharte.
ANARDA: ¿Con quién te piensas casar?
¿No puede el marqués Ricardo,
por generoso[110] y gallardo,
si no exceder, igualar
al más poderoso y rico?
Y la más noble mujer
¿también no lo puede ser
de tu primo Federico?
¿Por qué los has despedido

107 Ricardo y Federico.

108 Anaxarte (o Anaxárete) despreciaba el sufrimiento amoroso del joven Ifis, enamorado de ella. Desesperado, Ifis se ahorcó a las puertas de la dama. Ella se asomó a la ventana para verlo y Afrodita la transformó en piedra, por la dureza de su *condición* desdeñosa y despiadada.

109 Lucrecia fue violada por Sexto Tarquinio. Después de pedir venganza a su esposo y a su padre, no quiso sobrevivir a su ultraje y se suicidó.

110 **Generoso:** noble, de ilustre linaje.

con tan extraño desprecio?
DIANA: Porque uno es loco, otro necio,
y tú, en no haberme entendido,
más, Anarda, que los dos[111].
No los quiero porque quiero[112],
y quiero porque no espero
remedio[113].
ANARDA: ¡Válame Dios[114]!
¿Tú quieres[115]?
DIANA: ¿No soy mujer?
ANARDA: Sí, pero imagen de hielo[116]
donde el mismo sol del cielo
podrá tocar y no arder.
DIANA: Pues esos hielos, Anarda,
dieron todos a los pies
de un hombre humilde[117].
ANARDA: ¿Quién es?
DIANA: La vergüenza me acobarda
que de mi propio valor
tengo[118]; no diré su nombre.
Basta que sepas que es hombre

111 Esta declaración de Diana parece emparentar con los versos 1582-1583: Anarda no entiende las razones de la Condesa.

112 «No los amo porque ya amo». Pero también: «porque así lo quiero yo».

113 Diana sabe que su amor no puede acabar en matrimonio. Y esta renuncia le da derecho a amar (aunque sin esperanza).

114 **¡Válame Dios!**: ¡válgame Dios!.

115 «¿Tú amas?».

116 La imagen de la dama como *hielo* insensible ante el fuego amoroso del enamorado proviene de la tradición petrarquista.

117 Esos hielos se fundieron ante un hombre humilde.

118 «La vergüenza que siento, debida a mi nobleza (*valor*), hace que me retraiga».

que puede infamar mi honor[119].
ANARDA: Si Pasife quiso un toro,
Semíramis un caballo[120]
y otras los monstros que callo
por no infamar su decoro[121],
¿qué ofensa te puede hacer
querer hombre, sea quien fuere?
DIANA: Quien quiere puede, si quiere,
como quiso, aborrecer[122].
Esto es lo mejor: yo quiero
no querer.
ANARDA: ¿Podrás?
DIANA: Podré,
que si cuando quise amé,
no amar en queriendo espero[123].

(Toquen dentro.)

¿Quién canta?
ANARDA: Fabio con Clara
DIANA: ¡Ojalá que me diviertan!
ANARDA: Música y amor conciertan
bien. En la canción repara[124].

119 Por ser de condición inferior.

120 Posidón inspiró en Pasífae (*Pasife*), esposa de Minos, rey de Creta, un amor irreprimible hacia un toro blanco; de esa unión nació el Minotauro, ser medio hombre medio toro. *Semíramis*, reina de Asiria, gobernante resuelta y audaz, se asociaba con la lascivia. Plinio El Viejo (*Historia natural*, VIII, 64) escribe que amó tanto a un caballo que tuvo relaciones sexuales con él.

121 Decoro: honor.

122 «Si una persona lo desea puede, de la misma manera que antes amó, no amar ahora». *Aborrecer* no tiene aquí el sentido de «odiar», sino de «no amar».

123 «Si he amado cuando ha sido mi deseo, espero no amar ahora si yo lo quiero así».

124 «Presta atención a la canción».

(*Canten dentro*[125].)

¡Oh, quién pudiera hacer, oh, quién hiciese
que, en no queriendo amar, aborreciese[126]*!*
¡Oh, quién pudiera hacer, oh, quién hiciera
que, en no queriendo amar, aborreciera[127]*!*

ANARDA: ¿Qué te dice la canción[128]?
¿No ves que te contradice[129]?

DIANA: Bien entiendo lo que dice,
mas yo sé mi condición[130],
y sé que estará en mi mano,
como amar, aborrecer.

ANARDA: Quien tiene tanto poder
pasa del límite humano[131].

(TEODORO *entre.*)

TEODORO: Fabio me ha dicho, señora,
que le mandaste buscarme.

125 Es decir, fuera de la vista de los espectadores.

126 Aborreciese: no amase. El verbo *aborrecer*, que se usa con frecuencia en esta escena, tiene el sentido de «no amar», es decir, «mostrar indiferencia» o incluso «desdén», pero no el de «odiar». Lo demuestra la coplilla popular en la que Lope se basa.

127 Lope toma aquí un estribillo tradicional, en metro de arte menor (seguidilla): «¡Ay, quién pudiese hacer, / ay, quién hiciese / que en no queriendo amar / que no quisiese!». Desde las ediciones de 1618, el texto de Lope siempre se ha reproducido en forma de dos pareados endecasílabos, quizá por la ambientación aristocrática de la obra.

128 «¿Qué te parece la canción?».

129 La canción viene a decir que «ojalá fuese posible no amar con solo desearlo» (porque el amor es una fuerza poderosa que no se puede controlar con la voluntad). Es idea contraria a la que ha expuesto Diana, quien acaba de afirmar rotundamente que su voluntad puede sobre el amor.

130 Condición: naturaleza.

131 Diana insiste en que su voluntad es la que decidirá si ama o no ama. Tal declaración de poderío es la que causa la respuesta de Anarda: ese poder de la Condesa está más allá del límite al que puede llegar un ser humano. Puede que hable en aparte mientras se retira.

DIANA: Horas ha que te deseo[132].
TEODORO: Pues ya vengo a que me mandes,
y perdona si he faltado.
DIANA: Ya has visto estos dos amantes[133],
estos dos mis pretendientes.
TEODORO: Sí, señora.
DIANA: Buenos talles
tienen los dos.
TEODORO: Y muy buenos.
DIANA: No quiero determinarme[134]
sin tu consejo. ¿Con cuál
te parece que me case?
TEODORO: Pues ¿qué consejo, señora,
puedo yo en las cosas darte
que consisten en tu gusto?
Cualquiera que quieras darme
por dueño será el mejor.
DIANA: Mal pagas el estimarte
por consejero, Teodoro,
en caso tan importante[135].
TEODORO: Señora, ¿en casa no hay viejos
que entienden de casos tales?
Otavio, tu mayordomo,
con experiencia lo sabe,
fuera de su larga edad.

---

132 «Hace horas que deseaba tu presencia». Pero, por supuesto, el espectador capta (y Teodoro) el sentido amoroso de *te deseo*.

133 Amantes: enamorados.

134 Determinarme: tomar una decisión.

135 «Pagas mal que yo te estime como consejero en un caso tan importante como este» (pues no me das consejo).

DIANA: Quiero yo que a ti te agrade
el dueño que has de tener.
¿Tiene el Marqués mejor talle
que mi primo?

TEODORO: Sí, señora.

DIANA: Pues elijo al Marqués. Parte
y pídele las albricias[136].

(Váyase la CONDESA[137].*)*

TEODORO: ¿Hay desdicha semejante?
¿Hay resolución tan breve[138]?
¿Hay mudanza tan notable?
¿Estos eran los intentos

---

136 Albricias: recompensa que recibe quien lleva buenas noticias.

137 No sabemos si Anarda abandona la escena con su señora o si ya se fue al entrar Teodoro.

138 Tan breve: tan precipitada.

que tuve?[139] ¡Oh, sol, abrasadme
las alas con que subí
—pues vuestro rayo deshace
las mal atrevidas plumas—
a la belleza de un ángel[140]!
Cayó Dïana en su error[141].
¡Oh, qué mal hice en fïarme
de una palabra amorosa!
¡Ay, cómo entre desiguales
mal se concierta el amor!
Pero ¿es mucho que me engañen
aquellos ojos a mí,
si pudieran ser bastantes
a hacer engaños a Ulises[142]?
De nadie puedo quejarme
sino de mí; pero, en fin,
¿qué pierdo cuando me falte[143]?
Haré cuenta que he tenido
algún acidente[144] grave
y que mientras me duró
imaginé disparates.
No más; despedíos de ser[145],
¡oh, pensamiento arrogante!,

139 «¿En esto han quedado mis expectativas?».
140 Nueva alusión al mito del atrevido Ícaro.
141 «Diana se dio cuenta de su error».
142 «¿Es caso extraordinario que me engañen a mí los ojos de Diana, si habrían sido capaces de seducir al mismo Ulises?». El protagonista de la *Odisea*, héroe de la *Ilíada*, era recordado por su gran astucia.
143 Probablemente: «qué pierdo aun cuando me falte».
144 **Acidente:** accidente («indisposición repentina», «desvanecimiento», «desmayo»).
145 A partir de aquí, Teodoro apostrofa a su pensamiento. *Despedíos:* por razón métrica, la pronunciación ha de ser aguda (palabra trisílaba).

conde de Belflor. Volved
la proa al antigua margen[146];
queramos nuestra Marcela;
para vos Marcela baste[147].
Señoras busquen señores,
que amor se engendra de iguales[148];
y pues en aire nacistes[149],
quedad convertido en aire;
que donde méritos faltan,
los que piensan subir caen.

(*Sale* FABIO.)

FABIO: ¿Hablaste ya con mi señora?
TEODORO: Agora,
Fabio, la hablé, y estoy con gran contento,
porque ya la Condesa, mi señora,
rinde su condición[150] al casamiento.
Los dos que viste, cada cual la adora;
mas ella, con su raro entendimiento[151],
al Marqués escogió.
FABIO: Discreta ha sido.

146 La relación amorosa expresada en los términos de una navegación es tópico de la literatura amatoria (la tormenta y el naufragio serán los azarosos sucesos de esa relación o el fracaso de la misma, respectivamente; el puerto seguro será la amada acogedora). Aquí Teodoro pide a su pensamiento que ponga rumbo (*proa:* «parte delantera del barco») hacia la otra orilla (*margen*), porque en esta «navegación» el secretario se debate entre el puerto de Diana y el de Marcela.

147 La primera persona del plural (*queramos*) incluye a Teodoro y a su pensamiento. *Vos* es el pensamiento.

148 Era idea común. La expresa, por ejemplo, Sempronio en *La Celestina* (VIII): «Los nacidos, por linaje, escogidos, búscanse unos a otros».

149 Nacistes: nacisteis (se refiere al pensamiento). Con la referencia al *aire*, Teodoro intensifica lo infundado y vano de su intento amoroso.

150 Condición: naturaleza, carácter.

151 Raro entendimiento: entendimiento poco común, extraordinario.

TEODORO: Que gane las albricias me ha pedido;
mas yo, que soy tu amigo, quiero darte,
Fabio, aqueste provecho. Parte presto
y pídelas por mí.

FABIO: Si debo amarte
muestra la obligación en que me [has puesto[152].
Voy como un rayo, y volveré a buscarte,
satisfecho de ti, contento de esto;
y alábese el Marqués, que ha sido empresa
de gran valor rendirse la Condesa.

(*Vase* FABIO *y sale* TRISTÁN.)

TRISTÁN: Turbado a buscarte vengo.
¿Es verdad lo que me han dicho?

TEODORO: ¡Ay, Tristán! Verdad será
si son desengaños míos.

TRISTÁN: Ya, Teodoro, en las dos sillas
los dos batanes he visto
que molieron a Dïana[153];
pero que hubiese elegido,
hasta agora no lo sé.

TEODORO: Pues, Tristán, agora vino
ese tornasol[154] mudable,

152 «Que debo tenerte afecto lo muestra el favor que me has hecho».

153 «He visto en las dos sillas a los dos batanes que han molido a Diana». Se refiere a Ricardo y Federico. El batán es una máquina provista de grandes mazos de madera accionados por una rueda a la que impulsa una corriente de agua. Tales mazos golpean repetidamente las pieles y los tejidos para desengrasarlos y darles cuerpo. La insistencia amorosa de los pretendientes los convierte en *batanes* que golpean (*molieron*) sobre Diana para ablandarla.

154 Tornasol: girasol. A partir de aquí, Teodoro enumera diversos elementos que sugieren variabilidad y mudanza.

esa veleta, ese vidrio[155],
ese río junto al mar,
que vuelve atrás, aunque es río[156],
esa Dïana, esa luna[157],
esa mujer[158], ese hechizo[159],
ese monstro de mudanzas[160]
que solo perderme quiso
por afrentar sus vitorias[161];
y que dijese, me dijo[162],
cuál de los dos me agradaba,
porque sin consejo mío
no se pensaba casar.
Quedé muerto, y tan perdido
que no responder locuras
fue de mi locura indicio[163];
Díjome, en fin, que el Marqués
le agradaba, y que yo mismo
fuese a pedir las albricias.

155 La alusión al vidrio se basa en la fragilidad que le impide asegurar firmeza.

156 La imagen (imposible) del río volviendo atrás refuerza el reproche que Teodoro lanza sobre Diana.

157 *Diana* es la diosa de la *luna*, aquí considerada como satélite cambiante (por sus diferentes fases).

158 **Mujer:** en el sentido de «ser voluble y caprichoso».

159 **Hechizo:** varios sentidos pueden concurrir en esta palabra: maleficio o encanto; cualidades que embelesan y arrebatan; cosa artificiosa o fingida.

160 **Monstro:** desmesura. La palabra *monstruo* indica todo aquello que es desmesurado, es decir, que no se ajusta, en su composición, al orden regular de la naturaleza ni posee la adecuada proporcionalidad. Para Teodoro, la mudanza de Diana está fuera de toda razón, es un exceso.

161 La Condesa siempre triunfaba sobre sus pretendientes. Hasta que Teodoro afrenta esas victorias al vencer la resistencia amorosa de su señora. En venganza, Diana rechaza a Teodoro. Esta es la explicación que se da a sí mismo el secretario.

162 Este verso es continuación del verso 1749: *vino... y que dijese, me dijo.*

163 «Quedé tan aturdido que lo más esperable habría sido decir locuras; y el no haberlas dicho es indicio de que en ese momento yo estaba fuera de mí».

TRISTÁN: ¿Ella, en fin, tiene marido?
TEODORO: El marqués Ricardo.
TRISTÁN: Pienso
que, a no verte sin jüicio,
y porque dar aflición
no es justo a los afligidos,
que agora te diera vaya[164]
de aquel pensamiento altivo
con que a ser conde aspirabas.
TEODORO: Si aspiré, Tristán, ya expiro[165].
TRISTÁN: La culpa tienes de todo.
TEODORO: No lo niego, que yo he sido
fácil[166] en creer los ojos
de una mujer.
TRISTÁN: Yo te digo
que no hay vasos de veneno
a[167] los mortales sentidos,
Teodoro, como los ojos
de una mujer.
TEODORO: De corrido[168]
te juro, Tristán, que apenas
puedo levantar los míos.
Esto pasó, y el remedio
es sepultar en olvido
el suceso y el amor.

164 «Pienso que, si no fuera porque te veo sin juicio y porque no se debe afligir a los afligidos, ahora me burlaría de ti» *(te diera vaya)*.
165 Paronomasia: *aspirar-expirar* (*espirar* en las ediciones de 1618).
166 **Fácil:** aquí, irreflexivo, crédulo.
167 **A:** para.
168 **Corrido:** avergonzado.

TRISTÁN: ¡Qué arrepentido y contrito[169]
has de volver a Marcela!
TEODORO: Presto[170] seremos amigos.

(*Sale* MARCELA.)

MARCELA[171]: ¡Qué mal que finge amor quien no le tiene!
¡Qué mal puede olvidarse amor de un año!
Pues mientras más el pensamiento engaño,
más atrevido a la memoria viene.
Pero si es fuerza y al honor conviene,
remedio suele ser del desengaño
curar el propio amor amor extraño[172],
que no es poco remedio el que entretiene.
Mas ¡ay!, que imaginar que puede amarse
en medio de otro amor es atreverse
a dar mayor venganza por vengarse[173].
Mejor es esperar que no perderse[174],
que suele alguna vez, pensando helarse,
amor con los remedios encenderse[175].
TEODORO: Marcela...
MARCELA: ¿Quién es?

169 Contrito: apesarado. Pero es sinónimo de *arrepentido.*

170 Presto: pronto.

171 Como Teodoro está en escena, hay que entender que Marcela se encuentra en lugar aparte y que ni el secretario ni Tristán la escuchan. Lo que dice saber Teodoro del desafecto de Marcela confiesa que se lo han contado (v. 1823).

172 «El desengaño de un amor se cura con otro amor».

173 «Amar a un hombre para vengarme de otro del que estoy enamorada, puede ocasionar una venganza de aquel contra mí que sea mayor que la que yo quiero llevar a cabo contra mi ofensor». *Atreverse a dar:* «arriesgarse a ocasionar».

174 El adverbio de negación tiene un uso expletivo. Ha de entenderse el sentido sin la negación.

175 Un nuevo soneto (el quinto) para que Marcela reflexione sobre los sucesos amorosos vividos y tome protagonismo a través de sus pensamientos e intenciones. En los cuartetos expone los hechos y propone un remedio para su situación; en el primer terceto contraargumenta y en el segundo toma una determinación.

TEODORO: Yo soy.
¿Así te olvidas de mí[176]?
MARCELA: Y tan olvidada estoy
que a no imaginar en ti
fuera de mí misma voy[177].
Porque si en mí misma fuera,
te imaginara y te viera,
que, para no imaginarte,
tengo el alma en otra parte,
aunque olvidarte no quiera[178].
¿Cómo me osaste nombrar?
¿Cómo cupo en esa boca
mi nombre?
TEODORO: Quise probar
tu firmeza[179], y es tan poca
que no me ha dado lugar[180].
Ya dicen que se empleó
tu cuidado[181] en un sujeto
que mi amor sostituyó.
MARCELA: Nunca, Teodoro, el discreto

176 La pregunta se justifica porque Marcela no ha reconocido inmediatamente a Teodoro. Ella creía hallarse sola (hablaba para sí) y se ha sorprendido.

177 «Para no pensar en ti (*a no imaginar en ti*) estoy fuera de mí».

178 Marcela expresa ante Teodoro lo mismo que ha dicho en el primer cuarteto del soneto: no le es posible olvidar a Teodoro. Tiene el alma enajenada para favorecer el olvido, porque si mantiene la tranquilidad y la cordura, el pensamiento se le va hacia Teodoro.

179 **Firmeza:** fidelidad.

180 El interés de Teodoro le hace oscilar de una mujer a otra. Ahora defiende con cinismo que su anterior rechazo a Marcela era solo para ponerla a prueba. *Lugar:* «ocasión».

181 *Emplearse* y *cuidado* son palabras repetidas en el léxico amatorio (ver nota al v. 864). *Emplearse* es dedicar el interés amoroso (*cuidado*) a una persona.

mujer ni vidrio probó[182].
Mas no me des a entender[183]
que prueba quisiste hacer;
yo te conozco, Teodoro:
unos pensamientos de oro
te hicieron enloquecer.
¿Cómo te va? ¿No te salen
como tú los imaginas?
¿No te cuestan lo que valen[184]?
¿No hay dichas que las divinas
partes[185] de tu dueño[186] igualen?
¿Qué ha sucedido? ¿Qué tienes?
Turbado, Teodoro, vienes.
¿Mudose aquel vendaval[187]?
¿Vuelves a buscar tu igual
o te burlas y entretienes[188]?
Confieso que me holgaría[189]
que dieses a mi esperanza,
Teodoro, un alegre día.

TEODORO: Si le quieres con venganza,

182 Probó: puso a prueba. La asociación mujer-vidrio es proverbial. Los paremiólogos Hernán Núñez (s. XVI) y Gonzalo Correas (s. XVII) recogen este refrán referido a la honra de la mujer: «La mujer y el vidrio siempre están en peligro». En *El curioso impertinente*, Cervantes pone en boca de Lotario esta redondilla que hace al asunto de la novela: «Es de vidrio la mujer, / pero no se ha de probar / si se puede o no quebrar, / porque todo podría ser» (*Quijote*, I, 33).

183 «No quieras hacerme creer».

184 Es decir, «te cuestan más de lo que valen» (porque lo pagas con tu desengaño). Las preguntas de Marcela están llenas de enojada ironía.

185 Partes: cualidades.

186 Dueño: aquí, en masculino, tiene un sentido amoroso.

187 «¿Ha cambiado el viento de tus pasiones?».

188 «O lo tomas como burla y por divertirte».

189 Me holgaría: me alegraría.

¿qué mayor, Marcela mía[190]?
Pero mira que el amor
es hijo de la nobleza[191];
no muestres tanto rigor[192],
que es la venganza bajeza
indigna del vencedor.
Venciste; yo vuelvo a ti,
Marcela, que no salí
con aquel mi pensamiento[193].
Perdona el atrevimiento
si ha quedado amor en ti;
no porque no puede ser
proseguir las esperanzas
con que te pude ofender,
mas porque en estas mudanzas
memorias me hacen volver[194].
Sean, pues, estas memorias
parte a despertar la tuya,
pues confieso tus vitorias[195].

MARCELA: No quiera Dios que destruya[196]
los principios de tus glorias.

---

190 «Si ese alegre día lo quieres con venganza, ¿qué mayor día que este?». *Le* se refiere al *día*.

191 Nobleza: magnanimidad, generosidad (como en el v. 996).

192 Rigor: severidad, dureza, crueldad.

193 «No logré realizar (*no salí con*) aquel pensamiento mío» (unirme a Diana y ser conde de Belflor).

194 Teodoro pide a Marcela que lo perdone de su pasada traición porque —explica con cinismo— la vuelta a su primer amor se ha producido acuciado por los recuerdos (*memorias*), no porque le haya sido imposible proseguir en su empresa amorosa con Diana.

195 «Sirvan (*sean parte*) estos recuerdos para despertar los tuyos, pues reconozco tus victorias».

196 «No quiera Dios que yo eche a perder tus éxitos amorosos ahora que están empezando» (con Diana). Marcela habla con mucha ironía.

Sirve[197], bien haces, porfía[198];
no te rindas, que dirá
tu dueño[199] que es cobardía.
Sigue[200] tu dicha, que ya
voy prosiguiendo la mía.
No es agravio amar a Fabio
pues me dejaste, Teodoro,
sino el remedio más sabio,
que aunque el dueño no mejoro,
basta vengar el agravio.
Y quédate a Dios, que ya
me cansa el hablar contigo;
no venga Fabio, que está
medio casado conmigo.
TEODORO: ¡Tenla[201], Tristán, que se va!
TRISTÁN: ¡Señora, señora! Advierte
que no es volver a quererte
dejar de haberte querido[202];
disculpa el buscarte ha sido,
si ha sido culpa ofenderte[203].
Óyeme, Marcela, a mí.
MARCELA: ¿Qué quieres, Tristán?
TRISTÁN: Espera.

197 Sirve: «sigue entregándote a Diana» (ver nota al v. 864).
198 Porfía: insiste.
199 Dueño: Diana.
200 Sigue: persigue.
201 Tenla: detenla.
202 Es una frase presuntamente ingeniosa para retener a Marcela.
203 «De la misma manera que Teodoro tuvo culpa en ofenderte, debe ser motivo para que lo perdones el hecho de que te haya querido buscar de nuevo».

(Salen la CONDESA *y* ANARDA[204]*.)*

DIANA: ¿Teodoro y Marcela aquí?
ANARDA: Parece que el ver te altera[205]
que estos dos se hablen ansí.
DIANA: Toma, Anarda, esa antepuerta[206]
y cubrámonos las dos.
(*Aparte.*) Amor con celos despierta.
MARCELA: ¡Déjame, Tristán, por Dios!
ANARDA: Tristán a los dos concierta,
que deben de estar reñidos.
DIANA: (*Aparte.*) El alcahuete lacayo
me ha quitado los sentidos[207].
TRISTÁN: No pasó más presto el rayo
que por sus ojos y oídos
pasó la necia belleza
de esa mujer que le adora.
Ya desprecia su riqueza,
que más riqueza atesora
tu gallarda gentileza.
Haz cuenta que fue cometa
aquel amor[208]. Ven acá,
Teodoro.
DIANA: (*Aparte.*) ¡Brava estafeta

204 Se juega otra vez con los espacios escénicos. La llegada de las dos mujeres no es percibida por Teodoro, Marcela y Tristán. Ello causará un doble plano interpretativo. Mientras estos últimos se debaten en los problemas amorosos, las dos mujeres asistirán escondidas –como espectadoras– al desarrollo dramático de tal situación y expresarán sus reacciones ante lo que escuchan.

205 «Parece que te altera el ver». Anarda no sospecha el interés amoroso de Diana.

206 «Coge esa cortina». *Antepuerta:* «cortina que se coloca delante de la puerta».

207 El trabajo conciliador de Tristán (*alcahuete*) le resulta enojoso, por celos, a Diana.

208 «Fue fugaz como un cometa».

es el lacayo[209]!
TEODORO: Si ya
Marcela, a Fabio sujeta[210],
dice que le tiene amor,
¿por qué me llamas, Tristán?
TRISTÁN: ¡Otro enojado!
TEODORO: Mejor
los dos casarse podrán.
TRISTÁN: ¿Tú también? ¡Bravo rigor!
¡Ea, acaba! Llega[211], pues;
dame esa mano y después
que se hagan las amistades.
TEODORO: Necio, ¿tú me persüades?
TRISTÁN: Por mí quiero que le des
la mano esta vez, señor.
TEODORO: ¿Cuándo he dicho yo a Marcela
que he tenido a nadie amor?
Y ella me ha dicho...
TRISTÁN: Es cautela[212]
para vengar tu rigor.
MARCELA: No es cautela, que es verdad.
TRISTÁN: ¡Calla, boba! ¡Ea, llegad!
¡Qué necios estáis los dos!
TEODORO: Yo rogaba; mas ¡por Dios,
que no he de hacer amistad[213]!

209 Porque, como la estafeta, Tristán reparte mensajes de uno a otro. Y porque es el punto de encuentro.

210 «Unida a Fabio», «comprometida con Fabio».

211 Llega: acércate.

212 Cautela: artimaña.

213 «Antes he rogado, pero ahora ya no quiero hacer las paces».

MARCELA: ¡Pues a mí me pase un rayo[214]!
TRISTÁN: No jures.
MARCELA: Aunque le muestro
enojo, ya me desmayo[215].
TRISTÁN: Pues tente firme.
DIANA: (*Aparte.*) ¡Qué diestro
está el bellaco lacayo!
MARCELA: Déjame, Tristán, que tengo
que hacer.
TEODORO: Déjala, Tristán.
TRISTÁN: Por mí, vaya[216].
TEODORO: ¡Tenla!
MARCELA: (*Aparte.*) ¡Vengo[217]
mi amor!
TRISTÁN: ¿Cómo no se van,
ya que a ninguno detengo[218]?
MARCELA: ¡Ay, mi bien, no puedo irme!
TEODORO: Ni yo, porque no es tan firme
ninguna roca en la mar[219].
MARCELA: Los brazos te quiero dar.
TEODORO: Y yo a los tuyos asirme.
TRISTÁN: Si yo no era menester,

214 «A mí que me traspase un rayo» (antes que hacer las paces).

215 «Me desmayo de amor». Esta intervención va dirigida a Tristán y no la escucha Teodoro.

216 «Por mí, que se vaya».

217 Vengo: tomo venganza. No parece aceptable aquí el verbo *venir*, pues Marcela no se ha movido de su sitio, según confiesa Tristán. Hay que suponer un gesto de blanda esquivez por parte de Marcela mientras pronuncia sus palabras.

218 Tristán observa el comportamiento casi infantil de la pareja: en realidad no quieren separarse a pesar de que el criado ya no los tiene agarrados.

219 Desde luego, la afirmación es hiperbólica y hasta cómica (así lo han de sentir los espectadores, que conocen los cambios interesados de Teodoro).

¿por qué me hicistes[220] cansar?

ANARDA: ¿De esto gustas?

DIANA: Vengo a ver
lo poco que hay que fïar
de un hombre y una mujer[221].

TEODORO: ¡Ay! ¡Qué me has dicho de afrentas[222]!

TRISTÁN: Yo he caído ya con veros
juntar las almas contentas,
que es desgracia de terceros
no se concertar las ventas[223].

MARCELA: Si te trocare, mi bien,
por Fabio ni por el mundo,
que tus agravios me den
la muerte[224].

TEODORO: Hoy de nuevo fundo[225],
Marcela, mi amor también;
y si te olvidare, digo
que me dé el cielo en castigo
el verte en brazos de Fabio[226].

MARCELA: ¿Quieres deshacer mi agravio?

TEODORO: ¿Qué no haré por ti y contigo?

220 Hicistes: hicisteis.

221 Las palabras de Diana son entendidas por Anarda en lo que se refiere a la relación de Teodoro con Marcela. Para la Condesa tienen otro sentido.

222 «¡Cuántas (*qué de*) afrentas me has hecho con tus palabras!».

223 «Yo ya no hago falta (*he caído ya*), viendo que juntáis vuestras almas (sin mi ayuda); que para un intermediario es una desgracia que las dos partes no se concierten» (pues no cobra la comisión). *Se concertar:* «concertarse».

224 «Que me maten los agravios que yo te pudiera hacer». Es decir, la venganza que Teodoro tomaría de esos agravios.

225 Fundo: establezco, comienzo.

226 Estos juramentos extremos de entrega amorosa resultan extravagantes en una obra de psicologías tan tornadizas como esta y cumplen su función dramática dentro del género comedia. En cualquier caso, el de Teodoro, menos aparatoso, está lleno de intención.

MARCELA: Di que todas las mujeres
son feas.
TEODORO: Contigo, es claro[227].
Mira qué otra cosa quieres.
MARCELA: En ciertos celos reparo,
ya que tan mi amigo eres,
que no importa que esté aquí
Tristán.
TRISTÁN: Bien podéis por mí,
aunque de mí mismo sea[228].
MARCELA: Di que la Condesa es fea.
TEODORO: ¡Y un demonio para mí!
MARCELA: ¿No es necia?
TEODORO: Por todo extremo[229].
MARCELA: ¿No es bachillera[230]?
TEODORO: Es cuitada[231].
DIANA: Quiero estorbarlos, que temo
que no reparen en nada,
y aunque me hielo, me quemo[232].
ANARDA: ¡Ay, señora, no hagas tal!
TRISTÁN: Cuando queráis decir mal
de la Condesa y su talle,
a mí me oíd[233].

227 «Comparadas contigo, es algo evidente».
228 «Por mí, podéis hablar lo que queráis, aunque sea yo la causa de los celos». Lo dice con humor.
229 **Por todo extremo:** completamente.
230 **Bachillera:** engreída, arrogante, pedante.
231 **Cuitada:** desdichada, apenada.
232 Esta paradoja se explica porque Diana se queda de hielo al oír que la menosprecia Teodoro (y los demás), pero, a la vez, siente el fuego del amor y los celos (y también de la ira).
233 «Escuchadme a mí».

DIANA: ¿Escuchalle[234]
podré desvergüenza igual?
TRISTÁN: Lo primero...
DIANA: Yo no aguardo
a lo segundo, que fuera
necedad[235].
MARCELA: Voyme, Teodoro[236].

(Váyase con una reverencia MARCELA.*)*

TRISTÁN: ¡La Condesa!
TEODORO: ¿La Condesa?
DIANA: Teodoro...
TEODORO: Señora, advierte...
TRISTÁN: (*Aparte.*) El cielo a tronar comienza;
no pienso aguardar los rayos.

(Vase TRISTÁN.*)*

DIANA: Anarda, un bufete llega[237];
escribirame Teodoro
una carta de su letra,
pero notándola[238] yo.

---

234 Escuchalle: escucharle.

235 Las palabras de Diana son el anuncio de que sale de su escondite y se descubre, y a la vez interrumpe la intervención de Tristán y sorprende a los personajes. Estos movimientos, que en la representación teatral habrían de ser ciertamente divertidos, se acompañan con un cambio de métrica (romance). *Fuera:* «sería».

236 La salida precipitada de Marcela (se esconderá tras una *antepuerta,* v. 2047) se explica por la aparición de la Condesa. Por eso, al marcharse, la servidora hace una reverencia a su señora.

237 «Acerca un bufete». *Bufete:* «mesa de escritorio con cajones». Aquí, «pequeña mesa portátil», como se comprueba en la posterior acotación: *bufetillo pequeño,* y en el verso 2012: *este pequeño he traído.*

238 Notándola: dictándola.

TEODORO: (*Aparte.*) Todo el corazón me tiembla.
¿Si oyó lo que hablado habemos[239]?
DIANA: (*Aparte.*) Bravamente amor despierta
con los celos a los ojos[240].
¡Que aqueste amase a Marcela
y que yo no tenga partes[241]
para que también me quiera!
¡Que se burlasen de mí!
TEODORO: (*Aparte.*) Ella murmura y se queja.
Bien digo yo que en palacio,
para que a callar aprenda,
tapices tienen oídos
y paredes tienen lenguas[242].

(Sale ANARDA *con un bufetillo pequeño y recado de escribir[243].)*

ANARDA: Este pequeño he traído
y tu escribanía[244].
DIANA: Llega,
Teodoro, y toma la pluma.
TEODORO: (*Aparte.*) Hoy me mata o me destierra.
DIANA: Escribe.

---

239 Habemos: hemos.

240 «Con los celos ante la vista» (pues Diana ha presenciado la reconciliación de Marcela y Teodoro). En el acto III de *La escolástica celosa,* de Lope, Leonardo dice: «No se pueden llamar celos / los que averiguados son / (...) El vulgo les puso nombre / (...) Cuernos». Por supuesto, el estatus de Diana impide que en esta comedia se hable en tales términos. Por otra parte, el estado prevalente de la Condesa podría revertir la situación.

241 Partes: prendas, cualidades.

242 Esta idea ya la expresó Teodoro en los versos 1449-1451.

243 Recado de escribir: útiles de escritura.

244 Escribanía: pequeño mueble de madera o metal (plata, bronce, estaño) que contiene el recado de escribir: tintero, pluma, salvadera (recipiente para el polvo secante)...

TEODORO: Di.
DIANA: No estás bien
con la rodilla en la tierra[245].
Ponle, Anarda, una almohada.
TEODORO: Yo estoy bien.
DIANA: ¡Pónsela, necia!
TEODORO: (*Aparte.*) No me agrada este favor
sobre enojos y sospechas[246],
que quien honra las rodillas
cortar quiere la cabeza.
Yo aguardo[247].
DIANA: Yo digo ansí.
TEODORO: (*Aparte.*) Mil cruces hacer quisiera[248].

(Siéntese la CONDESA *en una silla alta*[249]*. Ella diga y él vaya escribiendo.)*

«Cuando una mujer principal se ha declarado con un hombre humilde, eslo mucho el término de volver a hablar con otra[250]; mas quien no estima su fortuna, quédese para necio».

245 Teodoro está con una rodilla en tierra porque la mesilla sobre la que va a escribir tiene muy poca altura, quizá no alcanzase los cincuenta centímetros, como muchos modelos portátiles de la época.

246 «En medio de enojos y sospechas».

247 «Estoy preparado». Se dirige ya a Diana.

248 Ante un peligro inminente, santiguarse era gesto que se hacía para ahuyentar el mal. Pero aquí Teodoro se refiere, sobre todo, a la costumbre de comenzar las cartas trazando una cruz (hoy conservamos la expresión *de la cruz a la fecha:* «de principio a fin»). Él necesita *mil cruces* para salir bien parado de la situación.

249 Obsérvese el contraste entre la *silla alta* y *la rodilla en la tierra* de Teodoro. Diana establece claramente el rango social de cada uno.

250 «Es muy indigno el comportamiento de volver a coquetear («hablar») con otra mujer». *Eslo:* «lo es». *Lo* se refiere al anterior *humilde*, ahora con el sentido de «innoble», «indigno».

TEODORO: ¿No dices más?
DIANA: Pues ¿qué más?
El papel, Teodoro, cierra.
Anarda ¿Qué es esto que haces, señora[251]?
DIANA: Necedades de amor llenas.
ANARDA: Pues ¿a quién tienes amor?
DIANA: ¿Aún no le conoces, bestia?
Pues yo sé que le murmuran
de mi casa hasta las piedras.
TEODORO: Ya el papel está cerrado;
solo el sobrescrito resta.
DIANA: Pon, Teodoro, para ti,
y no lo entienda Marcela,
que quizá le entenderás[252]
cuando de espacio le leas.

(Váyase y quede solo, y entre MARCELA[253].*)*

TEODORO: ¿Hay confusión tan extraña?
¡Que aquesta mujer me quiera
con pausas, como sangría[254],
y que tenga intercadencias[255]
el pulso de amor tan grandes!

251 El breve diálogo que sigue entre Anarda y Diana no es escuchado por Teodoro.

252 Varios sentidos del verbo *entender* concurren aquí: «que Marcela no lea este papel» (o «que no se entere Marcela») y «entenderás el contenido del papel cuando lo leas despacio» (y, además, «entenderás por qué no debe enterarse Marcela»).

253 La entrada de Marcela se producirá tras la siguiente breve intervención de Teodoro. O bien el secretario habla en aparte mientras Marcela se está acercando a él.

254 **Sangría:** procedimiento quirúrgico que consiste en hacer una incisión en una vena y dejar salir la sangre para eliminar residuos nocivos acumulados en el cuerpo. Con frecuencia, la sangre se dejaba salir a intervalos (*con pausas*) por considerarse que así mejoraban los resultados.

255 **Intercadencias:** propiamente, arritmias (hablando del *pulso*). Aquí , inconstancia.

MARCELA: ¿Qué te ha dicho la Condesa,
mi bien? Que he estado temblando
detrás de aquella antepuerta.

TEODORO: Díjome que te quería
casar con Fabio, Marcela,
y este papel que escribí
es que despacha[256] a su tierra
por los dineros del dote[257].

MARCELA: ¿Qué dices?

TEODORO: Solo que sea
para bien; y, pues te casas,
que de burlas ni de veras
tomes mi nombre en tu boca.

MARCELA: ¡Oye!

TEODORO: Es tarde para quejas.

(Váyase.)

MARCELA: No, no puedo yo creer
que aquesta la ocasión[258] sea.
Favores de aquesta loca
le han hecho dar esta vuelta,
que él está como arcaduz[259],
que cuando baja le llena
del agua de su favor,
y cuando sube le mengua.

---

256 Despacha: envía.

257 Dote: bienes que aporta la mujer al matrimonio. En este caso, es Diana quien los aporta para favorecer a Marcela (aunque Teodoro miente). Hoy se prefiere el uso femenino de la palabra.

258 Ocasión: motivo.

259 Arcaduz: recipiente para extraer agua; se usaba en una noria o con una polea. Como el arcaduz, Teodoro baja para ser llenado (de ilusiones) y cuando está arriba es vaciado (es desengañado por Diana).

¡Ay de mí, Teodoro ingrato,
que luego que su grandeza
te toca al arma me olvidas[260]!
Cuando te quiere, me dejas,
cuando te deja, me quieres[261].
¿Quién ha de tener paciencia?

(*Sale el* MARQUÉS *y* FABIO.)

RICARDO: No pude, Fabio, detenerme un hora[262].
Por tal merced le besaré las manos.
FABIO: Dile presto, Marcela, a mi señora
que está el Marqués aquí.
MARCELA: (*Aparte.*)
Celos tiranos,
celos crüeles, ¿qué queréis agora
tras tantos locos pensamientos vanos[263]?
FABIO: ¿No vas?
MARCELA: Ya voy.
FABIO: Pues dile que ha venido
nuestro nuevo señor y su marido.

(*Vase* MARCELA.)

RICARDO: Id, Fabio, a mi posada[264], que mañana

---

260 «En cuanto (*luego que*) Diana te requiere (*toca al arma*), te olvidas de mí». Pero con la palabra *grandeza* (que, en principio, podría señalar simplemente el alto linaje de Diana) Marcela alude al reclamo que es para Teodoro subir de posición. *Tocar al arma:* «tocar los instrumentos militares para mover a los soldados a tomar las armas».

261 Con esta contraposición de frases (quiasmo), Marcela hace un diagnóstico certero del enredo amoroso que viven los personajes.

262 La alegría de saberse escogido por Diana ha acelerado la llegada de Ricardo.

263 Los celos de Marcela no la abandonan aunque vea que Diana se ha comprometido con el Marqués.

264 **Posada:** casa.

os daré mil escudos[265] y un caballo
de la casta mejor napolitana[266].

FABIO: Sabré, si no servillo, celebrallo[267].

RICARDO: Este es principio solo, que Dïana
os tiene por crïado y por vasallo,
y yo por solo amigo.

FABIO: Esos pies beso.

RICARDO: No pago ansí; la obligación confieso[268].

(Sale la CONDESA.*)*

DIANA: ¿Vuseñoría aquí?

RICARDO: Pues ¿no era justo
si me envïáis con Fabio tal recado
y que después de aquel mortal disgusto[269]
me elegís por marido y por crïado?
Dadme esos pies, que de manera el gusto
de ver mi amor en tan dichoso estado
me vuelve loco, que le tengo en poco
si me contento con volverme loco[270].
¿Cuándo pensé, señora, mereceros
ni llegar a más bien que desearos?

265 La cantidad, considerada como dinero de Castilla (en la ceca de Nápoles también se acuñaban escudos), es desmesurada. Lope compró una casa por las fechas en que escribía *El perro del hortelano* (hoy Casa Museo, en Madrid) y le costó bastante menos de lo que ofrece Ricardo. Pero el autor no buscaba –se observa en muchas obras– verosimilitud en el manejo de las cantidades dinerarias.

266 La raza napolitana de caballos, hoy extinta, gozó de enorme prestigio en los siglos XVI y XVII. Los *mil escudos* y el *caballo* son las *albricias* que recibe Fabio por la venturosa noticia que ha llevado al Marqués (ver vv. 1686 y 1731-1734).

267 Celebrallo: celebrarlo. Fabio expresa que si no alcanza a servir bien al Marqués, al menos lo ensalzará.

268 Con lo que acaba de prometer a Fabio, el Marqués no paga suficientemente la dicha que acaba de alcanzar; queda para siempre obligado («agradecido»).

269 Según palabras de Anarda (vv. 1608-1609), el Marqués y el Conde fueron despedidos con desprecio la última vez que vieron a Diana.

270 Ricardo se vuelve loco de contento, pero volverse loco le parece poca cosa dado el gozo que siente.

DIANA: No acierto, aunque lo intento, a responderos.
¿Yo he enviado a llamaros? ¿O es burlaros?
RICARDO: Fabio, ¿qué es esto?
FABIO: ¿Pude yo traeros
sin ocasión agora ni llamaros,
menos que de Teodoro prevenido[271]?
DIANA: Señor Marqués, Teodoro culpa ha sido.
Oyome anteponer a Federico
vuestra persona, con ser primo hermano
y caballero generoso y rico,
y presumió que os daba ya la mano[272].
A vuestra señoría le suplico
perdone aquestos necios.
RICARDO: Fuera en vano
dar a Fabio perdón, si no estuviera
a donde vuestra imagen le valiera[273].
Bésoos los pies por el favor y espero
que ha de vencer mi amor esta porfía.

(*Váyase el* MARQUÉS.)

DIANA: ¿Paréceos bien aquesto, majadero?
FABIO: ¿Por qué me culpa a mí vuseñoría?
DIANA: Llamad luego[274] a Teodoro. (*Aparte.*)
[¡Qué ligero[275]

---

271 «¿Acaso podría yo haberos traído ni llamado sin motivo, a menos que hubiese sido avisado por Teodoro para que lo hiciera?».

272 «Escuchó que yo anteponía vuestra persona a la de Federico, a pesar de que este sea (*con ser*) primo hermano mío y caballero noble (*generoso*) y rico, y creyó (*presumió*) que os daba ya la mano».

273 Ricardo, burlado, lanza una dura amenaza contra Fabio: ningún perdón le valdría (por lo que ha hecho) si no fuera porque está delante Diana, cuya persona ampara al servidor.

274 **Luego:** enseguida.

275 **Ligero:** aquí, confiado.

este cansado pretensor[276] venía,
cuando me matan celos de Teodoro!

FABIO: (*Aparte.*) Perdí el caballo y mil escudos de oro.

(*Váyase* FABIO *y quede la* CONDESA *sola.*)

DIANA: ¿Qué me quieres, amor[277]? ¿Ya no tenía
olvidado a Teodoro? ¿Qué me quieres?
Pero responderás que tú no eres,
sino tu sombra[278], que detrás venía.
¡Oh, celos!, ¿qué no hará vuestra porfía?
Malos letrados[279] sois con las mujeres,
pues jamás os pidieron pareceres
que pudiese el honor guardarse un día[280].
Yo quiero a un hombre bien, mas se me
[acuerda[281]
que yo soy mar y que es humilde barco,
y que es contra razón que el mar se pierda[282].
En gran peligro, amor, el alma embarco,
mas si tanto el honor tira[283] la cuerda,

---

276 Pretensor: pretendiente.

277 «¿Qué quieres de mí?». La misma pregunta aparece en *El desposorio encubierto* (Lupercio, acto III), comedia de Lope incluida en la *Trezena parte*. En los dos casos se establece una pugna entre amor y honra. Una cantiga de amor del poeta galaico-portugués Fernando Esquío (s. XIV) acaba igualmente: «Qué me queres, amor?». El poema del trovador medieval abre el libro de relatos de Manuel Rivas (1957) *¿Qué me quieres amor?*

278 Tu sombra: los celos. Al comienzo de *El galán de la membrilla,* comedia de Lope, dice Ramiro que los celos «son / sombra de amor, y ha de haber / sombra en cuanto tiene ser».

279 Letrados: consejeros, abogados.

280 «Los consejos (*pareceres*) que los celos pueden dar a las mujeres hacen que estas no puedan mantener su honor ni un día». Las actuaciones que se basan en los celos llevan a la mujer a perder su honor.

281 Se me acuerda: tengo presente.

282 Porque es el barco el que naufraga en el mar, no al contario. Era común la metáfora náutica aplicada al amor. Ver nota al verso 1715.

283 Tira: estira.

por Dios, que temo que se rompa el arco[284].

(*Sale* TEODORO *y* FABIO.)

FABIO: Pensó matarme el Marqués[285],
pero, la verdad diciendo,
más sentí los mil escudos.
TEODORO: Yo quiero darte un consejo.
FABIO: ¿Cómo?
TEODORO: El conde Federico
estaba perdiendo el seso
porque el Marqués se casaba.
Parte y di que el casamiento
se ha deshecho, y te dará
esos mil escudos luego.
FABIO: ¡Voy como un rayo!
TEODORO: Camina.
¿Llamábasme?
DIANA: Bien ha hecho
ese necio en irse agora.
TEODORO: Un hora[286] he estado leyendo
tu papel y, bien mirado[287],
señora, tu pensamiento,
hallo que mi cobardía

284 Como es habitual en la obra, el soneto (el sexto) está al servicio de la reflexión amorosa. Con los celos en medio, Diana mantiene una lucha interior entre su sentimiento amoroso y su honra. Se ha reprochado a veces al autor que concluya el soneto con una metáfora (*la cuerda* y *el arco*) ajena a la bella alegoría del mar y el barco que ha utilizado en el primer terceto y al comienzo del segundo.
285 La conversación entre Ricardo y Teodoro se produce mientras salen a escena y antes de que Teodoro llegue ante Diana. La Condesa no la escucha.
286 El manejo del tiempo en la obra es convencional. No hace «una hora» que Teodoro salió con el papel de Diana.
287 **Mirado:** analizado, considerado.

procede de tu respeto[288],
pero que ya soy culpado
en tenerle, como necio,
a tus muchas diligencias[289];
y así, a decir me resuelvo
que te quiero, y que es disculpa
que con respeto te quiero.
Temblando estoy, no te espantes.

DIANA: Teodoro, yo te lo creo.
¿Por qué no me has de querer
si soy tu señora y tengo
tu voluntad obligada[290],
pues te estimo y favorezco
más que a los otros crïados?

TEODORO: Ese lenguaje no entiendo[291].

DIANA: No hay más que entender, Teodoro,
ni pasar el pensamiento
un átomo de esta raya.
Enfrena cualquier deseo,
que de una mujer, Teodoro,
tan principal, y más siendo
tus méritos[292] tan humildes,
basta un favor muy pequeño

288 «Procede del respeto que tengo hacia ti».

289 Diligencias: atenciones, favores. «Me doy cuenta (*hallo*) que tengo culpa en ser —comportamiento necio— demasiado respetuoso (y, por tanto, *cobarde*, "apocado"), dadas las atenciones que tienes conmigo».

290 Obligada: agradecida.

291 Teodoro no entiende *ese lenguaje* porque él ha usado el verbo *querer* en el pleno sentido amoroso y Diana lo entiende (finge entenderlo) en el mero sentido cariñoso.

292 Méritos: estado social y económico (porque enseguida dice Diana que con un pequeño favor material que le haga podrá vivir siempre honrado y contento).

para que toda la vida
vivas honrado y contento.

TEODORO: Cierto que vuseñoría
—perdóneme si me atrevo—
tiene en el jüicio a veces,
que no en el entendimiento,
mil lúcidos intervalos[293].
¿Para qué puede ser bueno
haberme dado esperanzas
que en tal estado me han puesto
—pues del peso de mis dichas
caí, como sabe, enfermo
casi un mes en una cama
luego que tratamos de esto[294]—,
si cuando ve que me enfrío
se abrasa de vivo fuego,
y cuando ve que me abraso
se hiela de puro hielo[295]?
¡Dejárame con Marcela[296]!
Mas viénele bien el cuento
del perro del hortelano[297]:

293 Con respeto, Teodoro dice que alguna vez la Condesa puede no acertar en la valoración de los hechos y en su conducta (*juicio*). Ese raro desatino se produce, por supuesto, entre *mil lúcidos intervalos*, que es el tiempo (casi siempre) en que la señora es juiciosa. El hijo del caballero del Verde Gabán decía que don Quijote era un «entreverado loco, lleno de lúcidos intervalos» (*Quijote*, II, 18).

294 Nada se nos ha informado en la obra acerca de este hecho. En todo caso, es referencia a la enfermedad del amor.

295 La antítesis *hielo-fuego* (expresada aquí en forma de quiasmo) era tópico manoseado en la expresión del amor desde la poesía petrarquista.

296 «¡Ojalá me hubiese dejado con Marcela!».

297 Frase que da título a la obra. El autor no inserta la frase proverbial completa («El perro del hortelano, que ni come las berzas, ni las deja comer a nadie»), pues era conocida de todos, aunque con formulaciones que podían variar levemente. Enseguida (v. 2200), hará referencia abreviada a la segunda parte de la frase. La paremia la recogen ya las

no quiere, abrasada en celos,
que me case con Marcela
y, en viendo que no la quiero,
vuelve a quitarme el jüicio
y a despertarme si duermo.
Pues coma o deje comer,
porque yo no me sustento
de esperanzas tan cansadas[298];
que, si no, desde aquí[299] vuelvo
a querer donde me quieren.

DIANA: ¡Eso no, Teodoro! Advierto[300]
que Marcela no ha de ser.
En otro cualquier sujeto
pon los ojos, que en Marcela
no hay remedio[301].

TEODORO: ¿No hay remedio?
Pues ¿quiere vuseñoría
que si me quiere y la quiero
ande a probar voluntades[302]?
¿Tengo yo de tener puesto
adonde no tengo gusto
mi gusto por el ajeno[303]?

---

más antiguas colecciones de refranes conocidas en castellano (s. XV) . La formulación actual es «El perro del hortelano, que ni come ni deja comer», citada casi exactamente por Teodoro en los versos 2297-2298.

298 Cansadas: fastidiosas, molestas.

299 Desde aquí: a partir de este momento.

300 Advierto: te prevengo.

301 No hay remedio: es imposible. Pero siendo Marcela mujer de la casa de la Condesa, no es descartable que incida también el significado de «yo no patrocinaré económicamente (*remedio*) ese matrimonio».

302 «Si los dos nos queremos, ¿he de andar tentando si otras me quieren?». Corregimos el texto de 1618: *han de aprobar voluntades.*

303 «¿He de poner yo mi gusto donde no deseo, por complacer el gusto ajeno?». La actitud de Teodoro supone una

Yo adoro a Marcela y ella
me adora, y es muy honesto
este amor.

Diana: ¡Pícaro infame!
¡Haré yo que os maten luego[304]!

Teodoro: ¿Qué hace vuseñoría[305]?

Diana: Daros por sucio[306] y grosero
estos bofetones.

(Sale Fabio *y el conde* Federico.*)*

Fabio: ¡Tente[307]!

Federico: Bien dices, Fabio, no entremos.
Pero mejor es llegar[308].
Señora mía, ¿qué es esto?

Diana: No es nada; enojos que pasan
entre criados y dueños.

Federico: ¿Quiere vuestra señoría
alguna cosa?

Diana: No quiero
más de hablaros en las mías[309].

Federico: Quisiera venir a tiempo
que os hallara con más gusto[310].

---

insubordinación ante la Condesa.

304 Luego: inmediatamente.

305 La pregunta alude a los *bofetones* que recibe Teodoro.

306 Sucio: vil, ruin.

307 Tente: detente. Fabio y Federico se disponen a entrar en escena, pero, al ver la bofetada de Diana, el primero propone detenerse. Federico dirá que es mejor entrar. Recuérdese que Fabio había ido a avisar a Federico de que Diana no se casaba con el Marqués.

308 Llegar: acercarse.

309 «No quiero otra cosa que hablaros de mis asuntos».

310 «Me gustaría venir en una ocasión más propicia».

DIANA: Gusto, Federico, tengo,
que aquestas son niñerías.
Entrad y sabréis mi intento[311]
en lo que toca al Marqués.

(*Váyase* DIANA.)

FEDERICO: (*Aparte.*) Fabio.
FABIO: Señor...
FEDERICO: Yo sospecho
que en estos disgustos hay
algunos gustos secretos.
FABIO: No sé, por Dios. Admirado
de ver, señor Conde, quedo
tratar tan mal a Teodoro[312],
cosa que jamás ha hecho
la Condesa, mi señora.
FEDERICO: Bañole de sangre el lienzo[313].

(*Váyanse* FEDERICO *y* FABIO.)

TEODORO: Si aquesto no es amor, ¿qué nombre quieres,
amor, que tengan desatinos tales?
Si así quieren mujeres principales,
furias[314] las llamo yo, que no mujeres.
Si la grandeza excusa los placeres
que iguales pueden ser en desiguales[315],

311 Intento: intención.

312 «Quedo admirado de ver tratar tan mal a Teodoro» (hipérbaton).

313 Lienzo: pañuelo de nariz.

314 Furias: divinidades infernales en la mitología romana. Se asimilaron a las Erinias griegas, diosas de la venganza y los castigos. Representan la ira violenta.

315 «Si la magnanimidad (*grandeza*) disculpa (*excusa*) los placeres que se pueden dar de la misma manera (*iguales*) entre desiguales». Esta interpretación parece avalada por la pregunta siguiente que formula Teodoro: «Si esto es así,

¿por qué, enemiga, de crueldad te vales
y por matar a quien adoras mueres[316]?
¡Oh, mano poderosa de matarme[317],
quién te besara entonces, mano hermosa,
agradecido al dulce castigarme[318]!
No te esperaba yo tan rigurosa,
pero si me castigas por[319] tocarme,
tú sola hallaste gusto en ser celosa[320].

(*Sale* TRISTÁN.)

TRISTÁN: ¡Siempre tengo de venir
acabados los sucesos[321]!
Parezco espada cobarde[322].
TEODORO: ¡Ay, Tristán!
TRISTÁN: Señor, ¿qué es esto?
¡Sangre en el lienzo!
TEODORO: Con sangre
quiere amor que de los celos

¿por qué eres cruel y mueres por matar a quien adoras?».

316 Concurren aquí algunas palabras (*enemiga, crueldad, matar, mueres*) que pertenecen al código poético-amoroso del petrarquismo. «Dulce enemiga, hermosa fiera», escribía el poeta Gutierre de Cetina (s. XVI).

317 «Mano que tiene el poder de matarme». Es el verso 798 de la Égloga II de Garcilaso de la Vega, puesto en boca del pastor Albanio cuando este se acerca a Camila, que duerme, y desea cogerle la mano.

318 Aun cuando la mano tenga el poder de matar al pretendiente, sería un castigo dulce para este porque esa mano nunca habrá estado tan cerca de la víctima y sería hermoso poder besarla. Recuérdese la caída fingida de Diana al final del acto I y la consideración erótica de la mano.

319 **Por:** con el fin de, para.

320 Con este soneto, el séptimo de la obra, Teodoro analiza, mientras sostiene un pañuelo manchado de sangre, lo sucedido en la escena violenta de la bofetada y comprende incluso el sufrimiento de Diana.

321 «¡Siempre he de llegar cuando todo ha acabado!».

322 Se llama *espada cobarde* la que se desenvaina cuando el altercado ya ha concluido o el agresor ha huido (y, por tanto, está de más y es ridícula en ese momento la afectación de valentía donde hubo cobardía).

entre la letra[323].

TRISTÁN: ¡Por Dios,
que han sido celos muy necios!

TEODORO: No te espantes, que está loca
de un amoroso deseo,
y como el ejecutarle
tiene su honor por desprecio,
quiere deshacer mi rostro[324],
porque es mi rostro el espejo
adonde mira su honor,
y véngase en verle feo[325].

TRISTÁN: Señor, que Juana o Lucía
cierren conmigo por celos
y me rompan con las uñas
el cuello que ellas me dieron[326],
que me repelen y arañen
sobre averiguar por cierto
que les hice un peso falso,
vaya[327]: es gente de pandero,
de media de cordellate

323 «El amor quiere que la escritura de los celos entre con sangre». Alude al proverbio: «La letra con sangre entra».

324 «Como Diana, por su honor, rechaza (*tiene por desprecio*) ejecutar su deseo amoroso, quiere descomponerme el rostro».

325 «Porque mi rostro es el espejo al que mira su honor y viendo en ese rostro la deshonra (*feo*), se venga».

326 «Que esta y aquella la emprendan (*cierren*) conmigo por celos y me rompan con las uñas el cuello («prenda de ropa») que me regalaron». Los nombres de mujer citados por el criado (estereotípicos dentro de la clase baja) no han de aludir necesariamente a relaciones vividas. El *cuello* debe de referirse al «cuello de vestir». Uno de ellos era la lechuguilla, prenda independiente del vestido, de tela blanca y fina, formada por una sucesión de rizos almidonados. Fue prohibida en 1623.

327 «Que me arranquen el pelo (*repelen*) y me arañen por (*sobre*) enterarse que les engañé (*les hice un peso falso*), pase (*vaya*)». *Vaya* (subjuntivo del verbo ir, no interjección) tiene el sentido de «pase», «lo acepto», «lo puedo entender».

y de zapato frailesco[328];
pero que tan gran señora
se pierda tanto el respeto
a sí misma es vil acción.

TEODORO: No sé, Tristán; pierdo el seso
de ver que me está adorando
y que me aborrece[329] luego.
No quiere que sea suyo
ni de Marcela; y si dejo
de mirarla, luego busca
para hablarme algún enredo.
No dudes; naturalmente[330],
es del hortelano el perro:
ni come ni comer deja,
ni está fuera ni está dentro.

TRISTÁN: Contáronme que un doctor,
catredático y maestro[331],
tenía un ama[332] y un mozo[333]
que siempre andaban riñendo;
reñían a la comida,

---

328 «Es gente de poca categoría». Para señalar a la gente ruda y grosera, Tristán hace una caracterización esquemática: toca el *pandero* (por las calles, a cambio de dinero), viste telas bastas y rústicas (*cordellate*) y usa sandalias (*zapato frailesco*).

329 Me aborrece: se desinteresa de mí.

330 Naturalmente: por naturaleza.

331 *Doctor* era el más alto grado universitario que permitía enseñar, a quien lo lograba, sobre la ciencia en que se había graduado; el *catredático* («catedrático») impartía clases en una universidad y lo hacía desde una especie de púlpito con asiento (cátedra); *maestro* es lo mismo que *doctor*, si bien el primer título se reservaba para los estudios de Artes y Teología, y el segundo para los estudios de Medicina, Cánones y Derecho civil.

332 Ama: mujer que tiene el gobierno de una casa. No solía ser joven y con frecuencia servía en casas de hombres solteros (como don Quijote o este *catredático*).

333 Mozo: criado, no necesariamente joven, que sirve en las casas realizando oficios manuales.

a la cena, y hasta el sueño
le quitaban con sus voces,
que estudiar no había remedio[334].
Estando en lición[335] un día,
fuele forzoso corriendo
volver a casa, y entrando
de improviso en su aposento,
vio el ama y mozo acostados
con amorosos requiebros,
y dijo: «¡Gracias a Dios
que una vez en paz os veo[336]!».
Y esto imagino de entrambos[337],
aunque siempre andáis riñendo.

(*Sale la* CONDESA.)

DIANA: Teodoro.
TEODORO: Señora...
TRISTÁN: (*Aparte.*) ¿Es duende
esta mujer[338]?
DIANA: Solo vengo
a saber cómo te hallas.
TEODORO: ¿Ya no lo ves?
DIANA: ¿Estás bueno?
TEODORO: Bueno estoy.

---

334 «No había manera de estudiar», «no era posible estudiar».

335 Lición: lección. «Mientras impartía clase».

336 Segundo cuentecillo incluido en la obra (el primero fue en los versos 779 y ss.). Ver nota al verso 799.

337 Entrambos: ambos.

338 Tristán se refiere a la «aparición inesperada» de Diana, como si fuese un duende («espíritu o demonio que habita en las casas y forma revuelo en ellas»). El lexicógrafo Terreros y Pando definía en 1786: «*Duende* o *duendecillo:* se dice por la semejanza del que anda por todas partes y en todo se halla».

DIANA: ¿Y no dirás:
«A tu servicio[339]»?
TEODORO: No puedo
estar mucho en tu servicio,
siendo tal el tratamiento.
DIANA: ¡Qué poco sabes!
TEODORO: Tan poco
que te siento y no te entiendo[340],
pues no entiendo tus palabras
y tus bofetones siento.
Si no te quiero te enfadas,
y enójaste si te quiero;
escríbesme si me olvido[341],
y si me acuerdo[342] te ofendo;
pretendes que yo te entienda,
y si te entiendo soy necio[343].
¡Mátame o dame la vida,
da un medio a tantos extremos[344]!
DIANA: ¿Hícete sangre?
TEODORO: ¿Pues no?[345].

---

339 Es la fórmula de respeto que Teodoro debería haber añadido a su respuesta anterior.

340 Teodoro pone en juego dos valores del verbo *sentir*. «Te escucho y te siento y no te entiendo» y, por tanto, «siento (escucho) tus palabras y no te entiendo; siento tus bofetones y tampoco entiendo el motivo».

341 Me olvido: te dejo de lado.

342 Me acuerdo: pongo interés en ti.

343 Sucesión de quiasmos que transmiten la confusión que experimenta Teodoro ante el comportamiento de la Condesa.

344 Es juego de palabras: *medio-extremos*. Pero, en realidad, Teodoro no pide a Diana una postura «intermedia», sino «remedio» a esos *extremos*: morir (*mátame*) o ser correspondido (*dame la vida*).

345 Teodoro habla con ironía y afirma, en realidad. En las ediciones modernas se reproduce el texto de distinta forma: *¿Pues no?* o *Pues ¿no?* («¡Pues claro que sí!»), *Pues... no* (intentando Teodoro ocultar ante su señora el efecto de la bofetada). Esta última interpretación –la más repetida– parece inverosímil porque después del bofetón, Diana no abandona la escena inmediatamente y debe de ver la sangre y el pañuelo. Es poco creíble, entonces, que Teodoro esté negando lo que ya ha visto su señora. En las ediciones de 1618 no aparece ni exclamación ni interrogación.

DIANA: ¿Adónde tienes el lienzo?
TEODORO: Aquí.
DIANA: Muestra.
TEODORO: ¿Para qué?
DIANA: Para que[346] esta sangre quiero[347].
Habla a Otavio, a quien agora
mandé que te diese luego
dos mil escudos[348], Teodoro.
TEODORO: ¿Para qué?
DIANA: Para hacer lienzos[349].

(Váyase la CONDESA.*)*

TEODORO: ¿Hay disparates iguales?
TRISTÁN: ¿Qué encantamentos son estos?
TEODORO: ¡Dos mil escudos me ha dado!
TRISTÁN: Bien puedes tomar al precio
otros cuatro bofetones[350].
TEODORO: Dice que son para lienzos
y llevó el mío con sangre.
TRISTÁN: Pagó la sangre y te ha hecho
doncella por las narices[351].

346 Para que: porque.

347 El pasaje muestra el conocido tópico de la posesión de una prenda de la persona amada («¡Oh, dulces prendas!», Garcilaso). Pero quizá este es un elemento superficial. Diana quiere hacerse con la sangre de Teodoro, lo que sugiere una alianza que desvanece la diferencia de estado que los separa. *Esta sangre quiero* es una declaración que, más allá del pañuelo manchado, explica los deseos profundos de Diana: juntar las dos sangres.

348 De nuevo, la cantidad de dinero es exagerada. Ver nota al verso 2081.

349 Tras el regalo dinerario, Diana lanza esta amenaza: Teodoro necesitará pañuelos si persevera en su error. Es difícil, para el secretario y su criado, entender a la Condesa. De ahí, la siguiente intervención.

350 Estas intervenciones son propias del gracioso en la comedia barroca. Si dos mil escudos es el precio de una bofetada, bien podría dejarse Teodoro dar cuatro.

351 Tristán compara la pérdida de la virginidad de una doncella con el sangrado de Teodoro. La acción de pagar la Condesa por el exceso cometido es comparada al pago que un poderoso hacía a una doncella para mitigar el abuso o

TEODORO: No anda mal agora el perro,
pues después que muerde halaga.

TRISTÁN: Todos aquestos extremos
han de parar en el ama
del doctor[352].

TEODORO: ¡Quiéralo el cielo!

la violación a los que la había sometido. Diana ha tratado a Teodoro como si fuese una doncella y ha pagado su sangre. Como se ve, los tradicionales papeles masculino-femenino están invertidos.

352 Se refiere Tristán al cuentecillo de los personajes que siempre reñían y acabaron retozando en la cama.

ACTO TERCERO

(Salen FEDERICO *y* RICARDO[1]*.)*

RICARDO: ¿Esto vistes[2]?
FEDERICO: Esto vi.
RICARDO: ¿Y que le dio bofetones?
FEDERICO: El servir tiene ocasiones,
mas no lo son para mí[3];
que el poner una mujer
de aquellas prendas la mano
al rostro de un hombre, es llano
que otra ocasión puede haber[4].

1 Como más adelante se verá, les acompaña Celio, criado de Ricardo.

2 **Vistes:** visteis. Ricardo y Federico vienen comentando el episodio de la bofetada, ocurrido hace ya días.

3 «En el servir hay motivos a veces para que pueda haber bofetones (esto es corriente), pero para mí no es esta la explicación». Federico responde a la pregunta de Ricardo.

4 «Que una mujer de las cualidades (*prendas*) de Diana le ponga la mano en el rostro a un hombre deja claro (*es llano*) que puede haber un motivo distinto a los habituales (*otra ocasión*)».

	Y bien veis que lo acredita
	el andar tan mejorado[5].
RICARDO:	Ella es mujer y él crïado.
FEDERICO:	Su perdición solicita[6].
RICARDO[7]:	La fábula que pintó[8]
	el filósofo moral[9]
	de las dos ollas, ¡qué igual
	hoy a los dos la vistió[10]!
	Era de barro la una,
	la otra de cobre o hïerro,
	que un río a los pies de un cerro
	llevó con varia fortuna[11].
	Desvïose la de barro
	de la de cobre, temiendo
	que la quebrase; y yo entiendo

5 Mejorado: alude a que Teodoro ostenta mejores galas, se sirve de criados y maneja dinero, como se dirá enseguida.

6 «Diana busca su propia perdición». El contenido de la fábula siguiente permite interpretar que es Diana quien más tiene que perder en su relación con Teodoro.

7 A partir de esta intervención existe en las dos ediciones de 1618 una anómala adjudicación de parlamentos a los dos personajes de esta escena. La edición de Dixon restablece el orden según la coherencia del discurso (lo que no hacen algunas ediciones modernas). Esta intervención se adjudica a Federico en la edición de Madrid. El problema es que la siguiente también está en su boca en esta misma edición. De modo que debe de ser Ricardo quien habla ahora.

8 Pintó: describió, narró.

9 *Filósofo moral* era llamado el autor cuya literatura daba consejos y normas para la vida. Aquí se refiere al fabulista. La fábula de las dos ollas es de Flavio Aviano (s. IV d. C.), cuya breve obra didáctica se había vulgarizado en las escuelas y se publicaba exenta o en libros de fábulas de Esopo (que es el fabulista por antonomasia y por ello mismo podría Lope estar pensando en él). Que no es provechosa para el pobre la compañía del rico era motivo tradicional. Y con la formulación de las ollas, pero sin desarrollo argumental aparecía ya en el Eclesiástico («¿Cómo puede asociarse la olla con la caldera? Esta chocará con ella, y aquella se quebrará», 13,2).

10 «¡Qué bien la ajustó a los dos el fabulista!».

11 «Un río que corría a los pies de un cerro se llevó una olla de barro y otra de cobre o hierro con movimiento cambiante». El contenido de la fábula original de Flavio Aviano permite interpretar que el río no llevó las ollas a los pies de un cerro, y que las ollas se separaron una de otra dentro del agua.

pensamiento tan bizarro[12]
del hombre y de la mujer[13],
hierro y barro; y no me espanto,
pues acercándose tanto,
por fuerza se han de romper.

FEDERICO[14]: La altivez y bizarría[15]
de Dïana me admiró,
y bien puede ser que yo
viese y no viese aquel día[16].
Mas ver caballos y pajes
en Teodoro, y tantas galas,
¿qué son sino nuevas alas[17]?
Pues crïados, oro y trajes[18]
no los tuviera Teodoro
sin ocasión tan notable.

RICARDO[19]: Antes que de esto se hable
en Nápoles y el decoro

12 **Tan bizarro:** tan bien expresado, tan hermoso, tan lucido.

13 «Aplicado al hombre y a la mujer».

14 Este parlamente se adjudica a Ricardo en la edición de Barcelona de 1618. Pero fue Federico, y no Ricardo, quien pudo ver la escena de los bofetones a la que se alude en la intervención.

15 **Bizarría:** gallardía, valor.

16 «Puede ser que ese día (el de la bofetada) yo no hubiese visto bien lo que creí ver».

17 Federico no parece sugerir las alas de Ícaro, sino más bien el dicho: «Por su mal y ruina nacieron alas a la hormiga», proverbio conocidísimo que alude a los peligros de levantarse del propio estado (porque las alas nuevas elevaron a la hormiga y fue devorada por las aves). Aparece desde el siglo XV en los refraneros, y Sancho Panza recurre dos veces a él a propósito de su medra como gobernador insulano. Antes, en los versos acrósticos de *La Celestina* se habla de las «nuevas alas» de la hormiga.

18 Recuérdese que Teodoro ha recibido dos mil escudos de la Condesa.

19 Este parlamento se adjudica a Federico en las ediciones de 1618. Pero ha de ser Ricardo quien se dirija a Federico para decirle que han de matar a Teodoro para impedir que *el decoro / de vuestra sangre se ofenda* (pues hay consanguinidad entre Diana y Federico: son primos). Por otra parte, en el intento de matar a Teodoro, será Ricardo quien asumirá mayor responsabilidad, como ha de verse.

de vuestra sangre se ofenda,
sea o no sea verdad[20],
ha de morir.

FEDERICO: Y es piedad
matarle, aunque ella lo entienda[21].
¿Podrá ser?

RICARDO: Bien puede ser,
que hay en Nápoles quien vive
de eso, y en oro recibe
lo que en sangre ha de volver[22].
No hay más de buscar un bravo
y que le despache luego[23].

FEDERICO: Por la brevedad os ruego[24].

RICARDO: Hoy tendrá su justo pago[25]
semejante atrevimiento.

FEDERICO: ¿Son bravos estos?

RICARDO: Sin duda.

FEDERICO: El cielo ofendido ayuda
vuestro justo pensamiento[26].

(Salen FURIO, ANTONELO *y* LIRANO, *lacayos, y* TRISTÁN, *vestido de nuevo*[27].*)*

---

20 «Sean o no verdad nuestras suposiciones».

21 Es un acto que hacemos para servir a la Condesa, aunque ella se dé cuenta de que estamos implicados. Esta intervención se adjudica a Ricardo en las ediciones de 1618.

22 Volver: devolver. Se juega con los verbos *recibir* y (*de*)*volver*: la gente que vive de eso recibe dinero y devuelve sangre (asesinato).

23 «No hay más que buscar a un valentón (un matón) y que lo mate enseguida».

24 «Os ruego que sea enseguida (en breve)».

25 Los versos primero y último de esta redondilla tienen rima asonante (*bravo-pago*).

26 Federico pronuncia estas palabras porque ve entrar a algunas personas que podrán colaborar en el asesinato de Teodoro. Esa entrada va a generar un doble plano escénico.

27 De nuevo: con vestimenta nueva.

FURIO: Pagar tenéis el vino en alboroque[28]
del famoso vestido que os han dado.
ANTONELO: Eso bien sabe el buen Tristán que es justo.
TRISTÁN: Digo, señores, que de hacerlo gusto.
LIRANO: ¡Bravo[29] salió el vestido!
TRISTÁN: Todo aquesto
es cosa de chacota y zarandajas
respeto del lugar que tendré presto[30];
si no muda los bolos la fortuna[31],
secretario he de ser del secretario[32].
LIRANO: Mucha merced le hace la Condesa
a vuestro amo, Tristán.
TRISTÁN: Es su privanza[33],
es su mano derecha y es la puerta
por donde se entra a su favor.
ANTONELO Dejemos
favores y fortunas y bebamos.
FURIO: En este tabernáculo[34] sospecho
que hay lágrima famosa y malvasía.
TRISTÁN: Probemos vino greco[35], que deseo

28 **Alboroque:** en principio era la comisión que cobraba el intermediario en una compraventa. Aquí, se trata, simplemente, de que Tristán convide a beber a sus amigos para celebrar que estrena ropa: «Habéis de pagar el vino como invitación del espléndido vestido que os han dado». La medra de Teodoro alcanza también a su criado.

29 **Bravo:** bueno, magnífico.

30 «Todo esto es cosa de risa y menudencia con respecto (*respeto*: «en comparación con») al lugar que ocuparé pronto».

31 Tristán confía en que la fortuna no desbarate los planes que tiene (*si no muda los bolos*) para medrar al lado de Teodoro.

32 Cuando el secretario (Teodoro) sea conde de Belflor.

33 **Privanza:** hombre de confianza, privado.

34 **Tabernáculo:** taberna (lugar «sagrado» para bebedores). Juega con el nombre, pues, propiamente, el *tabernáculo* es el sagrario.

35 *Vino greco* es el que se elaboraba en la región de Campania a imitación de los vinos griegos dulces y fuertes, como

hablar en griego, y con beberlo basta[36].
RICARDO: Aquel moreno del color quebrado[37]
me parece el más bravo, pues que todos
le estiman, hablan y hacen cortesía.
Celio.
CELIO: Señor...
RICARDO: De aquellos gentilhombres
llama al descolorido.
CELIO: ¡Ah, caballero!
Antes que se entre en esa santa ermita[38],
el Marqués, mi señor, hablarle quiere.
TRISTÁN: Camaradas, allí me llama un príncipe[39];
no puedo rehusar el ver qué manda.
Entren y tomen siete o ocho azumbres[40]
y aperciban dos dedos de formache[41],
en tanto que me informo de su gusto[42].
ANTONELO: Pues despachad aprisa.
TRISTÁN: Iré volando.

los que cita Tristán. *Lágrima: lacryma Christi,* vino dulce obtenido de los viñedos plantados en las laderas del Vesubio. *Malvasía:* vino dulce y oloroso, de alta graduación.

36 Una chanza de Tristán. En la época de Lope la lengua griega se sentía ya muy extraña, casi una jerigonza, más incomprensible, por supuesto, que cualquier lengua vecina. Bebiendo *vino greco* abundante, Tristán comenzará a hablar de manera tan trabada y confusa (por su ebriedad) que parecerá que habla en griego.

37 Quebrado: pálido, poco intenso.

38 Santa ermita: terminología religiosa, de nuevo, para nombrar la taberna, lugar «santo» para los bebedores.

39 Príncipe: hombre principal.

40 Azumbres: como medida de capacidad para líquidos, el azumbre equivalía a unos dos litros. La alegría de Tristán le lleva a estas exageraciones.

41 «Preparen (*aperciban*) dos dedos de queso (*formache*)». *Formache* remite a «formaje», voz de germanía con influencia del catalán («formatge») y del italiano («formaggio»). El *dedo* era (y es) una unidad de longitud antropométrica que servía para medir el grosor de los objetos. Equivalía a algo menos de dos centímetros, pero en la vida cotidiana su uso era (y es) práctico y no matemático.

42 «En tanto que me informo de lo que desea».

¿Qué es lo que manda vuestra señoría?
RICARDO: El veros entre tanta valentía[43]
nos ha obligado al conde Federico
y a mí para saber si seréis hombre
para matar un hombre.
TRISTÁN: (*Aparte.*) ¡Vive el cielo
que son los pretendientes de mi ama,
y que hay algún enredo[44]! Fingir quiero.
FEDERICO: ¿No respondéis?
TRISTÁN: Estaba imaginando[45]
si vuestra señoría está burlando
de nuestro modo de vivir. Pues ¡vive
el que reparte fuerzas a los hombres[46],
que no hay en toda Nápoles espada
que no tiemble de solo el nombre mío!
¿No conocéis a Héctor[47]? Pues no hay
[Héctor
adonde está mi furibundo brazo,
que si él lo fue de Troya, yo de Italia.
FEDERICO: Este es, Marqués, el hombre que buscamos.
Por vida de los dos, que no burlamos,
sino que si tenéis conforme al nombre
el ánimo[48] y queréis matar un hombre,
que os demos el dinero que quisiéredes.

---

43 «Entre tanta gente valiente».
44 Enredo: intriga.
45 Imaginando: pensando.
46 «¡Pues vive Dios!».
47 Héctor: el más valiente de los héroes troyanos, hijo de Príamo (rey de Troya) y hermano de Paris.
48 «Si vuestro ánimo es tan arrojado como vuestro nombre ("Tristán de Italia") y queréis matar a un hombre, os daremos el dinero que quisiereis». Se usa un segundo *que* (v. 2467) expletivo.

TRISTÁN: Con docientos escudos me contento,
y sea el diablo[49].
RICARDO: Yo os daré trecientos,
y despachalde[50] aquesta noche.
TRISTÁN: El nombre
del hombre espero, y parte del dinero.
RICARDO: ¿Conocéis a Dïana, la condesa
de Belflor?
TRISTÁN: Y en su casa tengo amigos.
RICARDO: ¿Mataréis un crïado de su casa?
TRISTÁN: Mataré los crïados y crïadas
y los mismos frisones[51] de su coche.
RICARDO: Pues a Teodoro habéis de dar la muerte.
TRISTÁN: Eso ha de ser, señores, de otra suerte[52],
porque Teodoro, como yo he sabido,
no sale ya de noche, temeroso,
por ventura, de haberos ofendido[53].
Que le sirva estos días me han pedido;
dejádmele servir, y yo os ofrezco
de darle alguna noche dos mojadas
con que el pobreto *in pace requïescat*
y yo quede seguro y sin sospecha[54].

49 Frente a la expresión común *no sea el diablo*, que expresa un peligro o un temor, Tristán lanza esta otra que refuerza su (fingida) bravuconería.

50 Despachalde: despachadle, matadle. Metátesis.

51 Frisones: raza de caballos de pies anchos con pelaje. Son de gran fortaleza y por su condición tranquila se usaban para el tiro (*coche*).

52 De otra suerte: de otra manera.

53 Tristán acaba de decir que tiene amigos en la casa de Belflor. Por eso los dos caballeros no se extrañan de que el sicario conozca la rivalidad que existe entre ellos y Teodoro.

54 «Os ofrezco darle cualquier noche dos cuchilladas (*mojadas*) con que el desdichado (*pobreto*) descanse en paz (*in pace requiescat*) y yo quede a salvo y sin sospecha». Además del vestuario, la daga formaba parte de los accesorios

¿Es algo lo que digo[55]?
FEDERICO: No pudiera
hallarse en toda Nápoles un hombre
que tan seguramente[56] le matara.
Servilde pues, y así, al descuido, un día
pegalde[57] y acudid a nuestra casa.
TRISTÁN: Yo he menester[58] agora cien escudos.
RICARDO: Cincuenta tengo en esta bolsa; luego
que yo os vea en su casa de Dïana,
os ofrezco los ciento, y muchos cientos.
TRISTÁN: Eso de muchos cientos no me agrada[59].
Vayan vuseñorías en buen hora,
que me aguarda Mastranzo, Rompemuros,
Manodehierro, Arfuz y Espantadiablos[60],
y no quiero que acaso piensen algo.
RICARDO: Decís muy bien; adiós.
FEDERICO: ¡Qué gran ventura!
RICARDO: A Teodoro contalde por difunto.
FEDERICO: El bellacón, ¡qué bravo talle tiene!

(*Váyase* FEDERICO, RICARDO *y* CELIO.)

TRISTÁN: Avisar a Teodoro me conviene;

---

que hacían reconocible al matón.

55 «¿He hablado bien?». Hoy diríamos: «¿Os parece suficiente?».

56 **Seguramente:** con seguridad.

57 *Servilde*, *pegalde* y, enseguida, *contalde* son formas de imperativo con metátesis: «servidle», etc. *Pegalde:* «dadle de cuchilladas».

58 **He menester:** necesito.

59 Aunque las palabras de Tristán podrían referirse a la proverbial desconfianza en las promesas exageradas («Ofrecer mucho, especie es de negar», recogerá Gonzalo Correas), en realidad el criado alude, cómicamente, a las tandas de azotes (de cien en cien) con que públicamente se castigaban determinados delitos.

60 Nombres inventados por Tristán para acordarlos con su nueva faceta de matón.

perdone el vino greco y los amigos.
A casa voy, que está de aquí muy lejos;
mas este me parece que es Teodoro.

(*Sale* TEODORO.)

Señor, ¿adónde vas?

TEODORO: Lo mismo ignoro,
porque de suerte estoy[61], Tristán amigo,
que no sé dónde voy ni quién me lleva.
Solo y sin alma, el pensamiento sigo
que al sol me dice que la vista atreva[62].
Ves cuánto ayer Dïana habló conmigo;
pues hoy de aquel amor se halló tan nueva[63]
que apenas jurarás que me conoce,
porque[64] Marcela de mi mal se goce.

TRISTÁN: Vuelve hacia casa, que a los dos importa
que no nos vean juntos.

TEODORO: ¿De qué suerte[65]?

TRISTÁN: Por el camino te diré quién corta
los pasos dirigidos a tu muerte[66].

TEODORO: ¿Mi muerte? Pues ¿por qué?

TRISTÁN: La voz reporta[67]
y la ocasión de tu remedio advierte[68]:

---

61 «Porque estoy de tal manera».

62 «Sigo a mi pensamiento, que me dice que levante (*atreva*) la vista hacia el sol». Es decir, que no ceda en mis pretensiones amorosas.

63 Nueva: ajena, desconocedora. Diana «se hace de nuevas» con Teodoro.

64 Porque: para.

65 De qué suerte: ¿por qué razón?

66 «Quién pone obstáculos a (*corta*) las intrigas dirigidas a tu muerte».

67 Reporta: modera.

68 Advierte: escucha.

Ricardo y Federico me han hablado
y que te dé la muerte concertado[69].

TEODORO: ¿Ellos a mí?

TRISTÁN: Por ciertos bofetones
el amor de tu dueño conjeturan[70],
y pensando que soy de los leones[71]
que a tales homicidios se aventuran,
tu vida me han trocado a cien doblones[72],
y con cincuenta escudos me aseguran[73].

---

69 «Y han concertado (conmigo) que te dé la muerte».

70 «Han supuesto el amor de tu ama (*tu dueño*) por ciertos bofetones». Probablemente, *dueño* se usa en el mero sentido jerárquico.

71 **Leones:** bravucones, matones.

72 Cien doblones eran doscientos escudos. «Tu vida me han comprado por cien doblones». *Trocado:* «cambiado»; aquí, «comprado».

73 «Con cincuenta escudos (de anticipo) me vinculan al trato».

Yo dije que un amigo me pedía
que te sirviese y que hoy te serviría
donde[74] más fácilmente te matase,
a efeto de guardarte de esta suerte[75].

TEODORO: ¡Pluguiera a Dios que alguno me quitase
la vida y me sacase de esta muerte[76]!

TRISTÁN: ¿Tan loco estás?

TEODORO: ¿No quieres que me abrase
por tan dulce ocasión[77]? Tristán, advierte
que si Dïana algún camino hallara
de disculpa, conmigo se casara[78].
Teme su honor, y cuando más se abrasa,
se hiela y me desprecia.

TRISTÁN: Si te diese
remedio, ¿qué dirás?

TEODORO: Que a ti se pasa
de Ulises el espíritu[79].

TRISTÁN: Si fuese
tan ingenioso que a tu misma casa
un generoso padre[80] te trajese
con que fueses igual a la Condesa,
¿no saldrías, señor, con esta empresa[81]?

TEODORO: Eso es sin duda.

---

74 Donde: de manera que, para que.

75 «Con el fin de protegerte de esta manera».

76 El tormento amoroso como trasunto de la muerte es tópico literario.

77 Ocasión: motivo.

78 «Si Diana encontrara una manera (*camino*) de quedar justificada, se casaría conmigo».

79 «(Diré) que el espíritu de Ulises se te traspasa a ti». Las cualidades que sobresalían en Ulises eran la astucia y el ingenio.

80 Generoso padre: padre de linaje ilustre, noble.

81 «¿No conseguirías, señor, tu empeño?».

TRISTÁN: El conde Ludovico,
caballero ya viejo, habrá[82] veinte años
que enviaba a Malta un hijo de tu nombre,
que era sobrino de su gran maestre[83];
cautiváronle moros de Biserta
y nunca supo de él muerto ni vivo[84].
Este ha de ser tu padre y tú su hijo,
y yo lo he de trazar[85].

TEODORO: Tristán, advierte
que puedes levantar alguna cosa[86]
que nos cueste a los dos la honra y vida.

TRISTÁN: A casa hemos llegado[87]. A Dios te queda[88],
que tú serás marido de Dïana
antes que den las doce de mañana.

(*Váyase* TRISTÁN.)

TEODORO: Bien al contrario pienso yo dar medio[89]
a tanto mal, pues el amor bien sabe

---

82 Habrá: hará.

83 Es decir, el hijo del conde Ludovico era sobrino del Gran Maestre de la Orden de Malta, quien también hizo ese viaje (se nos dirá más adelante). *Maestre:* «superior en una orden militar».

84 Bizerta (*Biserta*) es una ciudad costera de Túnez. El hijo del Conde debió de ser capturado por piratas berberiscos en el canal de Sicilia, entre esta isla y Túnez, paso obligado en la navegación entre Nápoles y Malta. Esa zona dividía el Mediterráneo occidental del Mediterráneo oriental y era lugar de conflictos constantes entre cristianos y musulmanes. En *El amante liberal,* novela ejemplar de Cervantes, Ricardo y Leonisa son capturados por «corsarios de Biserta».

85 Trazar: planear, urdir.

86 «Que puedes urdir alguna falsedad».

87 Se ha producido un diálogo en itinerancia, desde la puerta de la taberna hasta el palacio de la Condesa.

88 «Quedate con Dios», «adiós».

89 Medio: remedio. Este soneto presenta la particularidad formal de repetir las rimas *medio* y *remedio.* Sin embargo, Lope utiliza *medio* con un sentido distinto cada vez; y *remedio* es verbo una vez y otra vez es sustantivo.

que no tiene enemigo que le acabe[90]
con más facilidad que tierra en medio[91].
Tierra quiero poner, pues que remedio
con ausentarme, amor, rigor tan grave[92],
pues no hay rayo tan fuerte que se alabe[93]
que entró en la tierra, de tu ardor remedio[94].
Todos los que llegaron a este punto,
poniendo tierra en medio te olvidaron,
que en tierra al fin le resolvieron junto[95].
Y la razón que de olvidar hallaron
es que amor se confiesa por difunto,
pues que con tierra en medio le
[enterraron[96].

(Sale la CONDESA.*)*

90 Acabe: venza, acabe con él.

91 Partido Tristán y ya a solas, Teodoro rechaza los planes que le propone el criado. Para acabar con el mal de amores, lo mejor que podrá hacer es poner tierra por medio. Ovidio recomendaba también la separación como medio para olvidar un amor: «Por muy fuertes que sean las cadenas que te retienen no tienes más que irte lejos y emprender un largo viaje. (...) No creas que te es suficiente alejarte. Entretente lejos hasta que el rescoldo del amor pierda sus fuerzas y se apague» (*Remedios contra el amor,* 213-214 y 243-244). Pero también tuvo tratamiento literario la idea contraria: la ausencia despierta aún más el amor.

92 «Quiero poner tierra (en medio), puesto que remedio, al ausentarme, tormento tan cruel». *Remedio* es verbo.

93 «Ningún rayo puede presumir de traspasar la tierra». *Rayo* aparece en su sentido literal y también como metáfora del amor.

94 Se juega en este cuarteto con el doble sentido de la palabra *tierra:* «distancia» y la «materia» que cubrirá el amor muerto por el olvido. La tierra es remedio porque supone distancia del ser amado y porque enterrará el sentir amoroso.

95 Junto: juntamente. Aquí, «de la misma manera». «Todos los amantes que llegaron a este punto de sufrimiento amoroso, lo resolvieron al fin de la misma manera (*junto*)»: enterrando (*en tierra*) su amor.

96 El juego con la palabra *tierra* llega hasta el último verso: poniendo *tierra* por medio el amante mata el sentir amoroso, de modo que la *tierra* sirve de sepultura al amor. No son aceptables las interpretaciones que ven en el soneto referencias de Teodoro a su propia muerte. Habla de la muerte del amor (por olvido) como una liberación personal. Frente a algunos sonetos anteriores que proponían en su remate la toma de una decisión, este presenta una determinación desde el primer verso: Teodoro decide alejarse de la Condesa.

DIANA: ¿Estás ya más mejorado
de tus tristezas, Teodoro?
TEODORO: Si en mis tristezas adoro,
sabré estimar mi cuidado[97].
No quiero yo mejorar
de la enfermedad que tengo,
pues solo a estar triste vengo
cuando imagino sanar.
¡Bien hayan[98] males que son
tan dulces para sufrir,
que se ve un hombre morir
y estima su perdición[99]!
Solo me pesa que ya
esté mi mal en estado
que he de alejar mi cuidado
de donde su dueño está[100].
DIANA: ¿Ausentarte? Pues ¿por qué?
TEODORO: Quiérenme matar.
DIANA: Sí harán[101].
TEODORO: Envidia a mi mal tendrán,
que bien al principio fue[102].
Con esta ocasión te pido
licencia para irme a España.

97 «Si estoy ensimismado en mis tristezas, sabré estimar la naturaleza de mi aflicción (amorosa)». Cuando el verbo *adorar* rige la preposición *en*, afianza su sentido de «dedicación exclusiva, porfiada e intensa». Ver el verso 2707.

98 **Bien hayan:** benditos sean.

99 Es el tópico del dulce sufrimiento amoroso.

100 «Que esté mi mal en un punto (*estado*) que he de alejar mi amor (*cuidado*) de donde está su dueño» (Diana).

101 Quizá esta afirmación tenga el valor de «temo que lo harán», «puede que lo hagan».

102 «Lo que antes fue un *bien* ahora es un *mal* y no saben que envidian ese mal».

DIANA: Será generosa hazaña[103]
de un hombre tan entendido[104],
que con eso quitarás
la ocasión de tus enojos,
y, aunque des agua a mis ojos[105],
honra a mi casa darás;
que desde aquel bofetón,
Federico me ha tratado
como celoso, y me ha dado
para dejarte ocasión[106].
Vete a España, que yo haré
que te den seis mil escudos.

TEODORO: Haré tus contrarios mudos
con mi ausencia. Dame el pie[107].

DIANA: Anda, Teodoro; no más.
Déjame, que soy mujer[108].

TEODORO: (*Aparte.*) Llora, mas ¿qué puedo hacer?

DIANA: En fin, Teodoro, ¿te vas?

TEODORO: Sí, señora.

DIANA: Espera... Vete...
Oye...

TEODORO: ¿Qué mandas?

DIANA: No, nada.
Vete.

TEODORO: Voyme.

103 «Será un noble gesto».

104 Entendido: discreto, considerado; inteligente.

105 «Aunque me hagas llorar».

106 Ocasión: motivo.

107 «Acallaré los rumores de tus enemigos con mi ausencia. A tus pies» (a modo de despedida).

108 Diana se sabe débil (*mujer*). Por eso pide, entre lágrimas, abreviar la despedida (*no más*: «basta»).

DIANA: (*Aparte.*) Estoy turbada.
¿Hay tormento que inquïete
como una pasión de amor?
¿No eres ido[109]?
TEODORO: Ya, señora,
me voy.
DIANA: ¡Buena quedo agora!

(*Vase* TEODORO.)

¡Maldígate Dios, honor!
Temeraria invención fuiste,
tan opuesta al propio gusto.
¿Quién te inventó? Mas fue justo,
pues que tu freno resiste
tantas cosas tan mal hechas[110].

(*Sale* TEODORO.)

TEODORO: Vuelvo a saber si hoy podré
partirme.
DIANA: Ni yo lo sé,
ni tú, Teodoro, sospechas
qué me pesa de mirarte,
pues que te vuelves aquí[111].
TEODORO: Señora, vuelvo por mí,
que no estoy en otra parte,
y como me he de llevar,

109 La intervención de Diana se produce a solas, salvo la pregunta dirigida a Teodoro: «¿No te has ido?».

110 Lucha interior de Diana. Por un lado maldice el honor que le impide unirse a Teodoro; no obstante, sabe que el honor sirve para mantener el orden individual y social, pues refrena (*tu freno resiste*) *tantas cosas tan mal hechas*».

111 «No sospechas cuán duro es para mí tenerte delante ahora que vuelves». *Qué:* «cuánto».

vengo para que me des
a mí mismo[112].

DIANA: Si después
te has de volver a buscar,
no me pidas que te dé[113].
Pero vete, que el amor
lucha con mi noble honor
y vienes tú a ser traspié[114].
Vete, Teodoro, de aquí;
no te pidas, aunque puedas,
que yo sé que si te quedas
allá me llevas a mí[115].

TEODORO: Quede vuestra señoría
con Dios.

DIANA: ¡Maldita ella[116] sea,
pues me quita que yo sea
de quien el alma quería!

(*Váyase* TEODORO.)

112 En la literatura amorosa era tópico el motivo de raíz neoplatónica según el cual el enamorado anula su identidad y, en una fusión unitaria, se transforma en la persona amada y vive en ella: el alma se enajena y pasa a vivir en la otra persona o se queda en el lugar que ella habita si hay ausencia. Plutarco (s. I d. C.) atribuía a Catón el Viejo la idea de que «el alma del amante vive en cuerpo ajeno» (*Vidas paralelas*). El poeta Francisco Figueroa (s. XVI) escribía: «Que el alma, que es de mí la mejor parte ni partirá ni parte / de quien jamás el pensamiento aparto». Al partir, Teodoro había dejado su alma en Diana. Por eso vuelve para recoger esa parte de él y cerrar definitivamente la relación amorosa.

113 «No me pidas que te dé el alma. Así tendrás un motivo para volver».

114 Traspié: «la zancadilla que se da luchando» (Covarrubias). La definición se ajusta exactamente al caso de Diana y su lucha entre amor y honor. El amor (Teodoro) le pone una zancadilla al honor.

115 Es el mismo principio expresado por Teodoro: el alma vive en la persona amada. El alma de Diana estará en España con Teodoro. El alma de Teodoro quedará en Nápoles con Diana.

116 Ella: la señoría. Diana se refiere a la palabra que acaba de nombrar Teodoro en su despedida. Precisamente la *señoría* (la nobleza, el rango social) es el elemento que separa sus voluntades amorosas. Este parlamento lo dice Diana para sí, mientras Teodoro se marcha.

¡Buena quedo ya, sin quien
era luz de aquestos ojos!
Pero sientan sus enojos:
quien mira mal, llore bien[117].
Ojos, pues os habéis puesto
en cosa tan desigual,
pagad el mirar tan mal,
que no soy la culpa de esto[118].
Mas no lloren, que también
tiempla el mal llorar los ojos[119],
pero sientan sus enojos:
quien mira mal, llore bien.
Aunque tendrán ya pensada
la disculpa para todo,
que el sol los pone en el lodo
y no se le pega nada[120].
Luego bien es que no den[121]
en llorar: cesad, mis ojos,
pero sientan sus enojos:
quien mira mal, llore bien.

117 Estribillo de villancico que se irá repitiendo en varias redondillas. El valor de *mirar mal* es «mirar (poner la atención en alguien, elegir) equivocadamente». Los ojos han cometido un error y por tanto merecen llorar (*lloren bien*).

118 «Ojos, pues habéis puesto vuestra atención en algo desproporcionado (*desigual*), ahora debéis pagar ese error (*mirar tan mal*), del que yo no soy culpable». La *cosa desigual* es, claro, haber elegido a un simple servidor. El desdoblamiento entre Diana y sus ojos, a base de apóstrofes, es semejante al que Teodoro establecía entre él mismo y su pensamiento (v. 1278 y ss.).

119 Es un juego conceptuoso. Llorar es el castigo que reciben los ojos por su mala elección (*mal mirar*), pero como *llorar los ojos* suaviza la pena (*tiempla el mal*) de estos, Diana pide que no lloren, pues no merecen piedad ninguna: han de pagar su error. Como se ve, es un planteamiento de imposible resolución: los ojos han de llorar como castigo, pero no han de llorar a fin de que no encuentren consuelo en el llanto (pues esto quebraría el castigo).

120 «El sol pone sus ojos (sus rayos) en el lodo y no se mancha».

121 **Den:** se empeñen.

(*Sale* MARCELA.)

MARCELA: Si puede la confianza
de los años de servirte
humildemente pedirte
lo que justamente alcanza,
a la mano te ha venido
la ocasión de mi remedio
y, poniendo tierra en medio,
no verme si te he ofendido[122].

DIANA: ¿De tu remedio, Marcela?
¿Cuál ocasión? Que aquí estoy.

MARCELA: Dicen que se parte hoy,
por peligros que recela,
Teodoro a España, y con él
Puedes casada enviarme,
pues no verme es remediarme.

DIANA: ¿Sabes tú que querrá él?

MARCELA: Pues ¿pidiérate yo a ti,
sin tener satisfación[123],
remedio en esta ocasión?

DIANA: ¿Hasle hablado?

MARCELA: Y él a mí,
pidiéndome lo que digo.

DIANA: (*Aparte*). ¡Qué a propósito me viene
esta desdicha[124]!

---

122 «Si la confianza que me da haberte servido estos años puede pedirte humildemente lo que es justo que ella alcance, en tu mano está la oportunidad de mi remedio, y, dejándome marchar de esta casa (*tierra en medio*), no tener que verme si es que te he ofendido». Para obtener el favor que solicita (el matrimonio y abandonar la casa), la criada invoca, con humildad, sus servicios a la Condesa.

123 «¿Te estaría pidiendo esto sin tener la aceptación de Teodoro?».

124 Porque a partir de la petición de Marcela, Diana podrá declarar públicamente su amor para impedir el matrimonio

MARCELA: Ya tiene
tratado aquesto conmigo
y el modo con que podemos
ir con más comodidad[125].

DIANA: (*Aparte.*) ¡Ay, necio honor!, perdonad,
que amor quiere hacer extremos[126].
Pero no será razón,
pues que podéis remediar
fácilmente este pesar[127].

MARCELA: ¿No tomas resolución?

DIANA: No podré vivir sin ti,
Marcela, y haces agravio
a mi amor[128], y aun al de Fabio,
que sé yo que adora en ti[129].
Yo te casaré con él;
deja partir a Teodoro.

MARCELA: A Fabio aborrezco; adoro
a Teodoro.

DIANA: (*Aparte.*) ¡Qué crüel
ocasión de declararme[130]!

---

entre los criados.

125 Ha de entenderse que habla del viaje a España.

126 **Extremos:** aquí, locuras. Diana, dominada por el amor que pugna por triunfar, está a punto de hacer una locura: declarar a Marcela la verdad de sus deseos, es decir, que el matrimonio entre los servidores es imposible porque el secretario se comprometerá con la señora. Sin embargo, la Condesa no hará tal desatino (*no será razón*): el honor va a intervenir para remediar el mal (*pesar*). La misma situación sucede en los versos 2710-2713.

127 Sigue el aparte. El honor podrá fácilmente poner solución al riesgo en que se halla Diana: casar a Marcela con Fabio.

128 «Al afecto que te tengo».

129 Fabio, dice Diana, no tiene otro cuidado amoroso que Marcela. Ver nota al verso 2579.

130 Como Marcela rechaza la propuesta de la Condesa, esta, a falta de más argumentos, se pone a pique otra vez de declarar el verdadero motivo de proponer a Fabio, y no a Teodoro, como marido de la criada. La tensión interior que soporta Diana es máxima.

Mas teneos[131], loco amor.
Fabio te estará mejor.

(Váyase[132].)

MARCELA: ¡Señora!
DIANA: No hay replicarme[133].
MARCELA: ¿Qué intentan imposibles mis sentidos
contra tanto poder determinados,
que celos poderosos, declarados,
harán un desatino resistidos[134]?
Volved, volved atrás, pasos perdidos[135],
que corréis a mi fin precipitados.
Árboles son amores desdichados
a quien el hielo marchitó floridos[136].
Alegraron el alma las colores[137]
que el tirano poder cubrió de luto[138],
que hiela ajeno amor muchos amores;
y cuando de esperar daba tributo[139],

131 Teneos: deteneos, frenad vuestro impulso. El amor está a punto de hablar. Pero no lo hará: triunfa el honor. El aparte de Diana concluye en este verso.

132 Entiéndase que inicia el movimiento para salir del escenario.

133 «Prohibido replicarme». Lo dice mientras sale del escenario.

134 «¿Qué cosas imposibles intentan mis deseos (*sentidos*) obstinados (*determinados*) contra tanto poder (el de Diana), pues los celos de quien es poderoso, cuando se hacen manifiestos, pueden cometer un desatino si encuentran resistencia?». Resumido: «¿Qué gano obstinándome en mis deseos, si Diana, celosa, comete un desatino contra mí?».

135 Pasos perdidos: pasos de perdición.

136 «Los amores desdichados son árboles a los que el hielo marchitó cuando estaban floridos». El pronombre *quien* podía usarse con antecedente plural no referido a persona.

137 Colores: los de las flores de los árboles citados en la estrofa anterior.

138 «El tirano poder (el de la Condesa) convirtió en luto los colores que alegraban el alma».

139 «Y aunque la hermosura de las flores ofrecía esperanza, qué importa esa hermosura si las flores se perdieron esperando el fruto». Imagen poética perfecta para esta historia de amor: el árbol florido que no rendirá fruto por el hielo que destroza las flores.

¿qué importa la hermosura de las flores,
si se perdieron esperando el fruto[140]?

(*Sale el conde* LUDOVICO, *viejo, y* CAMILO[141].)

CAMILO: Para tener sucesión
no te queda otro remedio[142].
LUDOVICO: Hay muchos años en medio
que mis enemigos son[143],
y aunque tiene esa disculpa
el casarse en la vejez[144],
quiere el temor ser jüez
y ha de averiguar la culpa[145].
Y podría suceder
que sucesión no alcanzase[146]
y casado me quedase;
y en un viejo una mujer
es en un olmo una hiedra,
que aunque con tan varios lazos
le cubre de sus abrazos,
él se seca y ella medra[147].

140 El último soneto de la obra (el noveno) es una reflexión amarga de Marcela: la aceptación resignada del fin de su amor. La imposición de Diana demuestra que nada tiene la fuerza que tiene el poderoso.

141 Cambio de escenario: estamos en casa del conde Ludovico.

142 Para el espectador la conversación comienza *in medias res.*

143 «Nos separan (a la mujer y a mí) muchos años, y esos años son mis enemigos».

144 La disculpa de casarse en la vejez es buscar la descendencia.

145 «Mi prudencia (*temor*) quiere ser juez que averigüe la parte mala que pueda concurrir en este caso». Antes de casarse con una mujer joven, el Conde quiere tantear los inconvenientes de su decisión.

146 «Que no tenga hijos».

147 En la lírica renacentista y barroca, la metáfora del olmo y la hiedra (o el olmo y la vid) representaba el lazo amoroso que vincula a los amantes. Aquí aparece con valor especial, al tratarse de un *viejo* y al no concurrir el amor apasionado. En las ediciones de 1618: *la cubre*, lo que obliga a interpretar que el árbol abraza con sus ramas a la hiedra (Dixon). Pero otros textos de Lope (y todos los testimonios del periodo clásico) presentan a la hiedra abrazando, y le atribuyen

Y tratarme casamientos
es traerme a la memoria,
Camilo, mi antigua historia
y renovar mis tormentos.
Esperando cada día
con engaños[148] a Teodoro,
veinte años ha que le lloro.

(Sale un PAJE.*)*

PAJE: Aquí a vuestra señoría
busca un griego mercader.

(Sale TRISTÁN, *vestido de armenio*[149], *con un turbante, graciosamente, y* FURIO *con otro*[150].*)*

LUDOVICO: Di que entre.
TRISTÁN: Dadme esas manos[151],
y los cielos soberanos,
con su divino poder,
os den el mayor consuelo
que esperáis.
LUDOVICO: Bien seáis venido;
mas ¿qué causa os ha traído

---

lazos. Editamos *le* (por el leísmo corriente en la obra; ver nota al verso 83).

148 Con engaños: con decepciones (diarias).

149 Armenia, que en épocas pasadas ocupaba un extenso territorio en Mesopotamia y hoy es un pequeño país euroasiático, estuvo entre los siglos xv y xviii en disputa entre el imperio persa y el imperio otomano. Fueron muy numerosos los armenios que en el siglo xvii se establecieron en la costas del Mediterráneo occidental (también en España), y se dedicaron sobre todo al comercio. Probablemente, Tristán se presenta con vestimenta negra, a la manera de los comerciantes armenios.

150 Los dos personajes (o al menos Tristán) visten también ropa talar (la almalafa) para completar la imagen de mercaderes armenios. El paje del conde Ludovico iguala griegos y armenios, pues en época de Lope estaban ambos sometidos al mismo poder otomano y tenían la misma religión: el catolicismo ortodoxo.

151 «Dejad que os bese esas manos».

por este remoto suelo?

TRISTÁN: De Constantinopla[152] vine
a Chipre, y de ella a Venecia,
con una nave cargada
de ricas telas de Persia.
Acordeme de una historia
que algunos pasos[153] me cuesta,
y con deseo de ver
a Nápoles, ciudad bella,
mientras allá mis crïados
van despachando las telas,
vine, como veis, aquí,
donde mis ojos confiesan
su grandeza y hermosura[154].

LUDOVICO: Tiene hermosura y grandeza
Nápoles[155].

TRISTÁN: Así es verdad.
Mi padre, señor, en Grecia
fue mercader, y en su trato[156]
el de más ganancia era
comprar y vender esclavos;
y ansí en la feria de Azteclias[157]
compró un niño, el más hermoso
que vio la naturaleza,

152 Constantinopla: hoy Estambul.

153 Pasos: aquí, fatigas, peripecias.

154 «Donde mis ojos han podido comprobar la grandeza y hermosura de Nápoles».

155 En época de Lope, Nápoles era una gran ciudad, con más de 400 000 habitantes.

156 Trato: negocio.

157 En su relato, Tristán inventa nombres extravagantes de personajes y lugares. Para el espectador tendrían un valor cómico.

por testigo del poder
que le dio el cielo en la tierra[158].
Vendíanle algunos turcos,
entre otra gente bien puesta
de una galera de Malta
que las de un bajá turquescas
prendió en la Chafalonía[159].

LUDOVICO: Camilo, el alma me altera.

TRISTÁN: Aficionado al rapaz[160],
comprole y llevole a Armenia,
donde se crio conmigo
y una hermana.

LUDOVICO: Amigo, espera,
espera, que me traspasas
las entrañas.

TRISTÁN: (*Aparte.*) ¡Qué bien entra[161]!

LUDOVICO: ¿Dijo cómo se llamaba?

TRISTÁN: Teodoro.

LUDOVICO: ¡Ay, cielo! ¡Qué fuerza
tiene la verdad! De oírte
lágrimas mis canas riegan[162].

TRISTÁN: Serpalitonia, mi hermana,

158 La hermosura del niño era la demostración (*testigo*) del poder que el cielo dio a la naturaleza para hacer una criatura así». Recordemos el comienzo de *La Celestina:* Calisto ve la grandeza de Dios en que este ha dado poder a la naturaleza para hacer una mujer tan hermosa como Melibea.

159 «Los turcos vendían a este niño, junto a (*entre*) otra gente de buena apariencia procedentes de una galera de la Orden de Malta, galera que había sido prendida por las galeras turcas de un bajá». *Prendió* se hace concordar con *bajá*. *Bajá*: «entre los turcos, cargo superior con mando sobre una flota» (almirante). En las ediciones de 1618 en el verso 2788 se lee *a una galera turquesa*. Corregimos según el manuscrito.

160 «Interesado en el muchacho».

161 «¡Qué bien entra en esta historia!», «¡qué bien se traga el engaño!». Tristán se dirige solo a Furio.

162 «Las lágrimas de emoción bajan hasta mi barba» (*canas*, por metonimia).

y este mozo (nunca fuera
tan bello[163]), con la ocasión
de la crïanza, que engendra
el amor[164] que todos saben,
se amaron desde la tierna
edad; y a deciséis años[165],
de mi padre en cierta ausencia,
ejecutaron su amor,
y creció de suerte en ella
que se le echaba de ver,
con cuyo temor se ausenta
Teodoro y, para parir,
a Serpalitonia deja[166].
Catiborratos, mi padre,
no sintió tanto la ofensa
como el dejarle Teodoro[167].
Murió, en efeto, de pena,
y bautizamos su hijo[168],
que aquella parte de Armenia
tiene vuestra misma ley,
aunque es diferente iglesia[169].
Llamamos al bello niño
Terimaconio, que queda

163 «Ojalá no hubiera sido tan bello».

164 Amor: apego, afecto.

165 «Cuando tenían dieciséis años». En el habla y en la escritura convivían *deciséis* y *dieciséis*.

166 «Ejecutaron su amor y, al cabo, se le comenzó a notar el embarazo, y, temeroso de ello Teodoro, al tiempo del parto (*para parir*) abandona a Serpalitonia».

167 A Catiborratos le dolió más la fuga de Teodoro (por el afecto que le tenía) que la relación clandestina de los jóvenes y el resultado de la misma.

168 «Catiborratos murió de pena y bautizamos al hijo de Teodoro».

169 Tiene la misma religión (*ley*), pero pertenece a la Iglesia ortodoxa de Oriente.

un bello rapaz agora[170]
en la ciudad de Tepecas.
Andando en Nápoles yo
mirando cosas diversas,
saqué un papel en que traje
de este Teodoro las señas,
y preguntando por él,
me dijo una esclava griega
que en mi posada servía:
«¿Cosa que[171] ese mozo sea
el del conde Ludovico?».
Diome el alma una luz nueva,
y doy en que os he de hablar[172];
y por entrar en la vuestra,
entro, según me dijeron,
en casa de la condesa
de Belflor[173]; y al primer hombre
que pregunto...

LUDOVICO: Ya me tiembla
el alma.

TRISTÁN: ¡Veo a Teodoro[174]!

LUDOVICO: ¿A Teodoro?

TRISTÁN: Él bien quisiera
hüirse, pero no pudo.
Dudé un poco, y era fuerza,

---

170 «Que está hecho ahora un hermoso niño».

171 **¿Cosa que...?**: ¿podría ser que...?

172 «Tuve una inspiración y resuelvo que os he de hablar».

173 «En lugar de entrar en vuestra casa, entro (por equivocación) en casa de la condesa de Belflor». La verosimilitud de esta incidencia radica en ser dos ostentosos palacios señoriales.

174 «Reconozco a Teodoro».

porque el estar ya barbado,
tiene alguna diferencia[175].
Fui tras él, asile en fin,
hablome, aunque con vergüenza,
y dijo que no dijese
a nadie en casa quién era,
porque el haber sido esclavo
no diese alguna sospecha[176].
Díjele: «Si yo he sabido
que eres hijo en esta tierra
de un título[177], ¿por qué tienes
la esclavitud por bajeza?».
Hizo gran burla de mí,
y yo, por ver si concuerda
tu historia con la que digo,
vine a verte, y a que tengas,
si es verdad que este es tu hijo,
con tu nieto alguna cuenta[178],
o permitas que mi hermana
con él a Nápoles venga,
no para tratar casarse,
aunque le sobra nobleza,
mas porque[179] Terimaconio
tan ilustre abuelo vea[180].

---

175 «Dudé un poco, y era natural, porque el llevar ahora barba Teodoro establece alguna diferencia (con el que yo conocía)».

176 «Por si su condición de esclavo rebajaba su consideración ante la Condesa».

177 Título: persona con título, noble.

178 Cuenta: trato, consideración, miramiento.

179 Porque: para que.

180 La historia que cuenta Tristán se basa en la séptima narración de la jornada quinta del *Decamerón*, de Boccaccio.

LUDOVICO: Dame mil veces tus brazos,
que el alma con sus potencias[181]
que es verdadera tu historia
en su regocijo muestran.
¡Ay, hijo del alma mía,
tras tantos años de ausencia
hallado para mi bien!
Camilo, ¿qué me aconsejas?
¿Iré a verle y conocerle?
CAMILO: ¿Eso dudas? ¡Parte, vuela,
y añade vida en sus brazos
a los años de tus penas[182]!
LUDOVICO: Amigo, si quieres ir
conmigo, será más cierta
mi dicha; si descansar,
aquí aguardando te queda
y dente por tanto bien[183]
toda mi casa y hacienda,
que no puedo detenerme.
TRISTÁN: Yo dejé, puesto que[184] cerca,
ciertos diamantes que traigo
y volveré cuando vuelvas.
Vamos de aquí, Mercaponios.
FURIO: Vamos, señor.
TRISTÁN: *Bien se entrecas*
el engañifo.

181 Las potencias del alma son, en la doctrina agustiniana, memoria, entendimiento y voluntad. Ver nota al verso 404. Lo que sencillamente dice el Conde es: «creo con toda mi alma que...».

182 Los años que el Conde ha vivido sin su hijo son años de penas. Abrazar ahora a su hijo alargará su vida.

183 «Quédate (*te queda*) aquí aguardando y que te ofrezcan (*dente*) por tanto bien».

184 **Puesto que:** aunque.

FURIO: *Muy bonis.*
TRISTÁN: *Andemis*[185].
CAMILO: ¡Extraña lengua!
LUDOVICO: Vente, Camilo, tras mí.

(*Váyanse el* CONDE *y* CAMILO.)

TRISTÁN: ¿Trasponen[186]?
FURIO: El viejo vuela
sin aguardar coche o gente[187].
TRISTÁN: ¿Cosa que esto verdad sea
y que este fuese Teodoro?
FURIO: Mas ¿si en mentira como esta
hubiese alguna verdad?
TRISTÁN: Estas almalafas lleva[188],
que me importa desnudarme
porque ninguno me vea
de los que aquí me conocen.
FURIO: Desnuda presto.
TRISTÁN: ¡Que pueda
esto el amor de los hijos!
FURIO: ¿Adónde te aguardo?
TRISTÁN: Espera,
Furio, en la choza del olmo[189].
FURIO: Adiós.

185 «Qué bien se entrega al engaño. Muy bien. Vayámonos». Los dos personajes hablan una lengua inventada, supuestamente exótica, para reafirmar su condición de extranjeros. Para el espectador tal lengua (griega) resulta cómica.
186 ¿Trasponen?: *Trasponer* es «desaparecer alguien de la vista de otros por doblar o torcer la dirección del camino o por entrar o salir de algún sitio». Aquí es simplemente: «¿se han ido ya?».
187 Se supone que una persona de la grandeza del Conde habría de ir en coche y acompañado de criados.
188 Almalafa: vestimenta moruna que cubría el cuerpo, desde los hombros hasta los pies.
189 Choza del olmo: acaso sea alusión a una taberna, como proponen Kholer y Dixon.

(*Váyase* FURIO.)

TRISTÁN: ¿Qué tesoro llega
al ingenio[190]? Aquí debajo
traigo la capa revuelta[191],
que como medio sotana
me la puse porque[192] hubiera
más lugar, en el peligro,
de dejar en una puerta,
con el armenio turbante,
las hopalandas greguescas[193].

(*Salen* RICARDO *y* FEDERICO.)

FEDERICO: Digo que es este el matador valiente
que a Teodoro ha de dar muerte segura.
RICARDO: ¡Ah, hidalgo! ¿Ansí se cumple entre la gente
que honor profesa y que opinión procura[194]
lo que se prometió tan fácilmente?
TRISTÁN: Señor...
FEDERICO: ¿Somos nosotros, por ventura,
de los iguales vuestros[195]?
TRISTÁN: Sin oírme
no es justo que mi culpa se confirme.

190 «¿Qué tesoro es comprable al ingenio?».

191 Revuelta: recogida, doblada, arremangada (de modo que le quedaba como medio sotana)

192 Porque: para que.

193 Tristán ha llevado, debajo de la ropa armenia o griega, la capa corriente. La lleva recogida como si fuera una medio sotana. Ha usado esta traza por si, en un peligro, debía dejar rápidamente en cualquier puerta las ropas largas griegas (*hopalandas greguescas*). Este parlamento (si no ya alguno inmediato anterior) sucede fuera del palacio del Conde, ya en la calle.

194 «Que busca tener buena reputación».

195 Le pregunta a Tristán si cree que tienen que soportar ellos el incumplimiento, la informalidad y el engaño que son propios de la gente del hampa. La pregunta retórica es, en realidad, una afirmación: «Nosotros no somos de los iguales vuestros».

Yo estoy sirviendo al mísero Teodoro,
que ha de morir por esta mano airada,
pero puede ofender vuestro decoro
públicamente ensangrentar mi espada.
Es la prudencia un celestial tesoro
y fue de los antiguos celebrada
por única virtud. Estén muy ciertos
que le pueden contar entre los muertos.
Estase melancólico de día
y de noche cerrado en su aposento,
que alguna cuidadosa fantasía[196]
le debe de ocupar el pensamiento.
Déjenme a mí, que una mojada fría[197]
pondrá silencio a su vital aliento,
y no se precipiten de esa suerte,
que yo sé cuándo le he de dar la muerte.

FEDERICO: Paréceme, Marqués, que el hombre acierta.
Ya que le sirve, ha comenzado el caso[198].
No dudéis, matarale.

RICARDO: Cosa es cierta.
Por muerto le contad.

FEDERICO: Hablemos paso[199].

TRISTÁN: En tanto que esta muerte se concierta,
vusiñorías, ¿no tendrán acaso
cincuenta escudos? Que comprar querría
un rocín que volase el mismo día[200].

196 «Alguna meditación preocupante».

197 Mojada: cuchillada.

198 «Si se ha puesto a su servicio es que ha comenzado ya a cumplir su promesa de matarlo».

199 «Bajemos la voz».

200 La comicidad de las palabras de Tristán radica en que el día que cometa el asesinato pretende gran rendimiento de

RICARDO: Aquí los tengo yo. Tomad seguro
de que, en saliendo con aquesta
[empresa[201],
lo menos es pagaros.
TRISTÁN: Yo aventuro
la vida, que servir buenos profesa[202].
Con esto, adiós; que no me vean, procuro,
hablar desde el balcón de la Condesa,
con vuestras señorías[203].
FEDERICO: Sois discreto.
TRISTÁN: Ya lo verán al tiempo del efeto[204].
FEDERICO: ¡Bravo es el hombre!
RICARDO: Astuto y ingenioso.
FEDERICO: ¡Qué bien le ha de matar!
RICARDO: Notablemente.

(*Sale* CELIO.)

CELIO: ¿Hay caso más extraño y fabuloso?
FEDERICO: ¿Qué es esto, Celio? ¿Dónde vas? Detente.
CELIO: Un suceso notable y riguroso[205]
para los dos. ¿No veis aquella gente
que entra en casa del conde Ludovico?
RICARDO: ¿Es muerto?
CELIO: Que me escuches te suplico.

un *rocín* (que es «un caballo de mala traza») para huir del lugar.

201 «Teniendo éxito en esta empresa».

202 «Pongo en juego esta vida que está dedicada (*profesa*) a servir a los buenos». Es, claro, una ironía, pues se ha puesto al servicio de quienes prometen pagarle por matar a Teodoro.

203 «Procuro que desde el balcón de la Condesa no me vean hablar con vuestras señorías».

204 Efeto: efecto; aquí, cumplimiento de lo tratado. Con estas palabras se marcha Tristán.

205 Riguroso: severo, duro.

A darle van el parabién[206], contentos
de haber hallado un hijo que ha perdido.

RICARDO: Pues ¿qué puede ofender nuestros intentos
que le haya esa ventura sucedido?

CELIO: ¿No importa a los secretos pensamientos[207]
que con Dïana habéis los dos tenido
que sea aquel Teodoro, su crïado,
hijo del Conde?

FEDERICO: El alma me has turbado.

RICARDO: ¿Hijo del Conde? Pues ¿de qué manera
se ha venido a saber?

CELIO: Es larga historia,
y cuéntanla tan varia[208] que no hubiera
para tomarla tiempo ni memoria.

FEDERICO: ¿A quién mayor desdicha sucediera?

RICARDO: Trocose en pena mi esperada gloria.

FEDERICO: Yo quiero ver lo que es.

RICARDO: Yo, Conde, os sigo.

CELIO: Presto veréis que la verdad os digo.

(*Váyanse y salgan* TEODORO, *de camino*[209], *y* MARCELA[210].)

MARCELA: En fin, Teodoro, ¿te vas?

TEODORO: Tú eres causa de esta ausencia,
que en desigual competencia

---

206 Parabién: felicitación.

207 Secretos pensamientos: las intenciones de matrimonio con Diana.

208 «La cuentan de tantas maneras que es difícil» o «con tantos detalles».

209 De camino: con vestimenta de viaje (color llamativo –verde con mucha frecuencia–, sombrero con plumas de colores, botas negras con espuelas).

210 Nos situamos otra vez en el palacio de la Condesa.

no resulta bien jamás[211].

MARCELA: Disculpas tan falsas das
como tu engaño lo ha sido;
porque haberme aborrecido
y haber amado a Dïana
lleva tu esperanza vana
solo a procurar su olvido[212].

TEODORO: ¿Yo a Dïana?

MARCELA: Niegas tarde,
Teodoro, el loco deseo
con que perdido te veo
de atrevido y de cobarde:
cobarde en que ella se guarde
el respeto que se debe[213],
y atrevido pues se atreve
tu bajeza a su valor,
que entre el honor y el amor
hay muchos montes de nieve[214].
Vengada quedo de ti,
aunque quedo enamorada,
porque olvidaré vengada,
que el amor olvida ansí[215].
Si te acordares de mí,

211 «En una competencia desigual nunca se genera un bien». Teodoro ofrece una excusa falsa, creyendo poder engañar a Marcela.

212 «Haber dejado de amarme (*aborrecido*) y haber amado después a Diana es, únicamente, lo que ahora ha llevado a tu esperanza frustrada (*vana*) a procurar olvidarse de ella.

213 En estos amores de Teodoro y Diana, el secretario, según Marcela, ha estado temeroso (*cobarde*) de que Diana se comportase conforme a su posición (y por tanto lo rechazase). Y ha sido *atrevido* al pensar que desde su baja posición podía aspirar a la grandeza (*valor*) de la Condesa.

214 Montes de nieve: aquí, impedimentos insalvables.

215 La venganza de Marcela será olvidar a Teodoro.

imagina que te olvido
porque[216] me quieras; que ha sido
siempre, porque suele hacer
que vuelva un hombre a querer
pensar que es aborrecido[217].

TEODORO: ¡Qué de quimeras[218] tan locas
para casarte con Fabio!

MARCELA: Tú me casas, que al agravio
de tu desdén me provocas[219].

(*Sale* FABIO.)

FABIO: Siendo las horas tan pocas
que aquí Teodoro ha de estar,
bien haces, Marcela, en dar
ese descanso a tus ojos.

TEODORO: No te den celos enojos
que han de pasar tanto mar[220].

FABIO: En fin ¿te vas?

TEODORO: ¿No lo ves[221]?

FABIO: Mi señora viene a verte.

(*Sale la* CONDESA, *y* DOROTEA *y* ANARDA.)

DIANA: ¿Ya, Teodoro, de esta suerte[222]?

TEODORO: Alas quisiera en los pies,

216 Porque: para que.

217 «Si te acuerdas de mí, piensa que te he olvidado para que me quieras. Esto siempre ha sido así: cuando un hombre piensa que ha dejado de ser amado (*aborrecido*), vuelve a amar».

218 Quimeras: fabulaciones, invenciones.

219 «Eres tú quien hace que me case; pues me llevas (*provocas*) a castigar tu desdén».

220 «Celos que han de pasar tanto mar no deben darte enojos». Es decir, que Fabio no debe sentirse celoso por haber encontrado juntos a Marcela y Teodoro, pues el secretario se irá de la casa para siempre.

221 Lo dice por la vestimenta que lleva.

222 Diana nota que Teodoro ya está vestido para viajar (incluidas las botas con espuelas).

¡cuanto más, señora, espuelas[223]!
DIANA: ¡Hola[224]! ¿Está esa ropa a punto?
ANARDA: Todo está aprestado[225] y junto.
FABIO: En fin, se va.
MARCELA: ¿Y tú me celas[226]?
DIANA: Oye aquí aparte.
TEODORO: (*Aparte los dos.*) Aquí estoy
a tu servicio[227].
DIANA: Teodoro,
tú te partes, yo te adoro.
TEODORO: Por tus crueldades me voy.
DIANA: Soy quien sabes, ¿qué he de hacer?
TEODORO: ¿Lloras?
DIANA: No, que me ha caído
algo en los ojos.
TEODORO: ¿Si ha sido
amor[228]?
DIANA: Sí debe de ser,
pero mucho antes cayó
y agora salir querría[229].

---

223 La afirmación puede entenderse como las fuertes ganas que tiene Teodoro de marchar rápidamente (*alas*) de palacio y acabar con su tormento amoroso. Si no puede tener alas, necesitará *espuelas* para picar su caballo. Pero es inevitable el recuerdo de su no lograda ascensión (*alas*) hasta la grandeza de Diana.

224 ¡Hola!: interjección para llamar a los criados.

225 Aprestado: preparado.

226 «¿Y tú tienes celos?». Ante la marcha de Teodoro, Marcela hace ver a Fabio que son injustificados sus celos. Fabio y Marcela hablan aparte.

227 Recuérdese que, después de la bofetada, Diana reprochó a su secretario que no añadiese «a tu servicio» en la respuesta a su llamada. Ahora Teodoro emplea la fórmula completa de respeto. Ver nota al verso 2323.

228 «¿Habrá sido amor?».

229 Diana dice que le ha caído *algo* en los ojos, y ese *algo* está ahora intentando salir (*salir querría*), y por eso sus ojos derraman lágrimas. Obviamente, es el amor.

TEODORO: Yo me voy, señora mía;
yo me voy, el alma no[230].
Sin ella tengo de ir,
no hago al serviros falta,
porque hermosura tan alta
con almas se ha de servir[231].
¿Qué me mandáis? Porque yo
soy vuestro.

DIANA: ¡Qué triste día!

TEODORO: Yo me voy, señora mía;
yo me voy, el alma no.

DIANA: ¿Lloras?

TEODORO: No, que me ha caído
algo, como a ti, en los ojos[232].

DIANA: Deben de ser mis enojos[233].

TEODORO: Eso debe de haber sido.

DIANA: Mil niñerías te he dado
que en un baúl hallarás;
perdona, no pude más[234].
Si le abrieres, ten cuidado

---

230 La idea de que el alma queda donde se halla la persona amada fue moneda corriente entre amadores y en la expresión literaria del amor. A este respecto, Antonucci-Arata señalan el modelo del soneto CCIX de Petrarca.

231 Como Teodoro deja su alma junto a Diana, no comete falta alguna en cuanto a sus obligaciones como servidor, pues *hermosura tan alta* como la de su señora no se sirve más que con el alma. Por supuesto, Teodoro usa el verbo *servir* en un doble sentido: el «servicio material» y el «servicio amoroso» (rendición ante la amada). Sobre el tópico del enamorado que, al partir, deja su alma en el ser amado, véase la nota al verso 2638.

232 Las lágrimas de los enamorados representan bien la llamada «retórica del llanto»: expresan lo que no alcanzan a decir los amantes.

233 «Deben de ser los enojos que te he hecho padecer».

234 Sin duda, Teodoro ha de viajar con un baúl para la ropa, como era normal en la época. Pero Diana parece referirse a otro baúl, que, sin poder evitarlo (*no pude más*) ha llenado de bagatelas y regalos de poca importancia, según ella (*niñerías*).

de decir, como a despojos
de vitoria tan tirana:
«Aquestos puso Dïana
con lágrimas de sus ojos[235]».

ANARDA: Perdidos los dos están.
DOROTEA: ¡Qué mal se encubre el amor!
ANARDA: Quedarse fuera mejor.
Manos y prendas se dan.
DOROTEA: Dïana ha venido a ser
el perro del hortelano.
ANARDA: Tarde le toma la mano.
DOROTEA: O coma o deje comer[236].

(Sale el conde LUDOVICO *y* CAMILO.*)*

LUDOVICO: Bien puede el regocijo dar licencia,
Dïana ilustre, a un hombre de mis años
para entrar de esta suerte a visitaros[237].
DIANA: Señor Conde, ¿qué es esto?
LUDOVICO: Pues ¿vos sola
no sabéis lo que sabe toda Nápoles?
Que en un instante que llegó la nueva[238]
apenas me han dejado por las calles
ni he podido llegar a ver mi hijo.

235 La imagen de los *despojos* fue muy repetida en la poesía amorosa áurea: como si de una batalla se tratase, uno de los amantes se erige en vencedor y toma los despojos del que se ha rendido. Teodoro mirará los regalos que Diana ha colocado para él en un baúl y serán los *despojos* que ella, rendida, le entrega. Pero Teodoro, tras su cruel victoria, no deberá decir, como triunfador soberbio, que Diana colocó esos regalos mientras lloraba.

236 Las dos criadas contemplan a los enamorados y comentan, aparte, el comportamiento de estos: se dan la mano y se intercambian prendas.

237 El Conde entra atropelladamente, pero la alegría que trae, dice, disculpa sus modos poco correctos.

238 «Desde el instante mismo en que llegó la noticia».

DIANA: ¿Qué hijo? Que no entiendo el regocijo.
LUDOVICO: ¿Nunca, vuseñoría, de mi historia
ha tenido noticia, y que ha veinte años
que enviaba un niño a Malta con su tío,
y que le cautivaron las galeras
de Alí Bajá?
DIANA: Sospecho[239] que me han dicho
ese suceso vuestro.
LUDOVICO: Pues el cielo
me ha dado a conocer el hijo mío
después de mil fortunas[240] que ha pasado.
DIANA: Con justa causa, Conde, me habéis dado
tan buena nueva.
LUDOVICO: Vos, señora mía,
me habéis de dar, en cambio de la nueva,
el hijo mío que sirviéndoos vive,
bien descuidado[241] de que soy su padre.
¡Ay, si viviera su difunta madre!
DIANA: ¿Vuestro hijo me sirve? ¿Es Fabio acaso?
LUDOVICO: No, señora, no es Fabio, que es Teodoro.
DIANA: ¿Teodoro?
LUDOVICO: Sí, señora.
TEODORO: ¿Cómo es esto?
DIANA: Habla, Teodoro, si es tu padre el Conde.
LUDOVICO: ¿Luego es aqueste?
TEODORO: Señor Conde, advierta
vuseñoría...

239 Sospecho: supongo.
240 Fortunas: accidentes, adversidades, desventuras.
241 Descuidado: desconocedor.

LUDOVICO: No hay qué advertir, hijo,
hijo de mis entrañas, sino solo
el morir en tus brazos.
DIANA: ¡Caso extraño!
ANARDA: ¡Ay, señora! ¿Teodoro es caballero
tan principal y de tan alto estado?
TEODORO: Señor, yo estoy sin alma de turbado.
¿Hijo soy vuestro?
LUDOVICO: Cuando[242] no tuviera
tanta seguridad, el verte fuera
de todas la mayor. ¡Qué parecido
a cuando mozo fui[243]!

---

242 Cuando: aunque, en el caso de que.

243 Hasta este punto, el conde Ludovico se ha mostrado excesivamente crédulo ante la información proporcionada por el «mercader armenio» (Tristán) y ha tenido comportamientos acelerados; pero este comentario despierta, sin

TEODORO: Los pies te pido
y te suplico.
LUDOVICO: No me digas nada,
que estoy fuera de mí. ¡Qué gallardía!
¡Dios te bendiga! ¡Qué real presencia!
¡Qué bien que te escribió naturaleza
en la cara, Teodoro, la nobleza[244]!
Vamos de aquí; ven luego[245]; luego toma
posesión de mi casa y de mi hacienda;
ven a ver esas puertas coronadas
de las armas más nobles de este reino[246].
TEODORO: Señor, yo estaba de partida a España,
y así me importa[247].
LUDOVICO: ¿Cómo a España? Bueno,
España son mis brazos[248].
DIANA: Yo os suplico,
señor Conde, dejéis aquí a Teodoro
hasta que se reporte y en buen hábito[249]
vaya a reconoceros como hijo;
que no quiero que salga de mi casa
con aqueste alboroto de la gente.
LUDOVICO: Habláis como quien sois, tan cuerdamente.
Dejarle siento por un breve instante,

duda, la risa de los espectadores. Solo el inmenso deseo de recuperar un hijo perdido puede justificar su ligero proceder.

244 La naturaleza como hacedora del ser (ver nota al verso 2785).

245 Luego: inmediatamente (y también el siguiente *luego*).

246 Se refiere a los escudos nobiliarios que luce el palacio del Conde encima de cada puerta de la fachada.

247 «Y es lo que me conviene».

248 El Conde traslada su alegría a su modo festivo de expresarse: que Teodoro imagine que los *brazos* de «su padre» son *España* y que se dirija a ellos.

249 «Hasta que calme las pasiones que su ánimo está viviendo, y, con vestimenta (*hábito*) adecuada...».

mas porque más rumor no se levante[250],
me iré, rogando a vuestra señoría
que sin mi bien no me anochezca el día.
DIANA: Palabra os doy.
LUDOVICO: ¡Adiós, Teodoro mío!
TEODORO: Mil veces beso vuestros pies.
LUDOVICO: Camilo,
venga la muerte agora[251].
CAMILO: ¡Qué gallardo
mancebo que es Teodoro!
LUDOVICO: Pensar poco
quiero este bien, por no volverme loco.

(Váyase el CONDE *y lleguen todos los criados a* TEODORO.*)*

FABIO: ¡Danos a todos las manos[252]!
ANARDA: Bien puedes, por gran señor.
DOROTEA: Hacernos debes favor.
MARCELA: Los señores que son llanos
conquistan las voluntades[253]:
los brazos nos puedes dar.
DIANA: Apartaos, dadme lugar[254],
no le digáis necedades.
Deme vuestra señoría

250 «Para que no crezca más la murmuración de la gente».

251 El Conde viene a decir que, después del suceso dichoso que ha vivido, ya puede morir tranquilo.

252 «Deja que te besemos las manos».

253 «Los señores que son sencillos y de trato fácil (*llanos*) se ganan el afecto de sus servidores». La llaneza que reclama Marcela consiste en darle un abrazo a Teodoro en lugar de besarle la mano. Diana interrumpirá el intento.

254 «Dejadme sitio».

	las manos, señor Teodoro.
TEODORO:	Agora esos pies adoro
	y sois más señora mía.
DIANA:	Salíos todos allá;
	dejadme con él un poco[255].
MARCELA:	¿Qué dices, Fabio?
FABIO:	Estoy loco.
DOROTEA:	¿Qué te parece?
ANARDA:	Que ya
	mi ama no querrá ser
	el perro del hortelano[256].
DOROTEA:	¿Comerá ya?
ANARDA:	Pues ¿no es llano[257]?
DOROTEA:	Pues ¡reviente de comer!

(Váyanse los criados.)

DIANA:	¿No te vas a España?
TEODORO:	¿Yo?
DIANA:	¿No dice vuseñoría:
	«Yo me voy, señora mía;
	yo me voy, el alma no[258]»?
TEODORO:	Burlas de ver los favores
	de la fortuna.
DIANA:	¡Haz extremos[259]!

255 A partir de aquí, los servidores inician la salida hablando entre ellos por parejas.

256 Esta negación del título de la obra certifica la resolución del conflicto.

257 «¿No es evidente?».

258 Habrá que imaginar el tono burlón de voz con que Diana repite las pasadas palabras dolientes de Teodoro.

259 Los *extremos* son los que había hecho anteriormente Teodoro, con su manifestación dolorida de irse a España y dejar su alma en Nápoles. Ahora Diana, en son de burla, le pide que siga haciendo tales extremos de dolor.

TEODORO: Con igualdad nos tratemos
como suelen los señores,
pues todos lo somos ya.
DIANA: Otro me pareces.
TEODORO: Creo
que estás con menos deseo;
pena el ser tu igual te da.
Quisiérasme tu crïado,
porque es costumbre de amor
querer que sea inferior
lo amado.
DIANA: Estás engañado,
porque agora serás mío,
y esta noche he de casarme
contigo[260].
TEODORO: No hay más que darme.
Fortuna, ¡tente[261]!
DIANA: Confío
que no ha de haber en el mundo
tan venturosa mujer.
Vete a vestir.
TEODORO: Iré a ver
el mayorazgo que hoy fundo[262]

260 Al igual que el conde Ludovico, Diana no se para en más averiguaciones sobre la identidad de Teodoro: la noticia que ha recibido favorece sus intereses y la da por buena.

261 «No hay mayor favor que darme». Teodoro está en lo más alto de su ventura. Por eso exclama: «detente, fortuna». La Fortuna era representada como una rueda en constante movimiento y, por tanto, inestable y caprichosa en el reparto de bienes.

262 «Iré a ver los bienes que me corresponden a partir de hoy (*fundo*) como heredero único». El *mayorazgo* establecía que una parte de los bienes familiares (los llamados «bienes vinculados») pasaban al hijo mayor sin que pudieran ser divididos. En este caso, Teodoro será hijo único.

y este padre que me hallé
sin saber cómo o por dónde.
DIANA: Pues adiós, mi señor Conde.
TEODORO: Adiós, Condesa.
DIANA: ¡Oye!
TEODORO: ¿Qué?
DIANA: «¿Qué?» Pues ¿cómo a su señora
así responde un crïado?
TEODORO: Está ya el juego trocado
y soy yo el señor agora[263].
DIANA: Sepa[264] que no me ha de dar
más celitos con Marcela,
aunque este golpe le duela.
TEODORO: No nos solemos bajar
los señores a querer
las crïadas.
DIANA: Tenga cuenta
con lo que dice[265].
TEODORO: Es afrenta[266].
DIANA: Pues ¿quién soy yo[267]?
TEODORO: Mi mujer.

(Váyase.)

263 Hasta ahora Diana ejercía el mando y el poder (incluso la soberbia y la violencia) sobre hombres y mujeres, representación poco frecuente en el mundo literario femenino. Pero la nueva condición noble de Teodoro restaura el orden tradicional. Él es el señor (ver nota al verso 2354). *Trocado:* «cambiado».

264 Aprovechando que Teodoro se inviste de tratamiento (*soy yo el señor agora*), Diana se dirige a él de manera distinta y respetuosa (*sepa*), aunque con un tono festivo.

265 «Mire bien lo que dice», «considere si eso es verdad o no» (porque Diana sí se fijó en un criado).

266 «Es afrenta que los señores pongan sus ojos en los criados» o bien: «es una afrenta para mí que pienses que puedo poner los ojos en una criada». El decoro lo impide.

267 Diana viene a decir: «¿No soy yo señora y, sin embargo, me fijé en un criado?». Pero Teodoro zanjará esta blanda disputa con una repuesta conciliadora.

DIANA: No hay más que desear. ¡Tente, fortuna!,
como dijo Teodoro. ¡Tente, tente!

(*Salen* FEDERICO *y* RICARDO.)

RICARDO: En tantos regocijos y alborotos,
¿no se da parte a los amigos?
DIANA: Tanta
cuanta vuseñorías me pidieren.
FEDERICO: De ser tan gran señor vuestro crïado
os las pedimos[268].
DIANA: Yo pensé, señores,
que las pedís, con que licencia os pido[269],
de ser Teodoro conde, y mi marido.

(*Váyase la* CONDESA.)

RICARDO: ¿Qué os parece de aquesto?
FEDERICO: Estoy sin seso[270].
RICARDO: ¡Oh, si le hubiera muerto este picaño[271]!

(*Sale* TRISTÁN.)

FEDERICO: Veisle. Aquí viene.
TRISTÁN: Todo está en su punto.
¡Brava cosa que pueda un lacayífero
ingenio alborotar a toda Nápoles[272]!
RICARDO: ¡Tente, Tristán, o como te apellidas[273]!

---

268 El uso del pronombre plural *las* referido a *parte* («información») puede quedar justificado por ser dos personas quienes reclaman esa información.

269 «Os pido licencia para retirarme». Es un mero formulismo de cortesía.

270 «Estoy fuera de mí».

271 **Picaño:** pícaro, andrajoso, desvergonzado.

272 **Lacayífero:** adjetivo cómico inventado por Tristán a partir de *lacayo*. Tristán habla para sí mientras entra en escena.

273 «Detente, Tristán, o como te llames (*te apellidas*)».

TRISTÁN: Mi nombre natural es Quitavidas.
FEDERICO: ¡Bien se ha echado de ver[274]!
TRISTÁN: Hecho
[estuviera
a no ser conde de hoy acá este muerto.
RICARDO: Pues ¿eso importa?
TRISTÁN: Al tiempo que el concierto
hice por los trecientos solamente,
era para matar, como fue llano[275],
un Teodoro crïado, mas no conde.
Teodoro conde es cosa diferente,
y es menester que el galardón se aumente,
que más costa[276] tendrá matar un conde
que cuatro o seis crïados que están muertos:
unos de hambre y otros de esperanzas,
y no pocos de envidia[277].
FEDERICO: ¿Cuánto quieres?
¡Y mátale esta noche!
TRISTÁN: Mil escudos.
RICARDO: Yo los prometo.
TRISTÁN: Alguna señal quiero[278].
RICARDO: Esta cadena.
TRISTÁN: Cuenten el dinero.

---

274 Lo dice con ironía y decepción, pues *Quitavidas* no ha cumplido el encargo, a pesar de su nombre.

275 «Como quedó claro».

276 **Costa:** precio.

277 Tristán hace un retrato poco halagüeño de los criados: unos pasan hambre, otros ven siempre frustradas sus esperanzas de medra y, por fin, muchos se mueven entre envidias (como ya dijo en los versos 1030-1034).

278 «Quiero que me adelantéis algún dinero».

FEDERICO: Yo voy a prevenillo[279].

TRISTÁN: Yo a matalle.
¿Oyen?

RICARDO: ¿Qué? ¿Quieres más?

TRISTÁN: Todo hombre calle.

(Váyanse y entre TEODORO.*)*

TEODORO: Desde aquí te he visto hablar
con aquellos matadores[280].

TRISTÁN: Los dos necios son mayores
que tiene tan gran lugar[281].
Esta cadena me han dado,
mil escudos prometido
porque hoy te mate.

TEODORO: ¿Qué ha sido
esto que tienes trazado[282]?
Que estoy temblando, Tristán.

TRISTÁN: Si me vieras hablar griego,
me dieras, Teodoro, luego[283]
más que estos locos me dan.
¡Por vida mía, que es cosa
fácil el greguecizar[284]!
Ello, en fin, no es más de hablar[285];

279 Prevenillo: prevenirlo, prepararlo.

280 Matadores: asesinos.

281 «Los dos son los necios más grandes que tiene Nápoles».

282 Teodoro se refiere al asunto de su nueva nobleza.

283 Luego: al instante.

284 Greguecizar: imitar el habla griega a través de expresiones que parezcan propias de esa lengua.

285 «No hay más que hablar de ello».

mas era cosa donosa[286]
los nombres que les decía:
Azteclias, Catiborratos,
Serpelitonia, Xipatos,
Atecas, Filimoclía[287]...
Que esto debe de ser griego,
como ninguno lo entiende[288],
y, en fin, por griego se vende.

TEODORO: A mil pensamientos llego
que me causan gran tristeza,
pues si se sabe este engaño,
no hay que esperar menos daño
que cortarme la cabeza.

TRISTÁN: ¿Agora sales con eso?

TEODORO: Demonio debes de ser.

TRISTÁN: Deja la suerte correr
y espera el fin del suceso.

TEODORO: La Condesa viene aquí.

TRISTÁN: Yo me escondo, no me vea.

(*Sale la* CONDESA.)

DIANA: ¿No eres ido a ver tu padre,
Teodoro?

TEODORO: Una grave pena
me detiene, y finalmente
vuelvo a pedirte licencia
para proseguir mi intento

286 Donosa: graciosa.

287 Tristán hace modificaciones (si no es error textual) y añadidos sobre la primera lista que ofreció.

288 «Debe de ser griego porque (*como*) ninguno lo entiende». El griego como habla abstrusa e imposible era tópico en la época, tanto que derivó en motivo cómico.

de ir a España.
Diana: Si Marcela
te ha vuelto a tocar al arma[289],
muy justa disculpa es esa.
Teodoro: ¿Yo? ¿Marcela?
Diana: Pues ¿qué tienes?
Teodoro: No es cosa para ponerla
desde mi boca a tu oído.
Diana: Habla, Teodoro, aunque sea
mil veces contra mi honor[290].
Teodoro: Tristán, a quien hoy pudiera
hacer el engaño estatuas,
la industria versos y Creta
rendir laberintos[291], viendo
mi amor, mi eterna tristeza,
sabiendo que Ludovico
perdió un hijo, esta quimera
ha levantado conmigo[292],
que soy hijo de la tierra[293]
y no he conocido padre
más que mi ingenio, mis letras
y mi pluma. El Conde cree
que lo soy[294], y aunque pudiera

289 »Si Marcela te ha vuelto a requerir». Ver nota al verso 2068.

290 La rotunda firmeza de Diana va a hacer que Teodoro libere la carga de su pensamiento.

291 El engaño le podría hacer una estatua a Tristán, el ingenio o las mañas (*industria*) le podrían dedicar versos y, como nuevo Teseo, Creta rendiría ante él su laberinto. Es decir, nadie supera a Tristán en lo tocante a engaños, mañas y enredos.

292 «Esta fantasía ha urdido conmigo».

293 **Hijo de la tierra:** que no tiene padres ni parientes conocidos.

294 «Que soy su hijo».

ser tu marido y tener
tanta dicha y tal grandeza,
mi nobleza natural
que te engañe no me deja,
porque soy naturalmente[295]
hombre que verdad profesa.
Con esto, para ir a España
vuelvo a pedirte licencia,
que no quiero yo engañar
tu amor, tu sangre y tus prendas[296].

DIANA: Discreto y necio has andado:
discreto, en que tu nobleza
me has mostrado en declararte[297];
necio, en pensar que lo sea
en dejarme de casar[298],
pues he hallado a tu bajeza
el color que yo quería[299];
que el gusto no está en grandezas,
sino en ajustarse al alma
aquello que se desea[300].
Yo me he de casar contigo;

295 Naturalmente: por naturaleza. Teodoro acaba de decir que tiene *nobleza natural,* una manera de contrarrestar la distancia que le separa socialmente de Diana.

296 Esta petición redime a Teodoro de las culpas que comparte con Tristán por el engaño urdido.

297 Declararte: confesarme la verdad.

298 «Necio en pensar que yo sea tan necia que deje de casarme».

299 «He hallado para disculpar tu baja condición social (*bajeza*) la justificación (*color*) que yo quería». Estas palabras estaban prefiguradas en una intervención de Teodoro (versos 2539-2540): *Si Diana algún camino hallara / de disculpa, conmigo se casara.*

300 En la honradez *natural* de Teodoro encuentra Diana una «justificación» (*color*) para que le sea posible unir su alma con la del servidor sin dejar de ser la Condesa quien es: se unen dos almas «nobles».

y porque[301] Tristán no pueda
decir aqueste secreto,
hoy haré que, cuando duerma,
en ese pozo de casa
le sepulten.

TRISTÁN: (*Detrás del paño.*) ¡Guarda afuera[302]!

DIANA: ¿Quién habla aquí?

TRISTÁN: ¿Quién? Tristán,
que justamente se queja
de la ingratitud mayor
que de mujeres se cuenta.
Pues siendo yo vuestro gozo

301 Porque: para que.

302 ¡Guarda afuera!: expresión que se utiliza para evitar que se ejecute alguna acción. Tristán permanecía escondido detrás de los tapices desde la entrada de la Condesa.

—aunque nunca yo lo fuera[303]—,
¿en el pozo me arrojáis[304]?

DIANA: ¿Que lo has oído?

TRISTÁN: No creas
que me pescarás el cuerpo.

DIANA: ¡Vuelve!

TRISTÁN: ¿Que vuelva?

DIANA: Que vuelvas.
Por el donaire[305] te doy
palabra de que no tengas
mayor amiga en el mundo,
pero has de tener secreta
esta invención, pues es tuya[306].

TRISTÁN: Si me importa que lo sea,
¿no quieres que calle?

TEODORO: Escucha.
¿Qué gente y qué grita[307] es esta?

(*Salen el conde* LUDOVICO, FEDERICO, RICARDO, CAMILO, FABIO, ANARDA, DOROTEA, MARCELA.)

RICARDO: Queremos acompañar
a vuestro hijo.

FEDERICO: La bella
Nápoles está esperando

303 «Ojalá nunca lo hubiera sido».

304 Juega con la frase proverbial «nuestro gozo en un pozo».

305 Donaire: gracia, humor, burla.

306 La pacífica naturalidad con que se resuelve esta situación hace sospechar que Diana sabía que Tristán estaba escondido y ha querido asustarlo con su (fingida) intención de sepultarlo en un pozo. En todo caso, se cumple el vaticinio del criado (verso 2424): va a ser secretario del secretario, pues habrá de guardar el *secreto*.

307 Grita: vocerío.

que salga, junta a la puerta[308].
LUDOVICO: Con licencia de Dïana
una carroza[309] te espera,
Teodoro, y junta, a caballo,
de Nápoles la nobleza.
Ven, hijo, a tu propia casa
tras tantos años de ausencia:
verás adónde naciste.
DIANA Antes que salga y la vea,
quiero, Conde, que sepáis
que soy su mujer.
LUDOVICO: ¡Detenga
la fortuna en tanto bien
con clavo de oro la rueda[310]!
Dos hijos saco de aquí,
si[311] vine por uno.
FEDERICO: Llega,
Ricardo, y da el parabién.
RICARDO: Darle, señores, pudiera
de la vida de Teodoro[312];
que celos de la Condesa
me hicieron que a este cobarde
diera, sin esta cadena[313],
por matarle mil escudos.

308 «Reunida en la puerta» (la gente de *la bella Nápoles*). Ricardo y Federico hablan con el conde Ludovico.
309 Carroza: coche de caballos grande y ostentoso usado en solemnidades.
310 Al ser este un día dichoso, el conde Ludovico pide que se detenga, fijándola *con clavo de oro,* la rueda de la fortuna inconstante.
311 Si: «aunque vine por uno».
312 «Podría darle el parabién de que Teodoro está vivo».
313 «Ofreciera, además de esta cadena».

Haced que luego le prendan,
que es encubierto ladrón.

TEODORO: Eso no, que no profesa
ser ladrón quien a su amo
defiende.

RICARDO: ¿No? Pues ¿quién era
este valiente fingido[314]?

TEODORO: Mi crïado; y porque tenga
premio el defender mi vida,
sin otras secretas deudas[315],
con licencia de Dïana
le caso con Dorotea,
pues que ya su señoría
casó con Fabio a Marcela.

RICARDO: Yo doto a Marcela[316].

FEDERICO: Y yo
a Dorotea[317].

LUDOVICO: Bien queda
para mí[318], con hijo y casa,
el dote[319] de la Condesa.

---

314 Valiente fingido: bravucón.

315 «Además de otras deudas secretas que tengo con él». Se refiere a la traza de Tristán con la que Teodoro ha emparentado con el conde Ludovico.

316 «Yo aporto la dote de Marcela. La *dote* es el conjunto de bienes que aporta la mujer al matrimonio.

317 Era corriente en la comedia barroca que al matrimonio de los protagonistas se sumara (todo en la escena final) el matrimonio de los criados. Anarda, el personaje menos atractivo entre la servidumbre, queda excluida.

318 «A mí me corresponde».

319 Dote: aunque hoy se admite el doble género de la palabra, es más corriente su uso en femenino. Ludovico nada pregunta sobre Terimaconio, el supuesto hijo de Teodoro. El carácter festivo de la obra excusa dar solución a estos flecos argumentales.

TEODORO: Con esto, senado noble[320],
que a nadie digáis se os ruega
el secreto de Teodoro;
dando, con licencia vuestra,
del *Perro del hortelano*
fin la famosa comedia.

FIN DE LA FAMOSA COMEDIA DEL *PERRO DEL HORTELANO*

320 Formulismo rutinario con que un actor se dirige al público para comunicar el fin de la obra.

ANÁLISIS DE LA OBRA

EL PERRO DEL HORTELANO Y LA COMEDIA PALATINA

Generalmente, se adscribe *El perro del hortelano* al género de la comedia palatina áurea, que acoge obras de ambiente palaciego cuyos protagonistas se encuadran en dos categorías sociales bien diferenciadas en el siglo XVII: los nobles, que son los titulares de la casa nobiliaria en que en buena medida se desarrolla la acción, y los servidores de estos. Y como estamos ante la alta nobleza que vive ricamente y con ostentación de criados, dentro de esta segunda categoría, la de sirvientes, también podemos encontrar diferente jerarquía. De esta manera, se puede comprobar el lugar de privilegio, en cuanto a privanza, que ocupa el secretario o, a veces, el mayordomo, siempre cerca de su señora para atenderle en tareas que se elevan sobre lo material doméstico y cotidiano. Se ha llegado a hablar, incluso, del subgénero de las «comedias de secretario».

Es también circunstancia repetida en estas obras la ocultación o ignorancia de la identidad. A menudo un personaje de origen noble vive bajo una apariencia plebeya, bien por desconocer su verdadera condición o bien por serle ventajoso el encubrimiento. En esa fingida o ignorada personalidad se esconden, en ocasiones, víctimas de un poder tiránico o lascivo. Y, por supuesto, al final se produce la anagnórisis o reconocimiento, que reintegra al personaje al lugar social que le corresponde y se restablece así el orden alterado.

La comedia palatina presenta situaciones alejadas de la cotidianidad del público que asiste a las representaciones. Supone un distanciamiento idealista que no solo atañe a la curiosa anécdota novelesca que nos pueda presentar o a la selecta ambientación aristocrática (salones, jardines...) que ha de enmarcar los refinados galanteos que se suceden o el desarrollo de los graves asuntos políticos que son propios de los personajes encumbrados; atañe también a la localización de las acciones, casi siempre ajena al público de la época (Italia, Francia, Flandes, Bohemia, Hungría...) o, a lo menos, ajena a Castilla (Portugal, Aragón, Navarra...). Y, sobre todo, ajena a los Austrias y a la nobleza española.

La ubicación temporal suele tender a la imprecisión o a ciertas referencias a un pasado más o menos remoto. Se cuentan como excepciones las obras que anclan su materia en hechos históricos concretos. Unos elementos y otros generan, se dice, una sensación de lejana irrealidad y de fantasía distante del vivir diario.

Son más abundantes las comedias de enredo amoroso, y dentro de ellas destaca un buen número de obras que conducen el tema según unas convenciones que, por reiteradas, acabarían resultando familiares para los espectadores (de la misma manera que también se daban estereotipos en las comedias de villanos o en las comedias urbanas, tan relacionadas a veces estas últimas con la trama palaciega amorosa).

Una situación arquetípica en la comedia palatina presenta a una dama de ilustre linaje que se enamora de uno de sus servidores, hombre de rango muy inferior. En el sentir profundo de los personajes se produce entonces un conflicto que se carga de vivencias aflictivas por las imposiciones sociales que pesan sobre los enamorados o sobre uno de ellos: su unión atenta contra el decoro social que pide igualdad en el casamiento. El personaje noble se debate entre la obligación de obrar como quien es (y, por tanto, respetarse a sí mismo respetando el decoro) y la mortificación de un amor que atrae irresistiblemente, pero que pondría en grave riesgo su honor.

Es cierto que en el teatro del último cuarto del siglo XVI (Jerónimo Bermúdez, Juan de la Cueva, Cristóbal de Virués, entre otros) abundan las piezas de temática áulica, con protagonismo de la alta nobleza o incluso de la realeza, con ambientación exótica y con tendencia muchas veces hacia la historia antigua. Pero lo que definía ese teatro era su propensión a la tragedia («experimentaciones trágicas», se ha dicho en alguna ocasión). La tragedia, en efecto, es, desde sus orígenes, un género elevado. De modo que hablar de tragedia palatina podría ser casi una redundancia. El gran cambio que se opera a partir del seiscientos y que fragua en el nuevo género teatral es el paso de la tragedia a la comedia, el desarrollo de elementos propios de la comedia en un contexto cortesano y la asunción de comportamientos galantes por parte de los personajes ilustres. Es lo que sucede, por ejemplo, en *El perro del hortelano* y en *El vergonzoso en palacio* (Tirso de Molina). De modo que, para algunos críticos, lo que llamamos comedia palatina remite, en realidad, al género comedia, sea esta cómica (normalmente de contenido amoroso) o de tono serio (asuntos de gobierno, intrigas políticas, abuso de poder, liviandad del príncipe...), pero no trágico. Desde este punto de vista, una obra prominente de Lope como *El castigo sin venganza* sería una tragedia, sin más; y lo mismo cabe decir de *El mayordomo de la duquesa de Amalfi*, tan emparentada temáticamente con *El perro del hortelano*. Entre las comedias palatinas de Lope son citadas, entre otras, *El lacayo fingido* o *La boba para los otros y discreta para sí*; y entre las consideradas propiamente «comedias de secretario» podemos citar: *Las burlas del amor*, *El secretario de sí mismo*, *El perro del hortelano* o *Las burlas veras*. El propio Lope trabajó como secretario al servicio de varios nobles (duque de Alba, marqués de Malpica, conde de Lemos, duque de Sessa). No hay que creer que *El perro del hortelano* sea una comedia estrictamente autobiográfica, pero la experiencia del autor debió de dejar más de una huella en la composición de la obra, sobre todo considerando que el Fénix mantuvo larga relación con la nobleza y aspiró, sin éxito, a ocupar un lugar en ella.

En nuestra obra es claro el protagonismo dual que muestra a una mujer noble y a un hombre plebeyo; pero ofrece la particularidad de que Teodoro no es un recién llegado a la vida palaciega, sino que ha estado vinculado desde siempre al mundo cortesano y, en principio, es un profesional que vive de su trabajo y no aspira a medra alguna. Su ennoblecimiento y la anagnórisis final son productos interesadamente fabricados, incluso paródicos; y bastantes lances de la obra son los propios de la comedia de capa y espada. Todo ello ha hecho pensar que *El perro del hortelano* sea un producto híbrido entre la comedia palatina y la comedia urbana o de capa y espada.

EL TÍTULO. REFRÁN Y COMEDIA BARROCA

El perro del hortelano remite a una frase proverbial bien conocida por el público desde antiguo. En castellano viene ya recogida, en el siglo XV, en los *Refranes que dicen las viejas tras el fuego*, del Marqués de Santillana: «El perro del hortelano, ni come las berzas ni las deja comer»; y en el anónimo (aunque atribuido alguna vez a Diego García de Castro) *Seniloquium*: «El perro del ortolano non come la fruta nin quiere que la coma otro». En *La Celestina* (h. 1500) la usa la alcahueta para convencer a Areúsa de que sea *complaciente* con Pármeno: «No seas el perro del hortelano, y pues tú no puedes de ti propia gozar, goce quien puede». En el *Cancionero general* (1511) la encontramos en los versos que el poeta Vázquez de Palencia escribe contra fray Íñigo de Mendoza: «Es el perro del ortelano / que muriendo ladra en vano / por lo que no le aprovecha».

A mediados del siglo XVI aparece en el *Libro de refranes*, de Pedro Vallés (1549), y en *Refranes o proverbios en romance*, de Hernán Núñez (1555). Contemporáneo de Lope, el lexicógrafo Sebastián de Covarrubias trae en 1609 el mismo refrán que Santillana; y, después de la obra de Lope, en 1627, Gonzalo Correas recopila varias formulaciones en su *Vocabulario de refranes y frases proverbiales*, como esta: «El perro del hortelano, que ni quiere las berzas para sí ni para el amo».

Por otra parte, en el *Ysopete historiado,* colección de fábulas atribuidas a Esopo aparecida en la época incunable, figura la del perro envidioso, que, aposentado sobre un pesebre de heno (*The dog in the manger* es la traducción al inglés de nuestra obra), no deja comer a los bueyes, a los que ladra con furia cuando se acercan; los bueyes le dicen que no pudiendo él comer ese alimento, al menos debe permitir que coman los demás.

Esta abundancia de testimonios muestra la popularidad del dicho que reprende a quien no disfruta de algo y además impide que otros lo hagan. Era de sobra conocido por la gente que acudía a los teatros.

Importa también comprobar la existencia de numerosos repertorios de paremias. A los citados podemos añadir, en el siglo XVI, el *Refranero* de Francisco de Espinosa, la *Filosofía Vulgar*, de Juan de Mal Lara y el *Teatro Universal de proverbios* de Sebastián de Horozco. Todo esto vino parejo con el interés que despertó la sabiduría popular en el ámbito de la literatura culta (hemos citado *La Celestina;* podemos citar el *Diálogo de la Lengua,* de Juan de Valdés, y no hará falta incidir en el *Quijote*). No resulta casual que ese interés por la tradición folclórica, por la frase sentenciosa, coincida con el despertar del nuevo tipo de teatro popular que ha de prevalecer durante décadas. Dentro de la torrencial producción dramática del Siglo de Oro es frecuente el uso del proverbio como título, ya sea de modo directo o bien alusivo, lo que demuestra la cercanía de los autores al sentir del pueblo. Entre muchísimos ejemplos, citaremos solo (y obsérvese la abundancia de octosílabos): *El vergonzoso en palacio, El castigo del penseque, Quien calla otorga, No hay peor sordo* (Tirso de Molina); *Las paredes oyen* (Juan Ruiz de Alarcón); *Guárdate del agua mansa, Casa con dos puertas mala es de guardar* (Calderón);

Entre bobos anda el juego (Rojas Zorrilla); *El desdén con el desdén*, *De fuera vendrá* (Agustín Moreto). Y para acabar con Lope: *El perro del hortelano*, *Por la puente, Juana* o *Del monte sale quien el monte quema*.

El público interesado en ver la representación de una comedia construye, gracias al título, una idea de la misma que antecede al efectivo conocimiento de su trama. Y a través del refrán, o la frase hecha, asume que se las verá con un desarrollo argumental en clave de comedia, propiamente dicha; es decir, otorga a la obra un sentido lúdico y desecha un posible itinerario trágico. En el caso de *El perro del hortelano*, asistirá a una especie de farsa amena y recreativa en la que si hay un conflicto amoroso, como en efecto pronto se desvela, este habrá de tener necesariamente una resolución amable.

Ya dentro del texto, la frase proverbial sirve a un personaje para ilustrar el pensamiento que quiere exponer con la seguridad de que será perfectamente entendido por su interlocutor (o por el público); de modo que muchas veces se aporta por pura economía expresiva. En *El perro del hortelano* se cita cuatro veces el refrán (o cinco si añadimos la despedida final): tres veces para aludir al comportamiento caprichoso e impertinente de Diana (vv. 2193-94, 2297-98, 3070-71) y una para certificar, en boca de una criada, la entrega final de la Condesa, su *conversión*: «mi ama no querrá ser / el perro del hortelano» (vv. 3155-56).

ESTRUCTURA

La comedia barroca aportó un modelo estructural que triunfó: la división de la obra en tres actos. No hay otras divisiones internas evidentes en el orden formal, si no es el cambio de la métrica. Modernamente, algunos editores han querido establecer el artificio de estructurar cada acto en diferentes escenas, bien sea atendiendo a la entrada y salida de personajes, bien a un cambio espacial, bien a la aparición de una peripecia nueva. Pero los dramaturgos del periodo áureo no marcaron otra división que la de los tres actos.

El perro del hortelano es una de las comedias extensas de Lope de Vega. Si comparamos sus 3383 versos con los alrededor de 2450 de *Fuente Ovejuna* concluiremos que no es la sucesión de acciones más o menos precipitadas e impetuosas (las hay en abundancia en el drama campesino) la que alarga una obra. En la comedia que analizamos la acumulación de episodios y situaciones se explica por el recurrente tormento interior de los celos y por la psicología cambiante de los personajes centrales.

El primer acto contiene 1186 versos; el segundo, 1173; y el tercero, 1024. Suele decirse que esta división de la comedia áurea cuadra con el tradicional esquema de planteamiento, nudo y desenlace. Es cierto, pero ha de tenerse en cuenta que los conflictos planteados recorren también buena parte del tercer acto y solo muy al final hallan solución.

La obra comienza, como tantas, *in medias res* y lo hace de manera tan agitada que parece anunciar al espectador un tropel de vivas acciones. No será así. Asistimos al interrogatorio de Diana, los amoríos de Marcela y Teodoro, el celoso interés de la Condesa hacia su secretario, las dudas de este, la pretensión amorosa del Marqués. Tenemos expuestos todos los conflictos que la obra contiene: Marcela-Teodoro, Diana-Teodoro, Diana-pretendientes nobles. Además, asistimos a los pasos que dan los protagonistas (Diana y Teodoro) para la consecución de sus objetivos. En el caso de Diana, serán la invención de una amiga y la caída simulada, que actúa, simbólicamente, como un acercamiento a la *bajeza* de su criado. En el caso de Teodoro, es su desapego de Marcela.

El segundo acto desarrolla y complica estos mismos nudos argumentales. Los pretendientes nobles apuran sus aspiraciones, la Condesa avanza (deseo) y se refrena (honor) en su inclinación hacia el secretario; Teodoro escarnece a Marcela haciendo mengua de su valía; la criada se venga inventándose un amor (Fabio) con que provocar los celos de su amado. El papel de Diana adquiere mayor intensidad, por su mayor implicación en la trama amorosa: elige al Marqués como marido pero se echa atrás enseguida (lo que alegra al conde Federico), y a la vez obliga a Marcela a casarse con Fabio. La escena culminante del acto nos presenta a Teodoro completamente desquiciado por la veleidad de su señora y abofeteado por ella. En este comportamiento insólito de la dama ve Tristán una futura boda de la pareja.

Una parte del tercer acto continúa el desarrollo de las desavenencias planteadas, aunque ahora derivan hacia una situación de más peso dramático: el marqués Ricardo y el conde Federico planean asesinar a Teodoro. Y es el criado Tristán el personaje que a partir de ese momento asume el protagonismo para encaminar la obra hacia su desenlace. La traza que propone a su señor («ennoblecerlo» artificiosamente a costa del conde Ludovico) es el comienzo de la conciliación del universo desordenado que los personajes han construido; y corre paralela a la malvada intención del Marqués y del conde Federico (en la que también se halla envuelto Tristán como mentido valentón) y a la resignación del pasivo Teodoro que, aceptando su fracaso, decide alejarse de la Condesa. Y así hasta el final de la obra, que nos trae, como era tópico, el emparejamiento de varios personajes, nobles y plebeyos, en diferentes matrimonios, cada uno con su «igual».

La historia del conde Ludovico, con los desgraciados sucesos de su hijo, puede parecernos hoy una extravagante apelación al recurso teatral conocido como *deus ex machina* (añadamos que el hijo atribuido a Teodoro por Tristán queda «en el limbo»). Pero en el mundo ficcional y lúdico de la comedia áurea, lleno de convenciones, no tiene sentido plantear críticas de forzada verosimilitud (como hizo el siglo ilustrado en órdenes diversos). El público aceptaría, complacido y asombrado, la habilidad del autor que le facilitaba salir del teatro con una sonrisa de satisfacción.

TIEMPO Y ESPACIO

Una característica de la comedia palatina es la imprecisión temporal. Pocas referencias encontramos en *El perro del hortelano* que permitan anclar la comedia en un momento histórico preciso. No tenemos una concreta indicación como la que aparece al frente del manuscrito de *La dama boba:* «Comedia de este año de 1613». Sin embargo, no puede decirse que la obra carezca de alusiones históricas. El tiempo corresponde al periodo del Nápoles virreinal, bajo la corona española, y Teodoro pensará en España como primer destino cuando decide alejarse de la Condesa. La historia inventada por Tristán sobre el secuestro de la galera maltesa es mucho menos fantástica de lo que hoy pudiera creerse, y remite al tiempo de las conflictivas relaciones entre turcos y cristianos y a la piratería en el Mediterráneo. El disfraz del que se sirve el lacayo para hablar con el conde Ludovico está en consonancia con el número creciente de armenios que se establecían, como comerciantes, en el Mediterráneo occidental (también en España) durante el siglo XVII. En cuanto al tiempo dramático o interno, tampoco resulta muy preciso (pero esto es corriente en otras muchas comedias de distintos géneros). La obra comienza de noche, y la Condesa está dispuesta a no acostarse hasta que resuelva el misterio del intruso que huyó escaleras abajo. La intervención de Teodoro y Tristán, comentando la peripecia, debe de suceder la mañana siguiente. En el segundo acto Marcela ya habla en pasado de la prisión que le dio la Condesa. Y Teodoro confiesa a Diana que ha padecido una enfermedad (de amor) que le ha tenido «casi un mes en una cama» (v. 2186). El tercer acto comienza retomando la acción del final del acto anterior: la bofetada y el mejoramiento social de Teodoro, por lo que deben de haber transcurrido algunos días.

En cuanto al espacio, la obra se desarrolla en Nápoles. Para Lope, Italia no es lugar extraño ni remoto: Roma, Siena, Ferrara o Venecia están presentes en sus obras y numerosas comedias suyas presentan localización napolitana. *El perro del hortelano* transcurre, sobre todo, en el interior del palacio de la condesa de Belflor (nombre que aparece en más de una obra). En menor medida asoman unos pocos exteriores: una calle cercana al palacio en donde los pretendientes esperan enfrente de la iglesia; una nueva calle en la que vemos a Tristán, muy mejorado de vestido, a las puertas de una taberna junto a unos amigos; y otra vez la calle, cuando Tristán se despoja del disfraz de armenio. Un último escenario ha de ser el palacio del conde Ludovico, al que acuden Tristán y Furio, pero no hay referencia exacta. Existen algunas secuencias de diálogo que se desarrollan en itinerancia y obligan a imaginar desplazamientos por la ciudad. Por ejemplo, los personajes que, tras la misa, caminan desde la iglesia hasta el palacio de Diana; Tristán que deja a sus amigos en la taberna y marcha precipitadamente al palacio a avisar a Teodoro del peligro que corre (pero encuentra a su amo en la calle); o Tristán y Furio que salen de casa del conde Ludovico; ya en la calle, Tristán se encuentra con los pretendientes que le han contratado para matar a Teodoro. El nombre de Nápoles es citado varias veces, pero apenas hay ambientación urbana; a lo sumo, unas cuantas alusiones de color local: los famosos caballos, la excelencia de algún vino o la exaltación de la belleza de la ciudad. Ahora bien, el escenario napolitano explica (por el puerto marítimo) ciertas claves de la obra, relacionadas, sobre todo, con la actuación de Tristán: comercio, piratería, esclavitud.

La ambientación alejada de la corte madrileña debía de servir al autor para ejercer una mayor libertad a la hora de exponer ciertos comportamientos (sobre todo de la nobleza) quizá incómodos en la época, por no ser ejemplares. Pero el público no debía de sentir, en verdad, que la representación de *El perro del hortelano* le transportase a un mundo desconocido y ajeno. Más bien asistía a un enredo amoroso de los muchos que ofrecían las comedias urbanas madrileñas o toledanas. Y la sociedad estamental de la obra era la misma que a diario experimentaba cercanamente. Por eso, algunos críticos han cuestionado que se llame comedia palatina a lo que no sería más que una comedia de capa y espada o comedia urbana con personajes elevados.

LOS CELOS

Puesto que el amor es tema central de tantísimas obras de nuestro teatro aurisecular, también los celos ocupan un lugar preeminente, si aceptamos la afirmación de Fernando en *La Dorotea* (III): «Los celos, Julio; que nunca amor se engendró sin ellos». O esta otra, anterior, de la villana Bartola en *El mayordomo de la duquesa de Amalfi*: «En cualquier parte del mundo / que hay amor ha de haber celos».

Herencia de la lírica provenzal, el intenso tratamiento literario de los celos, fue creando con el tiempo unos clichés repetidos en muchas obras, hasta que se conformó un conjunto bien conocido de tópicos: los celos abrasan, son tiranos, crueles, son la *sombra* del amor (vv. 2123-2124) y los representa el color azul (vv. 1378-1379), simbolismo que en la época se explicaba por la cercanía fonética con *cielos*, pareja de palabras que, como *gusto* y *justo*, se hermanaban en posición de rima.

Lope aconsejaba, en su *Arte nuevo de hacer comedias* (1609), mostrar a los amantes «con afectos / que muevan con extremo a quien escucha». Y, sin duda, los casos de celos exacerban las pasiones a la vez que construyen el desarrollo dramático, que unas veces transcurrirá con los matices blandos y placenteros de la diversión (pensemos en *La celosa de sí misma*, de Tirso de Molina) y otras adoptará tonos sombríos o incluso trágicos (*El caballero de Olmedo*, *El castigo sin venganza*, ambas de Lope). Sin salir del universo teatral del Fénix, ya son significativos títulos como: *Más pueden celos que amor*, *Celos con celos se curan*, *Los celos de Rodamonte*…

En consonancia con la época conflictiva del Barroco, los celos literarios reflejan un mundo de desmesuras y sinrazones, de amores arrebatados y de odios extremos. Hombres y mujeres sufrientes y desconfiados viven el tormento de oscuras sospechas, fundadas o figuradas, de angustiosas dudas que socavan su ser más íntimo y les conducen a comportamientos insanos o desequilibrados que incluyen la tristeza, el abatimiento, el despecho, la desesperación, la venganza y, en general, la inestabilidad del ánimo. Y todo ello convive con los delicados primores del amor en el universo artístico de la comedia barroca. Un espacio inarmónico y monstruoso, según el sentido con que esta última palabra se empleaba en el momento: conformado en su unidad por partes diversas y aun discrepantes. En nuestra obra, la consecuencia psicológica de los celos será la conducta antojadiza y desquiciante de Diana con Teodoro (y con el Marqués) y de Teodoro con Marcela.

Pero es igualmente destacable que la impulsiva máquina de los celos puede promover el artificio y despertar el ingenio. Así nace la (inexistente) amiga a la que Diana atribuye un problema amoroso, que no es sino el suyo propio; y así concibe la Condesa su (fingida) caída, un celoso ardid con el que podrá tener la mano de su secretario, después de escuchar que este había tomado y besado la mano de Marcela. Y la mayor maña de todas: la extraordinaria historia que el desenvuelto Tristán urde para otorgar rango nobiliario a Teodoro; que tampoco el criado es ajeno a los efectos de los celos, pues se siente parte de su amo, uña y carne, como él mismo dirá ante Marcela. Pero también los celos alientan un lenguaje críptico y enigmático que intenta sortear los escollos de las tortuosas relaciones afectivas que entrelazan a los personajes. Cuando el deber social impide la expresión natural y sincera del amor, la Condesa se valdrá de la anfibología para «decir sin decir», y entonces «entiéndame quien puede; yo me entiendo» (v. 564).

En los casos extremos, la duda o la certeza, la incertidumbre o la confirmación de los temores de la persona celosa conducen a la ira, a la furia y la violencia. Sucede sobre todo en los casos de honra, tan consolidados en el teatro del Siglo de Oro. Los celos vinculados al honor conocen plasmaciones diversas. Si se considera la cuestión desde la perspectiva del drama o aun de la tragedia, los celos emanantes de una sospecha que pudiera transgredir la ética patriarcal pueden excitar la ira vengativa hasta el asesinato de la mujer, con frecuencia la esposa. Casos de uxoricidio se dan en obras de Lope como *Estefanía la desdichada, Los comendadores de Córdoba* o *El castigo sin venganza.*

Pero hay otra cara de los celos que se vincula también con el honor y que ahora nos interesa más: los celos que surgen en un enamoramiento desigual, argumento corriente en las llamadas comedias de secretario. Nuestra condesa de Belflor se ha enamorado de un subalterno, un hombre plebeyo, por más que este se vea adornado con buenas prendas. Y aunque la abrasa la pasión, no puede, por decoro, confesar sus afectos en esta inclinación impropia.

El marco lúdico y cómico que elige Lope de Vega rehúye aquí la tragedia y acoge un desenlace a gusto de (casi) todos. Pero una situación similar a la de *El perro del hortelano* sucedía en *El mayordomo de la duquesa de Amalfi*, también de Lope, y en esta obra los enamorados –esposos en secreto– acaban asesinados a instancias de los hermanos de la dama, pues la familia no acepta la deshonra de una unión considerada infamante.

Volviendo a *El perro...*, el molde de la comedia incluye algunos episodios que, mediando celos, podrían aparecer en una obra seria, incluso en una tragedia. Diana amenaza con la muerte a Teodoro después de que este, en un acto de desacato, no acepte que le impongan voluntades por encima de su gusto. Es la famosa escena de la bofetada que hace sangrar al secretario. Celos e insubordinación podrían costarle la vida.

Por su parte, Ricardo y Federico mantienen una celosa rivalidad, a pique uno y otro de alcanzar la dicha suprema de la aceptación de Diana o de hundirse en el abismo de la frustración. Para cualquiera de ellos ser postergado ante su linajudo rival no supone, en realidad, una afrenta a su honor. Lo que ocurriría en tal caso es que su *valor* («grandeza»), que continuamente es mostrado a través de la hacienda, de los trajes, de los criados o del trato cortesano, sería tenido en menos frente a su adversario. De modo que el poder y la autoridad que son connaturales a los grandes y que acostumbran a ejercer en todo momento, quedaría suspendido de pronto en un caso de amor en que nada pueden ellos decidir, pues todo depende de la voluntad de Diana: o Ricardo o Federico. Y para el perdedor será (solo) un desengaño *emocional* que ha de curar el tiempo. Sin embargo, cuando ambos podrían ver burladas sus intenciones por un tercer pretendiente que es inferior en la escala social, nacen los celos *furiosos*, pues queda herido el honor. Entonces buscan la venganza concertadamente (ya que a los dos menoscaba la ofensa) mediante un sicario que ejecute el asesinato.

Por supuesto, la adscripción de esta obra al género comedia informa a los espectadores: saben que la vida de Teodoro no peligra en ninguno de los dos casos que hemos expuesto.

Amar por ver amar

Pero el tópico más repetido en nuestro teatro clásico acerca de los celos es que estos son hijos del amor, según nos había enseñado Garcilaso en los sonetos XXXI y XXXIX (si es que este último le pertenece), bajo la influencia de Jacopo Sannazaro («Oh, serpiente nacida en dulce seno»). «Hijos de amor malnacidos», dice un personaje de *La batalla del honor,* comedia lopesca de 1608. La novedad de *El perro del hortelano* es que plantea al revés la situación: ¿puede el amor surgir de los celos? De esta pregunta parten los sonetos en díptico que, a modo de contienda literaria, cruzan Diana y Teodoro. Y la cuestión planea largamente sobre la obra. El primero de esos sonetos comienza: «Amar por ver amar envidia ha sido» (de este verso nace el título del único manuscrito que conservamos de *El perro...*). Y sigue diciendo Diana: «De los celos mi amor ha procedido» (v. 555); enseguida dirá a Teodoro refiriéndose a la (falsa) amiga: «...con los celos / vino a amar y a desear» (vv. 576-577). Y otra vez la Condesa, ahora escondida para presenciar una entrevista entre Teodoro y Marcela: «Amor con celos despierta» (v. 1895). En realidad, la idea no era nueva para el autor: en *Los locos de Valencia*, comedia del primer Lope (finales del siglo XVI) dice el caballero Floriano: «¡Oh celo, que el amor creces! / ¿Quién te llama hijo de amor? / Su padre, dirá mejor, / que le engendra muchas veces». Pero tal idea se convertirá ahora en asunto nuclear de la obra.

LA MÉTRICA

La expresión formal de la comedia áurea viene definida por la estrofa y la polimetría. Es lugar común recurrir al *Arte nuevo de hacer comedias*, la obra programática de Lope, para vincular el uso de determinadas estrofas con aspectos concretos de la peripecia dramática. «Acomode los versos con prudencia / a los sujetos ["temas"] de que va tratando», aconseja el autor. Así, Lope recomendaba acudir al romance cuando algún personaje había de referir hechos ya sucedidos; las décimas le parecían «buenas para quejas»; y para el amor recomendaba las redondillas. Y «el soneto está bien en los que aguardan», entendiendo *aguardar* en el sentido de tener expectativas (que se cumplirán o no) o esperar la resolución de un conflicto. Por tanto, una característica formal de la comedia nueva es el poliestrofismo. Y esta particularidad sirvió a dos investigadores norteamericanos, Sylvanus G. Morley y Courtney Bruerton, para datar con bastante precisión muchas obras cuya fecha de redacción desconocíamos. Una de las claves la encontraron en los usos métricos de Lope en diferentes épocas, pues no siempre utilizó el Fénix los mismos esquemas o al menos no con la misma frecuencia. El específico empleo de la versificación (el predominio de unas estrofas sobre otras, el uso restringido de algunas) permitió situar *El perro del hortelano* entre 1613 y 1615, y otros elementos presentes en la obra permitieron confirmar esa hipótesis.

La estrofa más utilizada en la expresión de los personajes es la redondilla (40 % de los versos) y le sigue el romance (33 %). Menor uso tienen las octavas, los endecasílabos sueltos (y pareados), las quintillas y las décimas. Mención aparte han de tener los nueve sonetos.

Es cierto que la práctica teatral de Lope permite ver con frecuencia la aplicación de las «recetas» del *Arte nuevo*. Pero también podrían entresacarse muchos ejemplos de manejo de esta o aquella estrofa cuya presencia no se justifica con la doctrina del autor.

Desde hace unos años menudean los estudios que intentan explicar en qué medida la métrica se hace solidaria con la estructura secuencial de la obra. Se trata de comprobar si una tirada de versos dominada por una determinada forma estrófica constituye una unidad estructural en tanto que la siguiente tirada, volcada en otra estrofa distinta, suponga una *alteridad* dramática, ya sea por la entrada de nuevos personajes (y sus diferentes calidades sociales), por el cambio de espacios escénicos o por la introducción de elementos nuevos en la acción que puedan suponer un progreso argumental. Se comprenderá que contestar afirmativamente a estas cuestiones supone el reconocimiento de que el autor es consciente de que el metro condiciona la situación dramática. O quizá al revés: la situación condiciona el metro. Pero lo cierto es que en muchas ocasiones resulta realmente difícil (carecemos de testimonios teóricos) afirmar una *voluntad de estilo* referida a la métrica.

En *El perro del hortelano,* los hechos trepidantes de la huida nocturna con que comienza la obra se viven en redondillas, metro ligero y rápido, acorde con la agitación que en ese momento se vive en el palacio de la condesa de Belflor. También las redondillas (incluidas las quintillas, que para Lope y sus contemporáneos son redondillas de cinco versos) dan curso a momentos amorosos, como, por ejemplo, la reconciliación de Teodoro y Marcela, con Tristán de atareado mediador. Pero igualmente había acudido a este metro Diana para interrogar con dureza a Dorotea y Anarda sobre los incidentes nocturnos (aunque, significativamente, pasa al romance cuando, en una unidad secuencial distinta, encara a la tercera criada, Marcela). En redondillas cuenta Teodoro una breve historieta a Diana sobre un privado temeroso de haber aventajado a su rey en la escritura de un papel (v. 779). Pero otro breve cuentecillo, narrado ahora por Tristán, sobre la reconciliación *marital* del mozo y el ama (v. 2300) discurre en romance. En romance le cuenta Teodoro a Tristán la decisión de Diana: casarse con Ricardo; y la inventada historia de Tristán, sobre el hallazgo del supuesto hijo del Conde. Pero igualmente en romance interroga Diana a Marcela y aprueba la relación de esta con Teodoro. El secretario, en el soliloquio del *pensamiento* («Nuevo pensamiento mío»), se vale de las décimas, y, efectivamente, «queja» es su expresión doliente. Pero también en décimas transcurre la conversación entre Marcela y Teodoro en que la primera informa gozosamente al segundo de que la señora consiente el casamiento de ambos. Podríamos pensar que una estrofa campanuda como la octava real se adecua bien al rango elevado del marqués Ricardo y del conde Federico (tan afectados a veces), y, ciertamente, ellos la utilizan. Pero también la usan Teodoro y Tristán cuando hablan de la peligrosa intriga de los pretendientes contra el secretario. Aunque puede resultar revelador que esta conversación en octavas pasa a endecasílabos sueltos cuando Tristán, en una secuencia nueva, introduce la solución: hacer a Teodoro hijo del conde Ludovico.

Cuando Teodoro se dispone a marchar a España, toda la servidumbre se encuentra reunida junto a Diana, y el diálogo entre ellos se produce en arte menor. La precipitada entrada del conde Ludovico impone los endecasílabos para todos. Cuando el Conde se marcha, vuelve el uso de las redondillas.

Más allá de la declaración especulativa del *Arte nuevo* sobre teoría métrica, pudiera imponerse en la mente del autor la práctica de entender cada acto como un conjunto formado por unidades menores que a veces, como hemos dicho, se conforman con la presencia de personajes nuevos, a veces con el cambio de lugar y a veces con una progresión dramática (o con varios elementos a la vez). Y esas unidades podrían venir marcadas por una segmentación métrica. Aunque nos encontraremos más de un caso que desafiará este principio.

Los sonetos

El perro del hortelano es la obra teatral de Lope que más sonetos contiene, nueve. Sin duda, el dominio de la especulación sobre la acción explica este desarrollo en la obra. Y Lope parece usar el soneto según la función que le otorga en el *Arte nuevo.*

Dos de los sonetos no corresponden a parlamentos de los personajes, sino que son el resultado de una escritura literaria (son dos metatextos) con que Diana y Teodoro teorizan sobre el amor y los celos, núcleo argumental de la obra. Ni la señora ni el criado usan la palabra *soneto,* sino *papel,* pero los dos tienen absoluta conciencia de la estructura y conformación del poema estrófico. Ambos «papeles» forman un díptico, en tanto que el texto del servidor es respuesta al que le ha presentado la condesa de Belflor, quien lo ha escrito, según dice ella con engaño, a ruegos de una amiga.

Los sonetos se distribuyen a lo largo de la obra en consonancia con el planteamiento del conflicto amoroso y el camino hacia su resolución: cuatro sonetos en el primer acto, tres en el segundo y dos en el tercero. Y se adjudican solo a los personajes del triángulo amoroso: Teodoro (cuatro), Diana (tres) y Marcela (dos). Leídos uno tras otro, los poemas nos ofrecen el armazón de la trama: la pasión de Diana, las dudas de Teodoro, los lamentos de Marcela.

El soneto *oral* (lo llamaremos así, para diferenciarlo del soneto *escrito*) se produce en soledad. Expresa, por tanto, los pensamientos más íntimos y sinceros del personaje, quien compone una reflexión sobre las relaciones sentimentales que se viven y cómo se ve afectado por ellas.

Aunque el soneto-soliloquio pueda constituirse en elemento dramático de demora, sería exagerado decir que la introspección interrumpe siempre la acción, pues no ha de entenderse esta última como la sola *ejecución* de propósitos, sino que puede serlo también la toma de decisiones trascendentes en un momento reflexivo. Así, Teodoro cuando decide, al final del primer acto, dejar a Marcela. O cuando explica, en el segundo acto, su determinación de poner «tierra en medio» para olvidar su desdicha.

En una obra donde lo ficcional cobra una gran importancia, la presencia abundante de sonetos (forma muy elaborada y artificiosa) contribuye a potenciar el arte sobre el retrato de la realidad.

PERSONAJES

Diana

Con sus muy variados matices psicológicos, Diana es hoy uno de los personajes femeninos más atractivos de todo nuestro teatro barroco. La bella condesa de Belflor, libre de ataduras familiares, gozosa de su libertad, muestra al principio una naturaleza áspera y agreste que la emparenta con la asilvestrada diosa Diana. Y el parangón mitológico no es improcedente, pues la propia obra juega con la onomástica. Marcela dirá «que si es Diana la luna / —siempre a quien ama importuna—, / salió y vio nuestro secreto» (vv. 912-914). Así considerada, si la Condesa es la *casta diva*, será mujer «incasable», en la opinión de mucha gente, y no permitirá abrazos de Marcela y Teodoro hasta que se casen, aunque ella haya patrocinado esa unión. Pero a la vez es voluptuosa y se complace en oír (fingidamente enfadada) los requiebros que Marcela recibe de Teodoro.

En su faceta de mujer desabrida es capaz de maltratar de palabra a su servidumbre y de llegar al escarnio: llama «necio», «gallina» y «majadero» a Fabio; se burla cruelmente de la ineficacia de su anciano mayordomo (quien le reprocha su esquivez amorosa) e interroga con dureza a sus camareras, vigilante de la moralidad en la casa. Con tal imagen se nos presenta la condesa de Belflor en los primeros versos de la obra: libre, dominadora e intemperante. No conoce hombres en su círculo familiar, aunque trae a su memoria al conde (sin duda, su padre), y ella se basta para mantener con dignidad su título y su casa. En la literatura del momento sería llamada mujer *varonil*. De hecho Diana muestra algunos comportamientos tradicionalmente asignados en la comedia áurea al mundo masculino, incluida la violencia.

Pero enseguida asistimos a su esmero cortesano. Mujer hermosa, va andando a misa, menos por la cercanía de la iglesia que por saberse admirada en la calle. Comparte con algunas damas de Lope (doña Ana en *La moza de cántaro* o Belisa en *Las bizarrías de Belisa*, por ejemplo) el culto refinamiento de la poesía, que aquí no se presenta ridículo, como en la Nise de *La dama boba,* aunque Marcela, por celos, llame escondidamente «bachillera» a su señora.

Pero la supuesta libertad de Diana ha de ser delimitada, en tanto que se halla sometida, por lo menos, a un doble yugo: el que Lope establecía para su condición femenina en el *Arte nuevo de hacer comedias:* «Las damas no desdigan de su nombre» y la obediencia que debe a su posición social.

Si su enamoramiento del secretario fue consecuencia de la envidia y los celos («amar por ver amar») o si se debió a una afición anterior, será asunto de disputa literaria mediante sonetos. Y ese amor convertirá a Diana en una persona contradictoria, tornadiza, cambiante como la *luna.* En su interior lucha con los afectos reprimidos, su honor rechaza sus íntimas apetencias, y no pudiendo, por mandamiento social, conseguir a Teodoro, acudirá al artificio ingenioso: una amiga que se ha enamorado de su servidor, una simulada caída para recibir la mano de su secretario, un lenguaje lleno de equívocos. Se convertirá en el perro del hortelano, sin darse por vencida, y manejará a su antojo el atormentado triángulo amoroso entre celos, decisiones caprichosas y arrebatos de violencia (la famosa escena de la bofetada a Teodoro; la amenaza de muerte).

Teodoro

El secretario de la Condesa es un servidor que tiene encomendadas tareas que trascienden la prosaica cotidianidad: despacha la correspondencia e incluso puede ejercer de consejero de su señora con una cierta privanza.

La primera escena de la obra nos ofrece de él la imagen de galán atrevido: oscuridad, embozo, huida. O sea, lances de amor, lo propio de una comedia de capa y espada. Teodoro parece sinceramente enamorado de la criada Marcela, pero la entrada de la Condesa en el juego amoroso le hace concebir esperanzas de acceder al condado de Belflor.

Él mismo se declara hijo de la tierra (sin padres conocidos), pero su aprovechamiento le ha convertido en un joven instruido y de gran valía que atesora grandes cualidades, según reconocen Marcela y, a solas, la Condesa, quien también advierte (y es importante la pulsión erótica) el atractivo físico («talle») de su servidor.

Su adaptable interés afectivo (Marcela, Diana) mezcla amor, ambición («César o nada») y cinismo. Como César Borgia, prototipo de príncipe para Maquiavelo, Teodoro aprovecha la fortuna, se adapta a sus cambios y es capaz de inmoralidades para conseguir su fin: el condado de Belflor. En concreto, su vaivén con Marcela ha de ser considerado inicuo, pues responde solo al estado inestable de la relación que el galán mantiene con Diana. Y de ahí, precisamente, surgen su incertidumbre, su desorientación y su desánimo, tan frecuentes en el desarrollo de los amoríos literarios. Sus ilusiones de ascenso se enturbian de temores, y entonces Teodoro se compara con los míticos Ícaro y Faetonte, audaces en el ascenso y trágicos en la caída. Son alusiones repetidas en la obra y tópicas en la poesía amatoria áurea. Sus poderosos adversarios también harán una referencia a su elevada ambición y usarán la imagen de las «nuevas alas» con que se vistió la hormiga. Alas que a esta le trajeron la perdición: al levantar el vuelo fue devorada por las aves (Sancho Panza usa dos veces la misma imagen a propósito de su gobierno insulano, un encumbramiento que solo le traerá desgracia y descalabro).

Como no pertenece a la clase noble, puede decirle a Tristán: «Ya soy otro», en referencia al desdén que comienza a manifestar hacia Marcela. Desde la perspectiva de la época, este comportamiento inmoral se explica mejor dentro de su condición plebeya.

Incómodo con la superchería del sobrevenido ennoblecimiento (la anagnórisis que le ha preparado Tristán), muestra su probidad y renuncia a Diana, relegando la ambición que lo acompañaba. Y así llega su redención, por la vía de la honradez. Teodoro no es noble por herencia de sangre, pero tiene una nobleza *natural* que suple la de la cuna. Es suficiente para Diana.

Marcela

Es quizá el personaje sacrificado en la obra. Camarera de palacio, asume protagonismo al competir con su señora por el amor del secretario. Aparece como víctima desorientada de los antojos de Diana y las veleidades de Teodoro. Por ello mismo, jugará la baza de los celos poniendo su vista en Fabio (a quien no ama), en lo que parece más un recurso de autor para preparar el final que una decisión que pueda inquietar realmente a Teodoro. No conseguirá su objetivo. Desde su humilde posición no puede hacer frente al poder y lo expresará resignadamente, a solas, en un soneto. Una vez que Teodoro se convierte en «conde», Marcela (engañada también) asume su condición subalterna y acepta a Fabio. Precisamente su papel secundario explica la «injusticia» del fin que le depara el autor. El público no aceptaría este desenlace para un personaje protagonista.

Tristán

Muestra bastantes de las características que son propias del criado de la comedia barroca: compañero de audacias, confidente, consejero, servicial, realista, leal, chistoso (figura del donaire). Su astroso atavío (del que se queja ante Diana), su gusto por la bebida (apuntado en un comentario de su señor y confirmado por su afición al «vino greco») o su procacidad (cuento del ama y el mozo, comentario sobre el pañuelo ensangrentado) pertenecen al estereotipo genérico del personaje. Así que todos estos detalles no hacen de Tristán una figura singular. Tristán destaca entre sus homólogos por ser el gran tracista de la comedia áurea (su amo lo emparenta con Ulises y con Teseo). Ninguna maña ideada por un criado ha tenido tanta repercusión dentro de una obra señalada como la que lleva a cabo el criado de Teodoro. La «imposible» conciliación de unos amores improcedentes encuentra remedio en su ingenio para trenzar un entramado de casualidades en las que es imprescindible su *actuación*, mientras su amo muestra pasividad. Porque, además de personaje de la obra, Tristán es un doble actor que participa en dos aparatosos «montajes»: es el taimado matón que los nobles contratan para acabar con Teodoro; y, sobre todo, es un postizo comerciante armenio que ha inventado (y se ha aprendido, como un comediante) una historia bizantina de secuestros y reencuentros, cuyo primer acto ha de «representar» en el palacio del conde Ludovico. Y tras la representación se quitará (en escena, ayudado por Furio) el ropaje de actor. Una fábrica industriosa —podemos llamarla *deus ex machina*— que hace posible una lúcida salida para el problema amoroso de su señor.

Otros personajes

Menor trascendencia tienen los pretendientes nobles de Diana, el marqués Ricardo y el conde Federico, personajes poco atractivos para el público que representan uno de los obstáculos que han de sortear los enamorados. Su presencia ridícula se manifiesta en el lenguaje fatuo. Al final quieren introducir un elemento —el crimen— que apunta a tragedia, pero la soltura de Tristán aborta el intento y acaban cómicamente patrocinando casamientos de servidores.

En su breve protagonismo, el conde Ludovico resulta un personaje que se mueve entre la extravagancia, el ridículo y la compasión que despierta. Su primera intervención (el problema sucesorio) cumple el propósito de hacer viable ante el espectador una posterior candidez que convierte en parodia un hecho fundamental en tantas comedias: la anagnórisis. El recelo ante un casamiento senil que le trajera un (dudoso) sucesor justifica la celeridad con que acepta la portentosa fabulación de Tristán: habiendo hallado al hijo ya no será preciso el casamiento. Y no le interesa hacer más averiguaciones acerca de Teodoro.

SOY QUIEN SOY. EL DECORO

La sumisión al ordenamiento social (una sociedad estratificada con poca movilidad entre las diferentes clases) se convierte en el principal obstáculo con que tropiezan los deseos amorosos de la condesa Diana. Como mujer de título, su sangre ilustre la obliga a ser fiel a la ética del grupo en que se encuadra (la nobleza) y del que recibe sus privilegios. Hay que insistir en que no se trata de una fidelidad a sí misma, sino que es un asunto de naturaleza social. Diana ha de asumir el compromiso de conducirse según se espera de su *valor*: según su decoro, que es la adecuación de las acciones y los comportamientos al alto rango que ostenta. Ese compromiso se verbaliza a través de una expresión repetida insistentemente en la literatura de la época: «soy quien soy» (con sus variantes). En tres ocasiones la Condesa invoca con esta fórmula las obligaciones inherentes a su alta condición. Exige que Marcela y Teodoro lleven su relación de manera muy discreta dentro del palacio, porque «no puedo dejar de ser / quien soy» (vv. 303-304); intenta alejar de su pensamiento la atracción que comienza a sentir hacia su secretario porque «los respetos de quien soy adoro» (v. 331); y, por último, desesperada y entre lágrimas, le dice a Teodoro: «Soy quien sabes, ¿qué he de hacer?» (v. 3038).

En el ideario común de la clase privilegiada no se acepta la relación amorosa con un inferior. Esa unión no guardaría el decoro debido, por desigual. El desarrollo de la obra será la constante tensión que se establece entre los recónditos anhelos liberadores de Diana y el freno que constituye el honor. La dama expondrá esa tensión con una metáfora: «si tanto el honor tira la cuerda, / por Dios, que temo que se rompa el arco» (vv. 2132-2133). Visto así, el principal obstáculo que dificulta la relación entre Teodoro y Diana es precisamente la misma Diana.

En tanto que el individuo conciba que su mera voluntad puede domeñar las pasiones «indecorosas», no ha de sentir grandemente la tiranía del honor, pues sabrá enfrentarlas y vencerlas. Lo dice Diana con temeraria suficiencia: «Quien quiere puede, si quiere, / como quiso, aborrecer» (vv. 1634-1635).

Pero cuando la pasión se le hace ingobernable a la dama (*omnia vincit amor*) y ella misma se sabe en peligro de claudicar, exclamará: «¡Maldígate Dios, honor!» (v. 2623). Es, sin duda, una manifestación subversiva, dirigida únicamente al espectador, pues el personaje se halla solo en escena; pero enseguida la proclama es reprimida. Si acaso el público pudiera entender que ha de asistir a una inopinada rebelión de la Condesa contra los valores sólidamente instaurados en su clase (la impugnación del honor), ella misma sofoca las dudas: «¿Quién te inventó? Mas fue justo, / pues que tu freno resiste / tantas cosas tan mal hechas» (vv. 2626-2628). Diana considera que el honor actúa embridando las pasiones impropias, y por ello asegura la articulación ordenada del grupo y la del individuo: su propia supervivencia. Así que la solución de su desesperanza no la encontrará en la violación del orden comunitario. El final de la obra asegura, mediante el secreto, que ningún elemento se ha movido de su sitio. Un sí es no es. Esta es la burla de Lope.

LENGUA. ESTILO. RECURSOS DE COMPOSICIÓN

El perro del hortelano es una comedia de gran riqueza literaria. Al no presentar una acción trepidante, el peso de los acontecimientos (amorosos y psicológicos) se hace descansar sobre la palabra. Hablando de teatro, parece una evidencia esta afirmación. Pero los diálogos se construyen con una brillantez y una precisión exquisitas para dar cuenta no solo de lo que el personaje dice, sino también de lo que ha de callar y dice a medias. La anfibología en la comunicación es aquí primordial en la medida en que los deseos tropiezan con la imposición social. Pero los espectadores sabrían interpretar el doble sentido de mensajes como «Pidió mi mano…» (Teodoro, v. 1175), «horas ha que te deseo» (Diana, v. 1658) o «…esta sangre quiero» (Diana, v. 2341). Tan importante es el recurso que algunos personajes intentarán a solas descifrar el recto sentido de los mensajes que han escuchado. Los soliloquios muestran una enorme eficacia, pues con ellos los personajes abren su alma a sí mismos y al espectador. Lope pedía que en estas íntimas efusiones «se transforme todo el recitante / y, con mudarse a sí, mude al oyente; / pregúntese y respóndase a sí mismo» (*Arte nuevo de hacer comedias*). Destaca la intervención en décimas de Teodoro («Nuevo pensamiento mío»), con un desdoblamiento entre él y su pensamiento; también Diana se desdobla para culpar a sus ojos por haber *mirado* a Teodoro (vv. 2652-2671).

Pero en esta obra la expresión mejor del soliloquio la aportan los diferentes sonetos con que los protagonistas desvelan sus dudas, sus temores, sus esperanzas.

Abundan las referencias mitológicas y legendarias. Algunas son un mero apoyo culturalista: Apolo, Anaxárete, Pasífae, Semíramis, el laberinto de Creta… Pero otras, como Ícaro y Faetonte, refuerzan la construcción dramática del personaje Teodoro. Unas veces es directa la alusión al mito, pero otras se evoca mediante sustantivos: «alas», «vuelo», «altura», «caída». Todo sirve para describir la psicología del secretario y su deseo de alcanzar a la Condesa (el *sol;* pero Diana será también la *luna*). «Subidas» y «caídas» se suceden en la mente atormentada del servidor. Pero hay una caída real que actúa como símbolo en la obra: el fingido tropiezo de la dama puede interpretarse como una degradación (en su sentido recto) que le acerca al plebeyo y anuncia su claudicación final. Al mismo efecto de describir la trama amorosa se enuncia la tópica metáfora de la caza cetrera: «que nunca tan alto azor / se humilla a tan baja presa» (vv. 949-950), dice Teodoro desilusionado. Con la metáfora de la cuerda y el arco expresa Diana la insoportable tensión que viven sus afectos, siendo ella mar y barco Teodoro (vv. 2129-2133). Pero también el galán expresa con imágenes (y anáforas) la voluble personalidad de Diana: «ese tornasol mudable, / «esa veleta, ese vidrio /...» (vv. 1750-1751); y Tristán, la fidelidad a su señor: «soy vaina de esta espada, / nema de aqueste papel, / caja de aqueste sombrero, / fieltro de este caminante» (vv. 1494-1497). Son infinidad las figuras retóricas que se pueden espigar en *El perro del hortelano*, siempre sometidas a una intención dramática. En los enfados de Diana con sus criados suele aparecer la burlona ironía. Recursos de especial ingenio conceptuoso son el quiasmo, para reflejar un corazón desazonado: «Teodoro fuera más para igualarme / o yo, para igualarle, fuera menos» (Diana, vv. 337-338); «cuando te quiere, me dejas, / cuando te deja, me quieres» (Marcela, vv. 2069-2070); «si cuando ve que me enfrío / se abrasa de vivo fuego, / y cuando ve que me abraso / se hiela de puro hielo» (Teodoro, vv. 2188-2191); la derivación («quien quiere puede, si quiere, / como quiso, aborrecer», vv. 1634-1635) para decir a medias lo que no se quiere decir; la prosopopeya y el apóstrofe para encontrar un interlocutor (el pensamiento, el amor, los celos) a quien, en soledad, expresarle las alteraciones del alma: «Nuevo pensamiento mío...» (Teodoro, v. 1278), «¿Qué me quieres, amor?» (Diana, v. 2120).

Es una constante en la obra dramática de Lope la inclusión de breves cuentecillos que aclaran o reafirman la opinión de un personaje (casi siempre de baja condición) o ejemplifican un detalle de la trama. En *El perro del hortelano*, Teodoro cuenta una historieta sobre la competencia literaria entre un rey y su mayordomo; y Tristán narra el cuento procaz del mozo y el ama como ejemplo de un desenlace deseable para la situación que vive su amo. Existe en la escritura de Lope (incluidas sus cartas) una cierta proclividad a la expresión material de la sensualidad (o sexualidad). Se confirma en el consejo que Teodoro da a la Condesa para que la «amiga» de esta *goce* a su criado con un engaño (vv. 1125-1127), o en el comentario de Tristán sobre el sangrado de la nariz de su amo (vv. 2353-2354). Y desinhibido y procaz es el consejo del lacayo para olvidar a una dama: imaginarla «como un diciplinante / que le llevan a curar» (vv. 429-430), esto es, imaginarla en los días en que está sangrando.

También es habitual el uso de canciones tradicionales (o de aire tradicional) en la obra de Lope, muchas veces acompañadas con música popular. Su letra suele tener vinculación con la trama que se está desarrollando. En *El perro del hortelano*, el autor presenta dos seguidillas que contradicen el pensamiento de Diana (para no amar basta con la voluntad, proclamaba la Condesa). Pero el ámbito cortesano de la obra obliga al autor a disponerlas en forma de cuatro endecasílabos.

Nuestra obra no mueve a la carcajada, pero sí a la sonrisa. La comicidad la aporta, sobre todo, Tristán (recordemos solamente su parodia en latín macarrónico de un recetario médico), pero también la ridiculez del lenguaje pomposo de los nobles. El humor de situación crea escenas divertidas, como la reconciliación de Marcela y Teodoro, con Tristán de mediador (Molière usará este tipo de episodios).

Esta escena concluye con cómicos insultos a la señora, que está escondida tras una cortina y lo escucha todo. La paródica escena de la anagnórisis contiene risibles comentarios de Ludovico (pero él habla con seriedad) acerca del aspecto incontestablemente noble de su «hijo».

INTERTEXTUALIDAD. INTRATEXTUALIDAD

La obra teatral de Lope de Vega contiene muchas referencias culturales y específicamente literarias. Se ha señalado el influjo de los *novellieri* italianos en las comedias del Fénix (entre otras muchas, en *La viuda valenciana* y en *El castigo sin venganza*). Lope incluso confesó su admiración por Mateo Bandello (m. 1560), autor del que Shakespeare tomó la historia de Julieta y Romeo. Para *El perro del hortelano* se cita su *novella* I, 45, historia amorosa de una dama noble y un hombre de condición social inferior, con ambientación napolitana. Esta dependencia parece clara en el caso de *El mayordomo de la duquesa de Amalfi* y, de modo secundario, en *El perro del hortelano,* pues Lope parece partir de su tragedia (escrita hacia 1604-1606) para construir la comedia.

Lo que, en cambio, está fuera de duda es que nuestro autor aprovechó, para la patraña montada por Tristán, la séptima narración de la quinta jornada del *Decamerón*. Boccaccio cuenta allí, por boca de Laureta, la historia de un joven armenio, llamado Teodoro, que es hecho prisionero por una galera de corsarios genoveses. Creyéndolo turco, un noble siciliano llamado Amérigo lo compra como esclavo. Sin embargo, las buenas prendas del muchacho favorecen que se críe en igualdad junto al resto de hijos de la familia. Se enamora de la hija, la cual queda embarazada y da a luz un niño. Al enterarse de todo, el padre está dispuesto a matar a los tres, pero a punto de cumplir la sentencia, el embajador de Armenia reconoce al joven como el hijo que había perdido. Finalmente, Américo accede al casamiento y todo acaba felizmente.

Otra cuestión que suscita *El perro del hortelano* es su relación con *El vergonzoso en palacio,* comedia de Tirso de Molina incluida en *Los cigarrales de Toledo* (1624), pero escrita años antes. Entre ambas obras (no sabemos cuál tiene prioridad) hay coincidencias: el amor entre desiguales, los equívocos, algunas tretas repetidas (la falsa caída de la dama, por ejemplo); y las dos parten de una frase proverbial.

Entre otras muchas referencias cultas, en *El perro del hortelano* también resuenan Ovidio (*Remedios contra el amor*, *Metamorfosis*), el neoplatonismo (el alma del enamorado queda prendida en la persona amada), el amor cortés y Petrarca (la tópica expresión poética; incluso el verso 564 es préstamo del poeta de Arezzo), Garcilaso (el verso 2254 es suyo), Pedro Mexía (algunas leyendas e historietas de la *Silva de varia lección*) e incluso el Góngora de las *Soledades.*

Por otro lado, la gran fecundidad literaria de Lope de Vega genera un vasto conjunto de temas, ideas, técnicas de escena, situaciones y formas literarias que con el uso acaban convirtiéndose en un sistema propio y coherente de recurrencias que le sirve para incorporar elementos de una obra propia en otra obra, con los arreglos y aderezos que son precisos para cada una de ellas. Sin ir más lejos, la célebre frase «amar por ver amar» la encontramos en varias comedias del autor. La idea de que la memoria «es enemigo que vive / asido al entendimiento» (vv. 409-410) ya la había expresado Lope, con esas mismas palabras, en su comedia *Antonio Roca*. «No ofende un desigual / amando, pues solo entiendo / que se ofende aborreciendo» (Diana, vv. 815-817) repite lo que decía Camila en *El mayordomo de la duquesa de Amalfi*: «Un desigual / ofende si quiere mal, / que si quiere bien no ofende». Recordando una expresión que aparece en la comedia *Servir a señor discreto*, exclama Marcela: «¡Oh, bien haya, amén mil veces, / quien sirve a señor discreto!» (vv. 939-940). Son solo unos pocos ejemplos de autoalusión referidos a *El perro del hortelano*, ejemplos que afectan al pequeño ámbito de una cita.

Más calado tienen los sonetos en díptico, una manera de expresar veladamente Diana y Teodoro sus amores. Este recurso dramático lo hallaremos después, con la misma intención, en los que cruzan doña Ana y don Juan en *La moza de cántaro*, obra que incluso contiene un soliloquio en boca de doña Ana («Necio pensamiento mío») que puede considerarse reescritura del ya citado de Teodoro (v. 1278 y ss.). En ambos casos se utilizan las décimas.

Pero el préstamo mayor que el Fénix toma de su propio universo dramático tiene que ver con *El mayordomo de la duquesa de Amalfi*, obra en la que Lope ya había desarrollado, como hemos dicho, el conflicto que presenta *El perro del hortelano*. En el primer caso asistimos a un final trágico por la intransigencia de los hermanos de la dama noble, que defienden su honra al hacerse pública la unión de Camila con su mayordomo Antonio. En la segunda obra se ofrece una solución apicarada y complaciente con el matrimonio de los protagonistas, todo gracias al secreto del engaño.

LA REPRESENTACIÓN

Como sabemos, *El perro del hortelano* conoció la imprenta en 1618. Antes la obra fue escenificada en un corral de comedias. Y allí se congregaría mucha gente iletrada. Esta circunstancia ha de ser tenida siempre en cuenta cuando estamos ante el texto de una comedia del Siglo de Oro: no se escribió para ser leído, sino para los «oídos del teatro», como refería Lope en el Prólogo a la *Novena parte* de sus Comedias. Es decir, para su representación por una compañía de actores. Y en esa puesta en escena concurre una multitud de matices que allanan la posible dificultad del texto o concretan las imprecisiones de la simple lectura. Movimientos, miradas, entonación y tonalidad de la voz son solo algunos de esos detalles de *lo vivo* que obraban a favor del espectador menos docto; además de la familiaridad que este iba consiguiendo con las situaciones repetidas, con los tipos dramáticos estereotipados y con la reiteración de imágenes y tópicos retóricos.

El perro del hortelano nos sitúa, sobre todo, en el palacio napolitano de la condesa de Belflor. Era habitual en la época configurar un escenario con una cortina que cubría el fondo; a derecha e izquierda se abrían sendas puertas para la entrada y salida de los personajes. Cuando había un cambio de lugar dentro del desarrollo del mismo acto o se producía un cambio de tiempo, el escenario se quedaba vacío unos segundos. Sucede, por ejemplo, antes de que Teodoro y Tristán aparezcan a la mañana siguiente de su aventura nocturna; o antes de que el conde Ludovico comience a hablar con Celio acerca de la sucesión.

A veces hay que imaginar un doble espacio dramático en el escenario, derecha e izquierda o delante y detrás. Por ejemplo, el conde Federico y su criado hablan entre sí mientras esperan en la calle a Diana; y lo mismo hacen, al mismo tiempo, pero por su lado, el Marqués y su criado. Diana y Anarda comentan, escondidas tras una cortina, la conversación que mantienen Teodoro, Marcela y Tristán. Ricardo y Federico hablan en un lado y observan a varios lacayos (entre ellos Tristán) que están en otro lugar del escenario, a las puertas de una taberna. Que el público vea y escuche a todos los personajes y posea más información que estos mismos es un recurso dramático que genera unas veces expectativa y otras, a tenor de los diálogos, un efecto cómico.

No abundan las acotaciones en el texto, como era normal. Las que aparecen indican, sobre todo, las entradas y salidas de los personajes: «sale», «váyase», «entre». Encontraremos muy poca información sobre movimientos o acciones: «háganle tres reverencias» (las camareras a Diana); «llegue el Conde por un lado», «caiga» Diana, «todos se entren por la otra puerta», «canten dentro», «váyase con una reverencia Marcela», «siéntese la Condesa», «lleguen todos los criados a Teodoro» (para felicitarlo). Y nada más. Sin embargo, hallaremos, como es habitual en la comedia áurea, muchas «acotaciones» implícitas, informaciones que nos traslada el propio diálogo. Sabemos que Teodoro rompe el billete amoroso de Marcela por la pregunta sorprendida de Tristán: «¿Rasgástele?»; la bofetada que Diana propina a Teodoro la reporta la misma Condesa: «*Teodoro*: ¿Qué hace vusiñoría? / *Diana*: Daros por sucio y grosero / estos bofetones»; el esfuerzo que hace la señora para abrirse paso entre las camareras que rodean y abrazan al nuevo Teodoro se indica así: «Apartaos, dadme lugar».

La información sobre el vestuario se salda con unas cuantas fórmulas: «capa guarnecida, de noche» (para Teodoro), «Tristán, vestido de nuevo», «Teodoro, de camino». Cada ocasión requería una vestimenta y el espectador interpreta la circunstancia del personaje mediante su ropa. Las referencias a la escala social, al oficio o a la edad suponen también, indirectamente, indicaciones sobre la indumentaria: «criado», «condesa», «marqués», «conde», «conde Ludovico, viejo». El ambiente cortesano sería resaltado con un vestuario esplendoroso para la condesa de Belflor y para los nobles, y estos lucirían, también, vistosos sombreros de plumas, pues la calidad del personaje asoma en su atavío. No olvidemos la mejora de Tristán, que aparece en un momento determinado con atuendo nuevo. Es interesante recordar que en la época de Lope se publicaron premáticas contra el lujo y la ropa cara, por lo que no era posible ver prendas ostentosas en la cotidianidad. El público aprovechaba el espectáculo teatral, al que no afectaba la prohibición, para admirar la fastuosidad de los trajes.

Las pocos cambios de localización tampoco son señalados, sino que los explicitan los propios personajes: el Conde y el Marqués nos informan de que están a las puertas de la iglesia adonde ha acudido Diana: «aquí entró / (...) / no pienso que tardarán, / que conozco al capellán / y es más breve que es razón» (vv. 1187-1194); Furio nos aclara dónde van a celebrar los amigos la mejora de Tristán, que luce traje nuevo: «en este tabernáculo sospecho / que hay lágrima famosa y malvasía» (vv. 2430-2431).

La sala del palacio de Diana hemos de imaginarla adornada con vistosos tapices que muestran figuras humanas, según el comentario de Teodoro de que «tapices tienen oídos / y paredes tienen lenguas» (vv. 2010-2011).

Apenas se nombra mobiliario: las sillas que manda poner Diana para recibir al marqués Ricardo, una silla alta para la Condesa mientras dicta a su secretario, un bufetillo para apoyarse Teodoro al escribir.

La utilería es escasa: un sombrero sucio y medio chamuscado (el de Tristán), velas o candiles para la iluminación de los personajes que acuden de noche a la sala tras la huida de los intrusos, los papeles de los dos sonetos escritos, la llave que entrega Diana a Dorotea para encerrar a Marcela, el billete de Marcela que trae Tristán y hace pedazos su señor, el recado de escribir que aporta Anarda (junto con la mesilla), para que escriba Teodoro; la almohada para las rodillas, el pañuelo con que el secretario limpia su nariz sangrante, la bolsa en que Ricardo guarda cincuenta escudos que anticipa a Tristán por el encargo matonesco.

La representación aportará un conjunto de matices de entonación que en el caso de Diana resultan especialmente variados. Se muestra enfadada y firme al principio; modula la voz para repetir con ironía y escarnio las palabras de su mayordomo (vv. 41-44); depara suaves ternezas a Teodoro cuando ya no puede ocultar su enamoramiento... Pero, en general, este uso dramático de la voz es característico de cada personaje, según la función que la obra le otorga: los altibajos de ánimo que experimenta Teodoro, la hueca retórica de los nobles, los muchos registros de Tristán... Como siempre, el texto *leído*, por sí solo, no refleja la fascinante brillantez del espectáculo vivo que es la representación de *El perro del hortelano*.

EL PERRO DEL HORTELANO EN LAS TABLAS

El aprecio y la estimación de *El perro del hortelano* comenzaron en el siglo XIX. Destacaremos la refundición que hizo Juan Eugenio Hartzenbusch (figura importante en la edición de nuestro viejo teatro clásico) para la apertura del primer Teatro Lope de Vega (Teatro de los Basilios) en 1862.

En 1930 se estrenó en Madrid *La rosa del azafrán*, zarzuela basada muy libremente en *El perro del hortelano*, con música de Jacinto Guerrero y libreto de Federico Romero Sarachaga y Guillermo Fernández-Shaw Iturralde. La obra, ambientada en un pueblo manchego, trata los difíciles amores de una rica y hermosa hacendada y un humilde mozo de labranza, hijo de padres desconocidos.

La compañía de María Guerrero y Fernando Díaz de Mendoza estrenó la obra en el Teatro Español de Madrid, el 27 de febrero de 1931. Los papeles principales los encarnaron los sobrinos homónimos de los fundadores de la compañía. El texto había sido preparado para la escena por los hermanos Manuel y Antonio Machado.

En 1962, el director Cayetano Luca de Tena llevó el texto de Lope también al Teatro Español. Tuvo como protagonistas a Carmen Bernardos (muy alabada por la crítica), Armando Calvo (Teodoro) y Miguel Ángel (*Tristán*).

La primera vez que se vio *El perro del hortelano* en Televisión Española fue en 1966, dentro del programa *Estudio 1*. Pedro Amalio López dirigió la obra e Irene Daina, Fernando Delgado y Miguel Ángel (otra vez *Tristán*) asumieron los papeles principales. El mismo programa de televisión ofreció una versión nueva (y «en color») en 1981, dirigida por Luca de Tena en su nuevo acercamiento al clásico. Concha Cuetos y Manuel Gallardo fueron los protagonistas y Francisco Portes dio vida al criado (en 1992, este actor iba a dirigir la obra al frente de su propia compañía).

Manuel Canseco estrenó su montaje en San Lorenzo de El Escorial, en 1979 (ya había dirigido la obra en 1975), al frente de la Compañía Española de Teatro Clásico (precursora de la Compañía Nacional), con el protagonismo de Julia Trujillo, Nicolás Dueñas, y Francisco Portes.

Magüi Mira realizó su segundo trabajo como directora en 2002, presentando una obra modernizada y fuertemente sexualizada. Por su parte, el reputado director británico Laurence Boswell dirigió en dos ocasiones *El perro del hortelano* para la compañía Rakatá, en 2007 y 2014 (antes había dirigido la obra en Inglaterra en 2004 y 2005), y el montaje llegó hasta el Shakespeare's Globe Theatre de Londres.

La Compañía Nacional de Teatro Clásico ha convertido *El perro del hortelano* en pieza de repertorio. El texto que habían revisado los hermanos Machado fue recuperado en 1989 por José Luis Saiz para el Festival de Teatro Clásico de Almagro. En 2011, de nuevo en Almagro, se presentó la versión de Eduardo Vasco. Y en 2017 Helena Pimenta dirigió la versión de Álvaro Tato, ambientada ahora en el siglo XVIII.

Paco Mir (Tricicle) ofreció en 2021 un ingenioso montaje que acudía al recurso del teatro dentro del teatro para hacer una recreación de la obra con solo cuatro actores. Y en 2023 la compañía de la Fundación del Siglo de Oro (vinculada a

Rakatá), llevó la obra de Lope al «Cervantes Theatre», de Londres, bajo la dirección de Dominic Dromgoole.

En la producción dramática de Lope, *El perro del hortelano* ocupa en la actualidad un lugar muy destacado en cuanto al reconocimiento que le otorgan los profesionales del teatro y al interés que suscita en el público, y por ello mismo asistimos periódicamente a nuevos montajes y nuevas representaciones de la obra.

EL PERRO DEL HORTELANO EN EL CINE

La primera vez que se llevó al cine *El perro del hortelano* fue en la Unión Soviética, en 1977. El director Yan Frid filmó *Sobaka na sene* (literalmente, «El perro sobre el heno»), una comedia musical para la televisión que tuvo un éxito enorme y se repuso con bastante frecuencia en los años siguientes, pues Lope era un autor muy representado en el país desde principios del siglo XX. Y *El perro del hortelano* gozaba de consideración, siempre desde la perspectiva de la crítica social: desprecio de la aristocracia y del sistema jerárquico. La actriz Margarita Terekhova interpretó a Diana. Hoy la película se considera un clásico del cine soviético.

Pero la popularidad de la comedia de Lope en España vino con la película dirigida por Pilar Miró. Estrenada en 1996 (después de salvar los graves apuros económicos de la producción), *El perro del hortelano* estuvo protagonizada por Emma Suárez (Diana), Carmelo Gómez (Teodoro), Ana Duato (*Marcela*) y Fernando Conde (*Tristán*). La adaptación la realizó Rafael Pérez Sierra, director en aquel momento de la Compañía Nacional de Teatro Clásico.

Existía el prejuicio arraigado de que el verso de la comedia barroca no podía resultar atractivo para el público y que esto explicaba el olvido de los clásicos en la pantalla de cine. No solo no se materializó ese temor, sino que la película fue la más vista del año y ganó siete premios Goya. Aunque con frecuencia se habla de «fiel» adaptación de la obra de Lope, se eliminaron o resumieron algunos pasajes del texto original, sobre todo momentos de reflexión de los personajes (lo que aligera quizá su complejidad psicológica) y se añadieron breves parlamentos para hilvanar mejor el conjunto. Incluso fueron modernizadas expresiones de difícil comprensión para el público. Pero en general, y aceptando que el cine tiene su propio lenguaje y con él se expresa, cabe decir que el caso de *El perro del hortelano* es un ejemplo muy satisfactorio de las posibilidades que podría encontrar el cine en el rico depósito de argumentos del teatro áureo.

INTENCIÓN DE LA OBRA. *EL PERRO DEL HORTELANO*, HOY

¿Cómo interpretar *El perro del hortelano*? ¿Qué pretendía Lope con esta comedia? Si al cabo de cuatrocientos años de su estreno, queremos ver hoy la pieza como una mera farsa para el entretenimiento, una deleitable fantasía, tendremos argumentos para defender tal interpretación: el constante enredo amoroso que no parece tener fin, el ingenio del lenguaje equívoco y la extravagante industria con que Tristán resuelve el conflicto. Todos estos elementos juntos apuntan a una visión lúdica del arte, una manera amena de pasar unas horas recreados ante un ensueño refinado de celos, veleidades, cinismo y amor que nos lleva, al fin, a un desenlace amable y obsequioso con el espectador.

Pero es seguro que tras la representación de *El perro del hortelano* nos ha de asaltar, añadida de manera natural, otra apreciación que enriquecerá de sentido la obra. Podemos preguntarnos si esa manera artificiosa y dulcemente literaria de conducir los destinos de los personajes principales no le servirá al autor para disimular un tanto su crítica a la sociedad de su tiempo mediante la recusación de unos valores artificiosos asentados de manera inflexible en la España de los Austrias; unos valores intolerantes y rígidamente estamentales que amordazan los sentimientos y mustian de amargura el amor verdadero, más aun el de Diana, cuyos afectos e inclinaciones están libres de sospecha, pues no suponen medra, ni económica ni social. Y la rebeldía ante ese tiránico poder invisible adopta la forma, juguetona y traviesa, de la traza mentirosa. Nosotros, espectadores, contribuiremos al triunfo de los amantes manteniendo el secreto del engaño. Es lo que nos pide Teodoro en su última intervención. Y no importa que la nobleza salga damnificada (unos rompiendo el decoro, otros siendo engañados). Nadie se ofenderá, porque aquella gente de tanto valor —aquí, la ironía de Lope— queda muy lejos del corral de comedias: en Nápoles.

Es verdad que el sentimiento barroco del honor nos parece hoy periclitado, pero no nos costaría mucho encontrar en la actualidad ejemplos de amores *difíciles* a causa de la desigualdad social, racial, religiosa o cultural. Además, desde finales del siglo XX ha ido cobrando fuerza una actitud nueva y renovadora hacia este texto, que, si no ignorado (nunca lo fue), sí ocupaba un segundo lugar en la producción del autor. No podemos negar la influencia que en la popularidad de la comedia hubo de tener la película de Pilar Miró. Pero sería interesante preguntarse por qué la directora se inclinó por trasladar al cine *El perro del hortelano* y no otra de las obras ya encumbradas del autor. Se lo dijo ella misma a Eduardo Haro Tecglen en la revista *Nosferatu* (28, 1998). Le fascinó el personaje de Diana: «Una mujer que lucha por el hombre que le gusta (...) Una mujer dueña y señora de voluntades que utiliza su ingenio y su posición para conseguir lo que quiere y como quiere». En efecto, la nueva sensibilidad social descubrió en el personaje de Diana, una mujer *sola* y dominadora, unos matices de modernidad muy atractivos que, en cierta manera y con todas las reservas que el caso exige, podían tener algún paralelo con el desarrollo trascendental del nuevo papel de la mujer en vísperas del siglo XXI.

En fin, no importa que el autor quisiera construir un juguete dramático de blando entretenimiento (a través de un texto esplendoroso, como obra del gran poeta que fue Lope) o que persiguiera agrietar la opresiva moral dominante. Las obras clásicas lo son porque el lector/espectador construye su propia interpretación acorde con el tiempo que vive. Que *El perro del hortelano* es un clásico vivo lo atestigua el incremento de la atención que recibe a través de nuevas ediciones, de estudios críticos y de trabajados montajes teatrales; así hasta asentar la obra en nuestro canon de Lope de Vega.

ACTIVIDADES

Guía de lectura

Acto I

1 Vv. 1-4. Como era frecuente en la comedia barroca, la obra comienza *in medias res*. ¿Qué quiere decir esto?

2 Vv. 5-24. ¿Cómo es el carácter de Diana en estas primeras intervenciones suyas?

3 Vv. 29-45. Diana se burla de la poca eficacia de su anciano mayordomo. ¿Cómo lo hace?

4 Vv. 93-105. ¿A qué atribuye el mayordomo estos desórdenes nocturnos en el palacio de la condesa de Belflor?

5 Vv. 125-132. Aparece la primera alusión al mito de Ícaro. ¿Qué se destaca de esta leyenda?

6 Vv. 153-158. ¿Cómo se muestra la riqueza y ostentación del condado de Belflor en la intervención de Fabio?

7 Vv. 165-236. El interrogatorio de Diana a las dos camareras se configura como un «crescendo». ¿Cómo acaba?

8 Vv. 284-299. El espectador no conoce aún a Teodoro. Es Marcela quien hace su «presentación» encareciendo las virtudes del galán. ¿Qué dice de él?

9 Vv. 300-309. Diana perdona la osadía amorosa de Marcela e incluso se presta a patrocinar su relación con Teodoro. Sin embargo, la Condesa debe preservar su buen nombre libre de escándalos. ¿Cómo lo expresa ante su criada?

10 Vv. 325-338. La conversación que Diana y Marcela han mantenido sobre Teodoro ha dejado huella en la Condesa. ¿Cómo lo manifiesta esta a solas?

11 Vv. 339-364. Teodoro y Tristán ofrecen al espectador la información que necesita para saber lo que pasó la noche anterior. ¿Cuáles fueron los hechos más importantes del episodio nocturno de la huida?

12 Vv. 380-442. Teodoro y Tristán creen que la Condesa no aceptará la relación de los enamorados. ¿Qué propone Tristán?

13 Vv. 445-510. Como Teodoro no es capaz de imaginar defectos en Marcela, Tristán expone un caso vivido por él. ¿De qué se trata? ¿Consigue convencer el criado al secretario?

14 Vv. 551-564. El soneto que presenta la Condesa es muy conceptuoso. Expresa que el amor procede de los celos, pero no explicita más. Por otra parte, lo que en él se dice ha de aplicarse, supuestamente, a una amiga de Diana. ¿Cómo se explica todo esto?

15 Vv. 565-583. ¿Cómo reacciona Teodoro ante el contenido del soneto?

16 Vv. 601-650. ¿Cómo se explican las preguntas reiteradas que la Condesa hace a Tristán sobre Teodoro?

17 Vv. 689-744. La entrada del marqués Ricardo produce un cambio de métrica: del octosílabo del romance al arte mayor de la octava real. ¿Cómo se explica este cambio en función de la condición social del personaje y de su lenguaje retórico?

18 Vv. 757-770. ¿Qué pensamiento expone Teodoro en el soneto que le encarga la Condesa?

19 Vv. 811-830. Teodoro recuerda prudentemente las leyendas de Faetonte e Ícaro. Pero Diana parece estimular la ambición del secretario. Comenta esto.

20 Vv. 841-888. ¿Qué función cumple el soliloquio de Teodoro?

21 Vv. 889-940. Marcela informa a Teodoro sobre la decisión de la Condesa: favorecer la relación de sus dos servidores. ¿Cuál es el estado de ánimo de Marcela?

22 Vv. 944-950. ¿Qué función cumple el aparte de Teodoro? ¿Qué imagen poética utiliza?

23 Vv. 971-1022. Diana sorprende a sus sirvientes abrazados. ¿Qué decisión toma? ¿Qué idea expresa Dorotea?

24 Vv. 1035-1044. Se produce un cambio en la actitud amorosa de Teodoro. ¿Cómo se comporta ante la Condesa?

25 Vv. 1050-1065. Diana quiere escuchar, en boca de Teodoro, las palabras amorosas que los hombres dedican a las mujeres. En la primera conversación entre Diana y Marcela se producía ya una conversación semejante. ¿Indica algo este interés de la Condesa?

26 Vv. 1065-1080. La Condesa lanza descrédito sobre su criada. ¿Por qué lo hace?

27 Vv. 1144-1172. Diana concibe el artificio de la caída después de escuchar que Teodoro besó la mano de Marcela (vv. 1105-1116). ¿Qué pretende la Condesa? ¿Por qué se enfada?

28 Vv. 1173-1186. El primer acto se cierra con un soneto-soliloquio de Teodoro. ¿Qué estado de ánimo muestra el secretario y qué acciones anuncia?

Acto II

1 Vv. 1187-1266. En la calle, los nobles pretendientes de Diana aguardan a la dama, que está en misa. Explica el doble espacio escénico que genera la situación.

2 Vv. 1278-1327. El soliloquio de Teodoro muestra la técnica del desdoblamiento. ¿Con qué finalidad lo hace el personaje? ¿Qué efecto consigue?

3 Vv. 1328-1373. Ante Tristán vemos a un nuevo Teodoro. ¿Qué expresiones y comportamientos lo revelan?

4 Vv. 1410-1430. ¿Qué quiere decir la expresión de Tristán «Cesar o nada». ¿De dónde procede?

5 Vv. 1446-1487. ¿Cómo justifica Teodoro ante Marcela la ruptura amorosa?

6 Vv. 1493-1507. ¿Cómo expresa Tristán su fidelidad a Teodoro?

7 Vv. 1522-1579. En su condición de criada no se esperaría un protagonismo escénico de Marcela. Sin embargo, lo tiene y la vemos llevando a cabo decisiones importantes que complican el enredo amoroso? ¿Cuáles son?

8 Vv. 1592-1655. El diálogo entre Anarda y Diana es interrumpido por una canción. ¿De qué manera se relaciona este canto con el tema de la conversación?

9 Vv. 1687-1723. Este soliloquio de Teodoro se produce después de que Diana elija como esposo al marqués Ricardo. ¿Qué sentimientos muestra el secretario?

10 Vv. 1749-1758. Decepcionado con Diana, Teodoro censura la veleidad de la dama. ¿Cómo lo hace?

11 Vv. 1794-1807. ¿Qué ideas expresa Marcela en su soneto-soliloquio?

12 Vv. 1808-1889. Asistimos a una típica escena de rencilla amorosa. ¿Cómo se comporta Marcela? ¿Cómo se comporta Teodoro?

13 Vv. 1890-1965. La rencilla entre Marcela y Teodoro tiene un aire de farsa cómica que se acentúa por la oculta presencia de la Condesa y por la intervención de Tristán. Comenta estas circunstancias.

14 Vv. 1966-1994. Tras la reconciliación, todo es alegría. Los plebeyos se vengan ahora de la Condesa y la insultan. ¿De dónde procede la comicidad de esos insultos?

15 Vv. 1995-2039. La señora se muestra indignada (acaba de recibir insultos) y dicta a su secretario unas palabras que se refieren a la actitud de Teodoro, quien, olvidando a Diana, se ha reconciliado con Marcela. Es importante destacar en la representación que la Condesa establece una clara diferencia de rango que opone lo alto a lo bajo. ¿Cómo lo hace?

16 Vv. 2040-2057. Tras concebir nuevas esperanzas amorosas con Diana, Teodoro muestra cinismo ante la desconcertada Marcela. ¿Cómo excusa la ruptura de sus relaciones?

17 Vv. 2058-2071. El breve soliloquio de Marcela contiene un quiasmo que describe perfectamente el comportamiento de Teodoro. Explica su oportunidad.

18 Vv. 2088-2113. El Marqués se presenta ante la Condesa tras ser elegido por esta como marido. Las ilusionadas y pomposas palabras que Ricardo dirige a Diana contrastan con la respuesta de esta. Comenta ambos aspectos.

19 Vv. 2120-2133. Diana centra su soliloquio (un soneto) en los celos que la consumen. La intervención contiene algunas imágenes destacables. Coméntalas.

20 Vv. 2147-2175. Finalmente, Teodoro se declara a Diana. ¿Qué respuesta obtiene?

21 Vv. 2176-2191. Teodoro se queja de las mudanzas de Diana en el amor y se expresa según el léxico metafórico de amadores. ¿Cuál es ese léxico?

22 Vv. 2192-2204. Es la primera vez que aparece, en boca de los personajes, una referencia al título de la comedia. ¿En qué contexto?

23 Vv. 2205-2222. Uno de los momentos más recordados de la obra es el episodio de la bofetada. ¿Por qué se produce esta escena violenta?

24 Vv. 2246-2259. Sosteniendo un pañuelo manchado de sangre de su nariz, Teodoro reflexiona sobre lo sucedido. ¿Cuál es el contenido de esa reflexión?

25 Vv. 2300-2317. ¿Qué función cumple la historieta que cuenta Tristán?

26 Vv. 2338-2359. ¿Qué intención puede tener Diana al pedirle a Teodoro su pañuelo manchado de sangre?

27 El acto se cierra con varias intervenciones cortas de Tristán que muestran su lado cómico. ¿En qué consisten?

Acto III

1 Vv. 2360-2415. Los celos de los pretendientes nobles se encienden a partir de la escena de los bofetones. Y la comedia parece deslizarse hacia el lado del drama. ¿De qué manera?

2 Vv. 2416-2446. Los personajes plebeyos (lacayos, en este caso) son mostrados en un ambiente acanallado, antítesis del entorno palaciego que predomina en la obra. ¿Qué elementos configuran esta escena de bajos fondos?

3 Vv. 2447-2503. Al no ser reconocido ni por el Marqués ni por el Conde, Tristán finge aceptar el trato de matar a Teodoro. Para ello ha de simular que es verdaderamente un matón. ¿Cómo lo hace?

4 Vv. 2504-2561. Tristán, que está asumiendo protagonismo en la obra, quiere avisar inmediatamente a Teodoro sobre el peligro en que se halla. ¿Cómo encuentra el ánimo de su amo? ¿Qué solución propone el criado?

5 Vv. 2562-2575. Teodoro no es capaz de esperar el desenlace de lo que su lacayo le ha propuesto. Su tristeza y desesperación se plasman en este soneto, que no es tanto una reflexión serena sobre hechos acontecidos, como una toma de decisión importante para su futuro. ¿Qué plantea Teodoro?

6 Vv. 2576-2622. Tras explicar Teodoro a Diana la causa de su marcha, se produce un diálogo entrecortado entre los dos. ¿Qué efecto consigue?

7 Vv. 2623-2628. ¿Qué sentido tienen estas palabras de Diana?

8 Vv. 2629-2651. La vuelta de Teodoro, cuando acababa de salir, expone el motivo del alma enajenada. ¿En qué consiste este tópico amoroso neoplatónico?

9 Vv. 2652-2671. En un desdoblamiento semejante al que llevaba a cabo Teodoro entre él y su pensamiento, Diana se desdobla ahora entre ella y sus ojos. ¿Con qué finalidad?

10 Vv. 2672-2715. El deseo de Marcela de marchar a España ya casada con Teodoro está a punto de causar un trastorno grave en el honor de Diana. ¿Por qué?

11 Vv. 2716-2729. En un bello soneto Marcela muestra su debilidad ante el poder. Su amor no es posible porque fuerzas más poderosas han marchitado sus ilusiones. ¿Qué imágenes emplea la criada?

12 Vv. 2730-2755. Se introduce un asunto nuevo en la obra: el problema sucesorio del conde Ludovico. ¿Es oportuna la introducción de este asunto?

13 Vv. 2755-2898. Este largo pasaje contiene el relato ficticio de Tristán sobre el *hallazgo* del hijo de Ludovico, que no es otro (en la ficción) que el secretario de la condesa de Belflor. ¿Qué elementos de invención concurren en este episodio? ¿Qué elementos son históricamente verosímiles? ¿Cómo ha crecido el personaje de Tristán?

14 Vv. 2922-2963. ¿Cómo sale Tristán del apuro en que le ponen los nobles?

15 Vv. 2986-3019. Persisten los reproches entre Marcela y Teodoro. ¿De qué se acusan?

16 Vv. 3035-3038. Teodoro reprocha a Diana su esquividad. ¿Cómo se justifica la dama?

17 Vv. 3039-3073. De nuevo Teodoro expresa su dolor en vísperas de su partida y repite con insistencia una idea sobre el alma enamorada que ya había expresado ante Diana. Mientras, las criadas murmuran. Señala este doble plano.

18 Vv. 3074-3138. Salvo Teodoro, ninguno de los personajes que se hallan en el palacio de Diana conoce el engaño de Tristán. Pero los espectadores y lectores sí lo conocemos. ¿De qué manera condiciona esta circunstancia nuestra consideración del comportamiento del conde Ludovico y su posible ridiculez?

19 Vv. 3154-3158. ¿Qué sentido tienen las palabras de las criadas?

20 Vv. 3213-3231. Aun después de conocer el ascenso de Teodoro, los nobles insisten en asesinarlo. Sin embargo, Tristán da muestras de su ingenio rápido para excusar su negligencia. ¿Qué dice?

21 Vv. 3266-3317. Aunque Teodoro ha sido reconocido como conde por todos, da muestras ahora de integridad moral y confiesa la verdad ante Diana: la traza de Tristán. ¿Qué importancia tiene esta declaración para el desenlace de la obra?

22 Vv. 3328-3373. Tristán sale bien parado de los dos *engaños* en los que se hallaba implicado. Explica esta circunstancia.

23 Vv. 3378-3383. En su última intervención, Teodoro se dirige al público para anunciar el fin de la obra. Este era un final tópico en la comedia. Pero Teodoro envía al auditorio un mensaje más importante. ¿Cuál es?

Cuestiones generales sobre la obra

(Se recomienda la lectura del apartado *Análisis de la obra*).

1 ¿Qué rasgos de *El perro del hortelano* hacen que la obra sea considerada una comedia?

2 ¿Qué aspectos de *El perro del hortelano* favorecen su clasificación como comedia palatina?

3 ¿En qué consiste el decoro?

4 En *El perro del hortelano* hay poca acción, entendida esta como sucesión de peripecias dinámicas y trepidantes. ¿Puedes entresacar algunos momentos en que sí hay *acción*?

5 En la obra hay algunas alusiones directas a la condición femenina que sirven para configurar un concepto de la mujer. Identifícalas y coméntalas.

6 ¿Qué remedios contra el mal de amores se proponen en la obra?

Temas de debate

1 ¿Qué aspectos de *El perro del hortelano* crees que mantienen su vigencia y su actualidad al cabo de cuatro siglos?

2 ¿Persisten en el siglo XXI obstáculos en el amor a causa de la desigualdad (de cualquier tipo) entre los enamorados?

3 Aunque la obra parece tener un fin amable y satisfactorio, ¿podría argumentarse que el desenlace ha creado «víctimas»?

4 ¿Crees que Lope de Vega se convierte en un *revolucionario* al hacer que una mujer noble se case (en una sociedad muy jerarquizada) con un plebeyo de su servicio? ¿Crees, por el contrario, que está atenuado de alguna manera ese atrevimiento?

5 ¿Qué elementos aparecen explícitos en la película *El perro del hortelano* y están atenuados (o incluso ocultos) en la obra literaria? (Debate tras ver la película).

Temas de redacción

1 Escribe el desarrollo argumental de *El perro del hortelano* en función solamente de los sonetos de la obra.

2 Traza el perfil psicológico de Diana a lo largo de la obra.

3 Entre los personajes centrales de *El perro del hortelano*, Marcela es el que sale peor parado al final. Escribe un texto en su nombre (en primera persona) que se constituya como una queja ante la solución que da el autor a su situación amorosa.

Representación y actividades en grupo

1 Representación del episodio que concluye con la fingida caída de Diana (vv. 1023-1172). Intervienen Diana y Teodoro.

2 Representación del episodio que corresponde a la contratación de un sicario por los nobles (2416-2503). Intervienen siete personajes.

3 Recitado de los nueve sonetos de *El perro del hortelano*. En colaboración con el profesorado de Música se puede buscar una música de época adecuada para acompañar los textos.

4 En colaboración con el profesorado de Educación Plástica y de Historia realizar bocetos de vestuario para los personajes principales. Reunir un listado con las prendas de vestir más habituales en la época e incluir su definición.